Filósofas

Copyright © 2022 por Natasha Hennemann e Fabiana Lessa

Todos os direitos desta publicação reservados à Maquinaria Sankto Editora e Distribuidora LTDA. Este livro segue o Novo Acordo Ortográfico de 1990.

É vedada a reprodução total ou parcial desta obra sem a prévia autorização, salvo como referência de pesquisa ou citação acompanhada da respectiva indicação. A violação dos direitos autorais é crime estabelecido na Lei n.9.610/98 e punido pelo artigo 194 do Código Penal.

Este texto é de responsabilidade das autoras e não reflete necessariamente a opinião da Maquinaria Sankto Editora e Distribuidora LTDA.

Diretor Executivo
Guther Faggion

Diretor de Operações
Jardel Nascimento

Diretor Financeiro
Nilson Roberto da Silva

Publisher
Renata Sturm

Editora
Gabriela Castro

Assistente Editorial
Vanessa Nagayoshi

Revisão
Beatriz Lopes Monteiro

Ilustrações
Isabella Fowler

Direção de Arte
Rafael Bersi, Matheus Costa

DADOS INTERNACIONAIS DE CATALOGAÇÃO NA PUBLICAÇÃO (CIP)
ANGÉLICA ILACQUA – CRB-8/7057

HENNEMANN, Natasha
    Filósofas : o legado das mulheres na história do pensamento mundial/ Natasha Hennemann, Fabiana Lessa.
    São Paulo: Maquinaria Sankto Editora e Distribuidora LTDA, 2022.
    280 p.: il.
    Bibliografia.
    ISBN 978-65-88370-67-4

        1. Filosofia 2. Filósofas 3. Feminismo 4. Pensamento
        I. Título II. Lessa, Fabiana
        22-2931   CDD 100

ÍNDICES PARA CATÁLOGO SISTEMÁTICO:
1.   Filosofia

---

maquinaria EDITORIAL

R. Leonardo Nunes, 194 - Vila da Saúde,
São Paulo – SP – CEP: 04039-010
www.mqnr.com.br

NATASHA HENNEMANN
FABIANA LESSA

Filósofas

O legado das
mulheres na
história do
pensamento
mundial

maquinaria
EDITORIAL

Sumário

9 | Prefácio

INTRODUÇÃO
15 | O que esperar deste livro e de quem o escreveu

CAPÍTULO 1
27 | Helenas
Mulheres na Filosofia Antiga

CAPÍTULO 2
59 | Evas e Marias
Mulheres na Filosofia Medieval

CAPÍTULO 3
99 | Sibyllas e Dandaras
Cientistas e revolucionárias na Filosofia Moderna

CAPÍTULO 4
139 | Berthas e Fridas
Pensadoras da vida e da sociedade (ética e política)

CAPÍTULO 5
185 | Carolinas e Emmas
Gênero, raça, classe e decolonialidade

CAPÍTULO 6
235 | Malalas e Ninas
Pensadoras e filósofas hoje

251 | Agradecimentos

253 | Filósofas

257 | Referências

Para as mulheres da nossa vida: mães, irmã, avós, amigas, colegas e professoras que, cada uma com seu caminho, tanto nos inspiram. E para todas as estudantes que têm o ímpeto de desbravar o mundo por meio do pensamento e de fazer ecoar sua própria voz.

Prefácio

A filósofa Djamila Ribeiro deu publicidade significativa à expressão conceitual "lugar de fala", uma categoria analítica tanto na linguística quanto na área de humanidades. Lugar de fala engloba fatores de gênero, étnico-racial, social, histórico, geracional, territorial, entre outros. Ora, o lugar de fala não impede que alguém trate de um assunto. Pelo contrário, o seu reconhecimento contribui para que o diálogo seja ainda mais potente. Não é preciso neutralidade ou uma espécie de imparcialidade. Afinal, os discursos que se declaram neutros e imparciais escondem algo. Portanto, ninguém precisa pedir autorização para discorrer sobre um assunto — desde que reconheça o seu lugar de fala. Por exemplo, gente branca pode e deve falar de relações étnico-raciais, assim como homens não podem se esquivar de debater sobre gênero (nem que seja para declarar que se trata de uma performance). É importante frisar que o fazer filosófico não parte de um sujeito neutro. O pensamento filosófico é, antes de tudo, um posicionamento, isto é, o estabelecimento de um lugar (ou ainda, muitos lugares) no mundo.

O livro *Filósofas: o legado das mulheres na história do pensamento mundial* começa problematizando o berço grego da filosofia. Em uma área onde não achamos lugar para respostas consensuais, durante um longo período o *mainstream* filosófico esteve blindado e defendeu sem autocrítica que a filosofia era uma "invenção grega". Do mesmo modo, durante milênios, "lia-se" o termo "homem" como sinônimo de seres humanos. A obra cobre uma lacuna a respeito de personagens femininas da história da filosofia que são pouco conhecidas. Nos manuais escolares, não é frequente lermos os nomes destas filósofas: Diotima de Mantineia, Aspásia de Mileto, Axioteia de Filos, Lastênia de Mantineia, Hipárquia de Maroneia, Pórcia Catão, Hipátia de Alexandria, Ban Zhao, Heloísa de Argenteuil, Hildegarda de Bingen, Shams de Marchena, Fátima de Córdoba, Rábia de Baçorá, Lubna de Córdoba, Lal Ded, Christine de Pizan, Mary Wollstonecraft, Harriet Taylor Mill, Hannah Arendt, Graciela Hierro, Philippa Foot, Lélia Gonzalez, Sophie Oluwole, bell hooks, Judith Butler, Angela Davis.

    O que essas mulheres e tantas outras filósofas nos convidam a pensar? O que podemos pensar a partir delas? E, sobretudo, o que podemos pensar lado a lado com elas? Ou ainda, existe algo que as filósofas são capazes de dizer que os filósofos não têm como enunciar? Não cabe aqui exatamente encontrar um elemento comum em filosofias tão diversas, tampouco sugerir que o gênero impõe uma espécie de gradil específico para pensar. Mas, ao mesmo tempo, não podemos nos esquivar de compreender como patriarcado, machismo, sexismo, misoginia e masculinismo interferem na circulação das vozes das mulheres. Só não podemos deixar de notar que na filosofia, assim como em outras áreas, existe um sistema estrutural de desvalorização feminina, e a popularidade dos filósofos é significativamente maior do que das filósofas. Não podemos deixar de identificar como os mecanismos do privilégio masculino impuseram o silenciamento das vozes das mulheres na filosofia. Nessas circunstâncias, o que essas filósofas tem a nos dizer?

Pois bem, elas ressaltam uma peculiaridade nem sempre observada do fazer filosófico. A filosofia não é universal, ela vai além da universalidade. O fazer filosófico é pluriversal! Na história da filosofia, filósofas não abrem mão de redesenhar o mapa-múndi do pensamento, porque o papel da filosofia é justamente sugerir novos desenhos, contornos pouco frequentados, para enfrentarmos tanto as questões mais densas quanto os problemas mais movediços. A filosofia nos lança a um certo mistério cheio de encantos. As autoras Natasha Hennemann e Fabiana Lessa ressaltam os elementos mais decisivos no pensamento de cada filósofa. Essa é uma das maiores virtudes de fazer filosofia: conversar com modos de pensar, reconhecer as suas fronteiras e a sua potência em deslocar o nosso pensamento. As autoras traçam trilhas preciosas para um percurso em que as arquiteturas conceituais são marcadas por uma espécie de "novo brutalismo". Na arquitetura, o novo brutalismo[1] é reconhecido como, ao mesmo tempo, slogan e rótulo. O "Brutalismo"[2] é um estilo arquitetônico em que elementos como ferragens e tijolos ficam expostos. De modo paradoxal, a coragem das autoras em elaborar um desfile de filósofas em um ritmo aparente de novo brutalismo escapa aos signos do slogan e do rótulo. Ora, o paradoxo é uma instância que nos ajuda a pensar filosoficamente. O gênero como categoria analítica tem sido problematizado por diversas pensadoras, ressignificando a noção que lhe atribuía uma espécie de natureza ontológica. Hennemann e Lessa expõem um ponto cego da história do pensamento filosófico mundial sem propor um texto no gênero manifesto.

---

1. O novo brutalismo é debatido pelo crítico Reyner Banham em *The New Brutalism: Ethic or Aesthetic?* (1966).
2. Título de livro do filósofo Achille Mbembe baseado no estilo arquitetônico que deixa os elementos da construção visíveis.

Existem algumas armadilhas que um livro intitulado *Filósofas: o legado das mulheres na história do pensamento mundial* suscita em leituras apressadas. Não há tempo para discorrer sobre cada uma delas, mas podemos insistir em não sucumbir às arapucas das camisas de força da identidade de gênero. Não se trata de encontrar uma natureza própria das mulheres, nem recusar que há papel político da categoria gênero, tampouco de negar como as estruturas de opressão e domínio sobre elas interferem nos circuitos da intelectualidade. Patriarcado, sexismo, machismo, misoginia e masculinismo dificultam que o circuito de produção e difusão do pensamento filosófico registre mulheres com a mesma confiança que os homens. Eu recordo que, em maio de 2022, durante um evento literário no Rio de Janeiro, a escritora nigeriana Chimamanda Ngozi Adichie disse que mulheres leem textos de mulheres e de homens; mas, os homens leem, em sua maioria, autores.

O livro *Filósofas: o legado das mulheres na história do pensamento mundial* de Natasha Hennemann e Fabiana Lessa é um exercício intelectual enfático! É um convite para amplificar o repertório sobre o pensamento filosófico mundial, lançando luzes sobre pensadoras que muitas vezes não possuem o devido reconhecimento. Na atmosfera de circunstâncias adversas impostas pelo patriarcado estrutural, muitas pensadoras teceram enunciados filosoficamente insubmissos, o desassossego intelectual que nos incita a buscar contornos inéditos para antigas questões e combinação de velhos elementos para novos problemas. Um livro relevante tanto para quem está começando a tirar passaporte para viajar pelos itinerários filosóficos quanto para as pessoas que já desfilam há muitos carnavais pelos mundos possíveis da filosofia.

Pois bem, este livro traz o debate em torno do legado das mulheres e se endereça para todas as pessoas interessadas em perceber como os sotaques e a atmosfera territorial de quem filosofa agrega algo indispensável na arte de pensar. Existe algo em comum em todas as filósofas citadas neste livro, algo que é bastante característico das filosofias. A medida justa do pensamento está na sua potência de nos fazer pensar por caminhos inesperados.

RENATO NOGUERA
Professor de filosofia do Departamento de Educação e Sociedade e do programa de pós-graduação em filosofia da UFRRJ, pesquisador e doutor em Ensino de Filosofia, História e Cultura Afro-Brasileira, Africana e Indígena e autor de Por que amamos *e* Mulheres e deusas.

INTRODUÇÃO

O que esperar deste livro e de quem o escreveu

Certa vez, um mercador se apaixonou perdidamente por uma jovem dama. Tão perdidamente que resolveu — sem perguntar se os sentimentos eram recíprocos, diga-se de passagem — raptá-la, enquanto a moça, de maneira inocente, catava conchas na praia. Colocou-a dentro de uma embarcação e navegaram oceano afora, até que a fúria dos deuses se manifestou sem piedade: tempestades intermináveis e ventos violentos varreram os mares e se abateram sobre o barco, de modo que a nau foi arrastada para o extremo Norte. O frio que fazia ali era tão intenso que o mercador e toda a tripulação morreram; apenas a jovem permaneceu viva. O frio glacial tinha um motivo: o Polo Norte guardava uma conexão com o polo de outra dimensão, de modo que a temperatura era duplamente congelante. E foi esse vínculo que permitiu que a embarcação adentrasse outro mundo.

Já tendo ultrapassado a fronteira entre os mundos, exausta e desconsolada, a moça viu uma planície coberta de neve e ali se deparou com ursos que se portavam como seres humanos, inclusive se comunicando em uma língua desconhecida. A donzela sentiu medo de que eles a machucassem, mas trataram-na com respeito e gentileza: ajudaram-na a desembarcar, afundaram o navio com os cadáveres e carregaram-na para sua cidade. Então, a dama entrou em contato com outras criaturas que ali habitavam: raposas, gansos, sátiros... todos bípedes e com postura semelhante à humana. Os nativos dessa nova realidade, chamada Mundo Resplandecente, se admiraram com a moça que havia vindo de outro lugar: acharam-na bela e digna de se tornar um presente para o imperador. Durante a viagem até o governante, a dama passou a confiar em seus acompanhantes, de modo que deixou de sentir-se ameaçada. Aprendeu aos poucos a se comunicar com eles e ficou confortável em sua presença.

Chegando à cidade principal do Mundo Resplandecente, a moça se deslumbrou com a beleza das paisagens e das construções (feitas de ouro, alabastro, mármore), a vastidão das terras, a abundância, a riqueza e a paz que por ali reinavam, pois era uma nação que não conhecia guerras ou insurreições. O palácio do imperador também impressionava: a arquitetura era bela, imponente, espaçosa e iluminada, incrustada em todos os cômodos por pedras preciosas que só havia naquele mundo. Ao ser apresentada ao imperador, a dama causou uma magnífica impressão: ele a tomou por deusa e quis cultuá-la. Humilde, ela não permitiu, já que era simplesmente uma mortal vinda de outro mundo. Mas não foi possível convencer os súditos de que ela não merecia veneração, e eles passaram a idolatrá-la. O imperador, encantado, casou-se com a dama, e ela tornou-se imperatriz; tinha a liberdade para governar como achasse melhor aquele povo de homens-urso, homens-pássaro, homens-raposa, e tantos outros.

Cada um desses seres tinha uma função na sociedade, uma profissão que melhor se encaixava em sua natureza, e se destacavam as atividades ligadas às artes e às ciências, nas quais aquele povo era extremamente hábil. A imperatriz não perdeu tempo em aproveitar tais talentos e fundou escolas e sociedades científicas e filosóficas. Cercou-se de astrônomos, médicos, políticos, alquimistas, filósofos naturais, matemáticos, lógicos, arquitetos e sacerdotes; a estes, a rainha pediu que explicassem o funcionamento político e religioso do Mundo Resplandecente. Aos arquitetos, perguntou sobre as construções do império. Com os astrônomos-pássaro, aprendeu e questionou sobre o Sol, a Lua, as estrelas, o ar, a neve, o fogo e os relâmpagos. A partir das observações e experimentações, a monarca e os filósofos naturais (que eram homens-urso) debateram sobre os insetos, a reflexão da luz e os vegetais. Foram construídos lentes, telescópios e microscópios para ampliar o conhecimento do reino. Com os homens-peixe e os homens-verme, conversou sobre o mar, a terra e as criaturas marítimas e terrestres; com os homens-símio, que eram alquimistas, falou sobre substâncias químicas e suas propriedades. Chamou os médicos, os herbalistas e os anatomistas e perguntou-lhes sobre dissecções, doenças, drogas e remédios e seus efeitos no corpo humano. Finalmente, convocou os matemáticos (homens-aranha), os geômetras (homens-piolho), os oradores e lógicos (homens-gralha, homens-papagaio e homens-corvo) e, com eles, tentou resolver desafios matemáticos; mediram e pesaram diversos objetos, e a dama ouviu e criticou discursos e argumentações. Preocupada com as almas do Mundo Resplandecente, a governante conversou com os espíritos imateriais sobre fé, teologia, alma, filosofia platônica e a origem das coisas. Esses debates diversos foram feitos em pé de igualdade entre a imperatriz e os especialistas, e todos os envolvidos dialogaram racionalmente e admitiram com honestidade sua ignorância acerca de alguns pontos.

Esta história excêntrica, que poderia ser o resumo de qualquer obra atual de fantasia, foi publicada pela primeira vez em 1666, por Margaret Cavendish, duquesa de Newcastle. O livro, chamado *O Mundo Resplandecente*, é considerado por alguns literatos como o pioneiro do gênero ficção científica, antes mesmo do famoso *Frankenstein ou o Prometeu Moderno*, de Mary Shelley, publicado em 1818.

O Mundo Resplandecente é um texto surpreendente e detalhado, que mistura elementos de ficção, filosofia, fantasia, utopia, ciência e relato de viagem. Ele nos abre uma janela para compreender um pouco da Inglaterra da época de Cavendish; afinal de contas, mesmo descrevendo uma sociedade perfeita — um mundo belo, justo, organizado e sem guerras, no qual a pobreza não era problema —, ainda há limites que são óbvios para um leitor dos dias de hoje. Mesmo no mundo perfeito, as mulheres eram proibidas de participar de determinadas atividades; existia diferença social baseada na riqueza; a protagonista promove um etnocentrismo religioso quando se vê com o poder nas mãos, defende um governo monárquico autoritário em detrimento da liberdade de debate e argumenta sobre ideias científicas que, atualmente, sabemos que estão incorretas ou imprecisas. Mas, muitas dessas visões que hoje em dia estranhamos ou rejeitamos, para o período eram elementos considerados naturais em uma sociedade. A crítica à Inglaterra de Cavendish em comparação ao Mundo Resplandecente é evidente na obra; afinal, nosso mundo é repleto de guerras, divisões, excessos e vícios.

Mais do que a realidade da Inglaterra do século XVII, *O Mundo Resplandecente* provoca uma série de reflexões sobre nossos dias. Em primeiro lugar, sobre a defesa do conhecimento: quando o texto foi escrito, ele veio como um apêndice à obra filosófica *Observações sobre a filosofia experimental* (ou seja, um complemento a um trabalho científico). Ao mostrar a imperatriz como incentivadora de cientistas e filósofos, Cavendish fez uma defesa da ciência enquanto recurso estratégico para uma nação que deveria ser apoiado pelo Estado. Embora atualmente isso possa parecer óbvio, na época, quando a ciência moderna ainda estava nascendo, não era. Aliás, usando o Brasil do início do século XXI como exemplo, a ciência vem sendo relegada a segundo plano, como um mero acessório descartável. Apesar dos avanços atuais, muitas vezes nem em países democráticos o trabalho científico é colocado como prioridade; ou seja, pode ser visto com indiferença e como desperdício de dinheiro, o que é incoerente para uma sociedade moderna que almeja progressos. Este é, portanto, uma das principais teses do livro de Cavendish (e do livro que você tem em mãos): o conhecimento é essencial, valioso e deve ser incentivado.

Mas o caminho para o conhecimento não é fácil. É um percurso cheio de obstáculos, tempestades, percalços e mau tempo — como é a própria viagem da dama até o Mundo Resplandecente —, mas pode também ser divertido e imaginativo. O livro de Cavendish pretendia ser uma obra de divulgação científica para os leitores da época: os debates que estão no livro (entre a imperatriz e os homens-pássaro sobre astronomia, por exemplo) são embates de ideias que de fato existiam na época. Ela pretendia tornar de fácil acesso esses conhecimentos para uma parte da população que não era necessariamente cientista ou filósofa, aspecto que compartilhamos no nosso livro: o conhecimento de qualidade deve ser acessível.

Vivemos uma época em que a informação é abundante, mas seu excesso sem consciência crítica pode ser desesperador. Informação é diferente de conhecimento; afinal, a informação é algo rápido que satisfaz uma dúvida momentânea, enquanto o conhecimento se propõe a ser buscado e realizado com consistência, referência e rigor. E para trazer o conhecimento sobre algumas das mulheres mais importantes na história do pensamento e da filosofia, sem causar confusão ou desespero, construímos *Filósofas: O legado das mulheres na história do pensamento mundial*, prezando por um bom texto, confiável e agradável. Além de apresentar conceitos elaborados e desenvolvidos por essas intelectuais, trazemos informações a respeito de suas épocas, vidas e obras.

Todas as informações foram retiradas de livros, artigos e teses, alguns deles disponíveis gratuitamente na Internet. Ao final do livro, há uma lista com as referências utilizadas. Optamos por não deixar notas de rodapé ao longo do texto, a fim de torná-lo mais fluido.

Nossa preocupação com a qualidade da divulgação científica — ou, neste caso, a divulgação histórica e filosófica — vem da nossa própria profissão. Além de autoras, somos professoras no ensino básico: Fundamental e Médio. Muito do livro se originou de nossas próprias produções de aulas e materiais didáticos; afinal, nossa experiência docente nos faz diariamente pesquisadoras de nossa própria área.

A estrutura escolar pouco mudou desde o século XIX, o que se traduz, de modo geral (com exceções, claro), em um modelo de escola pouco atrativo, voltado à valorização de assuntos técnicos e que diminui a importância de práticas mais contemplativas e reflexivas como a filosofia. Para muitos estudantes, é um tipo de escola que pouco faz sentido, não dialoga inteiramente com sua realidade. Soma-se a isso o surgimento de gerações com habilidades e demandas inéditas: são jovens questionadores, mas, a depender de suas vivências, podem se tornar apáticos e desesperançosos. Aprendem rápido sobre o funcionamento de tecnologias como *smartphones* e *tablets*, mas muitas vezes não são ensinados a lidar com redes sociais, com a confiabilidade das informações, com a exposição e o anonimato na Internet. Costumam ficar interessados por diversos assuntos, mas podem ter dificuldade de concentração e aprofundamento no estudo.

Você se identifica com esse perfil? Ou conhece crianças e adolescentes que se encaixam aí? Porque nós conhecemos vários. Esses são alguns dos desafios atuais nas escolas, e nossa vontade é a de abrir as portas do mundo, mostrar que a vida é complexa e muito bela, que o conhecimento é rico e vale a pena, por mais trabalhoso que seja. Queremos que todos tenham as ferramentas para lidar com a liberdade e a responsabilidade que esse mundo exige. Junto a tudo isso, a curiosidade — característica humana ancestral — permanece mais viva do que nunca. É lindo ver em sala de aula os olhos dos estudantes brilhando quando descobrem um jeito diferente de pensar sobre algum tema, quando percebem e compreendem melhor a si mesmos, os outros e a realidade, e quando lançam perguntas difíceis ou impossíveis de serem respondidas diretamente por nós. Afinal de contas, assim como a imperatriz do Mundo Resplandecente e seus especialistas, temos que saber reconhecer os limites de nossas certezas. Tão essencial quanto saber as soluções é fazer as perguntas e empreender a própria busca por respostas. A filosofia é um dos melhores meios para atingir tudo isso, além de ser uma atividade deliciosa e instigante.

Uma pergunta que os alunos — e, principalmente, as alunas — fazem é: "Professora, existem mulheres filósofas?". Essa questão aparece porque, quando estudamos a história da filosofia na escola (e mesmo na universidade), a imensa maioria dos pensadores apresentados é formada por homens. Uma ou outra filósofa aparece e geralmente apenas na Idade Contemporânea, no século xx, Hannah Arendt ou Simone de Beauvoir. O questionamento feito pelas alunas é fundamental e altamente filosófico: onde estão as mulheres na história da filosofia? (E a pergunta pode ser expandida: onde estão os filósofos negros? E o pensamento asiático, africano, latino-americano?) Muitas vezes, na escola, não temos tempo de responder a contento e de ampliar esse tipo de discussão, já que o calendário letivo é cheio e corrido, deixando pouco espaço para debates paralelos ao conteúdo, e filosofia é uma matéria que tem poucas aulas por semana. Quem sabe com este livro consigamos responder melhor: sim, existem mulheres filósofas, e elas sempre existiram. A próxima pergunta deve ser: "Por que não ouvimos falar nelas?". Por uma série de motivos.

Primeiro, porque, na história de diversas sociedades, as mulheres foram relegadas a papéis praticamente fixos e, na maioria das vezes, restritos à vida doméstica, à família e à maternidade. Não era uma escolha, mas uma imposição, quase um destino inescapável. Em diversos contextos, mulheres foram proibidas de exercer funções políticas e intelectuais, e a filosofia estava aí inclusa. Imagine que aprender a ler e a escrever eram habilidades ao alcance de poucas pessoas (apenas muito recentemente a alfabetização tornou-se uma demanda universal), e, se às mulheres era negado o lugar da racionalidade, da política, da ciência e da filosofia, então para que elas deveriam aprender tudo isso: ler, escrever, pensar, calcular?

Mesmo com empecilhos sociais, algumas mulheres conseguiram se sobressair no campo da reflexão filosófica e foram influentes em seus contextos. Mas, neste ponto, esbarramos em outros obstáculos: muitas delas não deixaram obras escritas; outras podem ter escrito, mas essas obras não chegaram até nós (os escritos frágeis precisariam ter sobrevivido ao tempo, guerras, incêndios, viagens, enchentes e tantas outras intempéries); outras ainda influenciaram colegas e parentes homens, que levaram os créditos pelas ideias. Sendo assim, quanto mais antiga for a filósofa que se quer estudar, maior é a escassez de fontes que se tem sobre sua obra e seu pensamento. Mesmo sobre sua vida, geralmente sabemos pouco; conhecemos a maioria delas por meio dos escritos feitos por homens de sua época ou posteriormente. Chega a nós, então, uma imagem de que essas filósofas eram místicas, prostitutas, histéricas, musas, irrelevantes, loucas ou mártires. Quase nunca mulheres complexas, com pensamentos valiosos e falhas humanas. Sem falar das mulheres que ficaram anônimas, foram apagadas da história do pensamento ou desvalorizadas enquanto intelectuais. Elas eram esposas, mães, irmãs, professoras, colegas. Sábias e reflexivas, que não ganharam o *status* de filósofas e passaram "em branco" na história.

Por muito tempo, as mulheres foram objetos da filosofia, mas não sujeitos. Filósofos homens apresentaram suas opiniões a respeito do feminino, e muitas delas estavam longe de ser lisonjeiras: Aristóteles, por exemplo, classificava as mulheres como um ser incompleto; enquanto os homens, perfeitos, deveriam governar, as mulheres deveriam ser governadas (pois seriam inferiores). Rousseau defendia que a educação deveria ser diferente para meninos e meninas porque elas teriam uma natureza passiva, fraca e apta a funções domésticas; segundo ele, as mulheres deveriam obedecer a seus maridos e foram feitas "especialmente para agradar ao homem". Nietzsche chegou a afirmar que "a mulher não é sequer superficial", e Schopenhauer escreveu que toda a carga e as desvantagens estão do lado da mulher, enquanto ao homem cabe a força e a beleza.

Não queremos cair em uma perigosa "história única" de que a filosofia sempre foi, e só pode ser, exercida por homens europeus. Apesar da tendência centenária de desvalorização feminina nos círculos filosóficos, tem-se feito pesquisas nas universidades a fim de tentar recuperar o material que se tem a respeito das filósofas de todas as épocas. Agora, é necessário trazer este conhecimento a público, torná-lo acessível.

Entretanto, precisamos fazer algumas escolhas, pois seria impossível falar sobre todas as filósofas em um único livro. Nossa seleção baseou-se na disponibilidade de fontes (livros, artigos, teses e dissertações em versões físicas ou virtuais, em português, inglês ou espanhol) e na influência do pensamento dessas filósofas. Abordamos algumas das mais reconhecidas pensadoras (e algumas menos famosas) de todas as épocas, desde a Antiguidade até a Contemporaneidade. Geograficamente, predominam intelectuais europeias, pois delas temos muito mais registros do que das mulheres de outros continentes. Mesmo assim, buscamos em todos os capítulos pelo menos uma filósofa de fora da Europa (Ásia, América Latina, África) para mostrar que existiram (existem!) e se destacaram (se destacam!), mesmo que tenhamos poucas informações disponíveis sobre elas.

O livro está dividido em seis capítulos: no primeiro, empreendemos uma viagem à Antiguidade com foco nas filósofas gregas; no segundo, a ênfase é no período medieval e na enorme influência religiosa (cristã e muçulmana) na filosofia; o terceiro capítulo trata da Idade Moderna e de filósofas que se dedicaram a pensar principalmente sobre a condição feminina na sociedade, na reivindicação de direitos e no desenvolvimento científico. A partir de uma visão panorâmica, buscamos mostrar quanto suas vidas e obras refletiram e questionaram valores acerca de seus próprios contextos históricos. Do quarto capítulo em diante, nos debruçamos sobre a contemporaneidade e passamos a adotar uma abordagem mais temática que cronológica. Na época contemporânea foi possível explorarmos mais a fundo alguns conceitos desenvolvidos por causa da quantidade de material disponível sobre suas pensadoras e o acesso mais fácil às suas obras. O quarto capítulo versa sobre pensadoras dos campos da ética e da política; o quinto traz mulheres que refletiram profundamente sobre questões de gênero, raça, classe e decolonialidade; e, finalmente, no sexto capítulo, a ideia foi fazer uma compilação mais rápida, curta e dinâmica de várias pesquisadoras ao redor do mundo que estão produzindo no presente.

Como filosofia e história andam lado a lado, há sempre contextualizações para que o leitor possa se localizar mais facilmente nas épocas e em suas características e para que consiga identificar elementos de cada período presentes nas reflexões filosóficas das pensadoras. É uma forma de mostrar que essas mulheres foram frutos de sua época e pensavam questões importantes para seu contexto, mas também tinham limitações sociais e pessoais que interferiram em suas teorias.

A respeito da parte histórica do livro, utilizamos as siglas "a.C." para épocas "antes de Cristo", ou seja, antes do ano 1 do calendário gregoriano. Geograficamente, optamos por apontar o nome atual do país de cada autora, mas saiba que, muitas vezes, aquele país não existia enquanto nação na época em que elas viveram. Tais simplificações tiveram por objetivo tornar a leitura mais fluida.

Os pensamentos e ações das mulheres apresentadas neste livro (e de tantas outras) são ousados, surpreendentes e, muitas vezes, foram subestimados. Queremos que isso não aconteça mais. Queremos que as mulheres sejam ouvidas, lidas e estudadas, que suas ideias sejam levadas a sério, e que possamos construir juntos um mundo mais justo, respeitoso e plural, assim como pensou Cavendish em sua utopia no século XVII. Este livro pode ser um começo: conhecer a vida e as obras dessas filósofas nos ajuda a ampliar a reflexão, a pensar as coisas sob perspectivas diferentes e a nos sentirmos admirados com a multiplicidade de experiências e pensamentos que há por aí.

Que sua leitura seja uma viagem resplandecente e inspiradora como a escrita deste livro foi para nós. E que não haja mais dúvidas de que filosofia sempre foi, e continua sendo, coisa de mulher.

Vestindo manto e indo
pela cidade, a mulher
expunha publicamente,
àquele que quisessem ouvir,

Platão ou
Aristóteles ou os
ensinamentos de qualquer
outro filósofo

Hipátia
de Alexandria

CAPÍTULO 1
Helenas
Mulheres na Filosofia Antiga

Não tínhamos voz
Não tínhamos nome
Não tínhamos escolha
Só tínhamos uma face
Uma mesma face
Levamos a culpa
Não foi justo
Agora estamos aqui
Estamos todas aqui
Assim como você*

A *odisseia de Penélope*, de MARGARET ATWOOD.

**Escravas de Penélope e Odisseu cantam em coro.

MATEMÁTICA E HARMONIA: AS PITAGÓRICAS

Você já se admirou com o mundo? Já se emocionou com alguma música? Ficou pensando sobre o que diferencia o ser humano de outros animais? Já se perguntou se o amor é apenas uma reação física (com seus montes de hormônios e sensações) ou se tem algo a mais, invisível e abstrato, envolvido nesse sentimento? Por acaso, você já quebrou a cabeça tentando entender um raciocínio matemático? Já se questionou sobre as raízes das diferenças entre homens e mulheres, ou até mesmo se a realidade é tão binária assim? E de onde vêm nossos direitos? Seriam eles naturais ou construídos?

Olhe para as perguntas anteriores e perceba que a filosofia é feita de pensamentos e de questionamentos — e, sobretudo, de admiração. Mas desde quando as pessoas começaram a pensar filosoficamente, com todas essas dúvidas e busca por respostas? É comum ouvir dizer entre especialistas que a filosofia tem uma "certidão de nascimento": ela teria nascido nas antigas colônias gregas da Ásia Menor, por volta do século VII a.C. Então, os questionamentos sobre a realidade simplesmente nasceram com os gregos? Claro que não — afinal de contas, tudo que é humano é complexo. Além disso, tudo vai depender de como definimos o que é filosofia.

A palavra em grego tem origem em dois outros termos: *philos*, que significa amor (no sentido de amizade, apreciação), e *sophia*, que significa sabedoria. Agora conseguimos entender por que o livro de Jostein Gaarder se chama O *mundo de Sofia*. No romance, a protagonista Sofia é uma garota curiosa que aprende mais sobre o pensamento filosófico. A filósofa e o filósofo seriam, portanto, amigos da sabedoria.

Quanto mais ampla e plural a definição de "filosofia", maior a incerteza sobre seu início. Se filosofia for, de forma geral, o amor por conhecimento e o espanto (aquele momento de arrebatamento diante das maravilhas e mistérios do mundo), então sabemos que sua origem é muito mais antiga e indefinida que essa dada em sua certidão de nascimento europeia. Atualmente, inclusive, existem pesquisas que apontam o Antigo Egito como berço do pensamento filosófico, com a chamada "filosofia kemética", que recebeu esse nome pelo lugar de seu nascimento, denominado Kemet pelos próprios habitantes. Este início poderia remeter a mais de dois milênios antes da filosofia grega!

Entretanto, o que se costuma levar em conta para afirmar que a filosofia seja grega por nascimento é que ela não é apenas um amor pela sabedoria, mas uma maneira mais afastada (embora não totalmente) da mitologia e da religião. Além disso, a filosofia grega é composta de argumentações encadeadas, voltada para explicações puramente naturais e racionais para a realidade e o ser humano. Nesse sentido mais estrito, a filosofia é considerada um tipo de pensamento desenvolvido originalmente pelos gregos. Ainda assim, os questionamentos são inúmeros — e isso é bom! —, pois é exatamente a necessidade da crítica, da dúvida e da busca por respostas que caracteriza a filosofia.

O fato é que, por muito tempo, os estudos de história da filosofia se focaram apenas em sua origem grega, e por isso — e graças ao considerável número de registros escritos que foram conservados, se comparados aos de outras localidades — iniciaremos nossas viagens filosóficas e nossa busca por mulheres filósofas pela Grécia Antiga.

A pergunta primordial da filosofia grega é: de que tudo é feito? Qual é o princípio original, essencial, de todas as coisas? Em grego, esse princípio original é chamado de *arché*. Os primeiros filósofos gregos tentaram compreender a natureza e a realidade a partir de elementos não sobrenaturais, ou seja, a partir daquilo que os gregos chamaram de *logos* (racionalidade), afastando-se das explicações mitológicas. Tales de Mileto é considerado o primeiro filósofo, que propôs — após algumas viagens ao Egito, diga-se de passagem — que a essência do mundo (a *arché*) seria a água. Seguiram-se outros pensadores que propuseram suas próprias visões sobre o princípio original do *cosmos*: Anaxímenes de Mileto argumentava que deveria ser o ar; Heráclito de Éfeso, o fogo; Demócrito de Abdera, o átomo e o vazio; Empédocles de Agrigento, os quatro elementos (água, ar, fogo e terra). E havia proposições mais abstratas também, como a de Anaximandro de Mileto, que dizia que o universo era primordialmente composto de *ápeiron*, palavra grega que significa "indefinido", "ilimitado". Esse conjunto de filósofos ficou conhecido como os "pré-socráticos", ou ainda, os filósofos da *physis* (palavra grega que significa algo como "natureza ordenada").

Um dos primeiros filósofos da *physis*, assim como Tales de Mileto, ficou famoso por teoremas matemáticos que levaram seu nome (e, coincidência ou não, ele também fez viagens de estudo ao Egito). Trata-se de Pitágoras de Samos. Você provavelmente o conhece das aulas de matemática da escola: "Em um triângulo retângulo, a soma dos quadrados dos catetos é igual ao quadrado da hipotenusa". Pitágoras é o cara do teorema. Ele e seus discípulos, os pitagóricos, consideravam que a harmonia universal se devia à *arché* ser o número. Ou seja, segundo eles, a matemática seria o princípio constitutivo de todas as coisas. Mais do que a *arché*, a valorização do número revela que, na visão pitagórica (e grega num geral), existe uma ordem por trás do universo, e tal ordem é chamada de *cosmos*. Isso significa que o universo é harmonioso e que existe uma razão por trás do aparente *caos*. Daí deriva a ideia de justiça, que será central para a filosofia grega, e a ideia de que cada ser tem um "lugar natural" no mundo. Isso serve para uma sociedade: cada indivíduo deveria exercer uma função a fim de construir uma sociedade mais justa e harmoniosa. A partir desse pensamento, homens e mulheres teriam um papel específico na sociedade.

Para além das proposições da *physis*, da *arché* e do *cosmos*, os pitagóricos tinham algumas características curiosas. Esses discípulos fundaram comunidades fechadas e espalhadas pela Magna Grécia, e Pitágoras, mesmo após sua morte, virou referência como filósofo, matemático e até uma espécie de líder espiritual. Nessas comunidades, um modo de vida específico ficou estabelecido para seus membros, o qual envolvia vegetarianismo, incentivo a cuidados com o corpo, estímulo à moderação e ao autocontrole, instituição de propriedade comunitária, entre outras coisas. A valorização da filosofia, da matemática e da música como cuidado da alma, da mesma forma que a medicina envolveria o cuidado do corpo e, ainda, a valorização da amizade entre os pitagóricos eram elementos fundamentais para a convivência dentro desse grupo. Era uma espécie de "clube dos filósofos-matemáticos", em que a harmonia era um valor-chave para a boa vida.

Há um curta-metragem do Walt Disney Studios, lançado no fim da década de 1950, intitulado *Donald no País da Matemágica*, em que o personagem Pato Donald faz uma espécie de viagem no tempo para desvendar os segredos da "matemágica" na natureza. Logo no início, Donald se encontra com Pitágoras e os pitagóricos e conhece algumas de suas contribuições para a matemática. A principal delas é a criação da escala musical, um ótimo exemplo de como a música é algo não só possível de ser "matematizado", mas também uma incrível expressão artística. Aí está uma fascinante contribuição dos pitagóricos e das pitagóricas: revelar as maravilhas da natureza e da criação humana por meio da harmonia dos números. Ainda nessa viagem, Donald conhece o retângulo de ouro, uma proporção geométrica que pode ser reproduzida matematicamente muitas vezes — na arquitetura, na escultura e em obras renascentistas, por exemplo, lá está ele. Essa animação é um clássico das aulas de matemática, artes e filosofia. Porém, ele não mostra nem menciona as filósofas pitagóricas.

Diferentemente de outros círculos intelectuais da Grécia Antiga, as comunidades pitagóricas admitiam mulheres entre seus membros. Na maior parte do Mundo Antigo de que se tem informação, os papéis sociais de homens e mulheres eram bem delimitados. Existiam variações a depender da região e da cidade-estado, mas, de forma geral, homens eram moldados para a guerra e para os negócios públicos, enquanto as mulheres se voltavam para os afazeres domésticos, casamento e maternidade. A educação formal e intelectual era recusada para a maioria delas, sendo mais facilmente oferecida aos homens. Nesse sentido, as comunidades pitagóricas constituíram uma exceção. Embora muitas mulheres adentrassem tais ambientes graças aos laços familiares (por serem mães, esposas, irmãs ou filhas de algum pitagórico), algumas delas se tornaram discípulas brilhantes e proeminentes. Frequentavam aulas e colaboravam com debates e elaboração de preceitos filosóficos. Infelizmente, dessa época, poucos escritos sobreviveram, e muitas dúvidas pairam sobre a autoria de teoremas e tratados filosóficos. Alguns deles até aparecem assinados por mulheres, mas houve casos em que foram utilizados pseudônimos femininos (especialmente quando eram obras que pretendiam educar as pupilas), o que dificulta ainda mais a pesquisa sobre a presença das mulheres na filosofia.

Uma pitagórica de destaque foi **TEANO DE CROTONA** (por volta do século VI a.C., Grécia Antiga), que provavelmente foi aluna e, depois, esposa de Pitágoras. Há registro de que tiveram três filhas e dois filhos, sendo que as filhas Damo, Myia e Arignote também expandiram e registraram parte da filosofia pitagórica. Teano teria explicado, por exemplo, que os números não exatamente dariam origem às coisas em si, mas, sim, que o número (a possibilidade de contagem, especificação, ordenamento) revela a harmonia que existe no universo, que cada coisa tem um lugar natural. Para exemplificar, já foi mencionado quanto a música era importante e fazia parte de uma vida boa: a música terrestre seria um eco da música celeste, das esferas do céu. Quando um martelo bate numa bigorna, o som que sai (mais grave ou mais agudo) depende do peso do martelo; do mesmo modo, num instrumento de corda, o som depende do comprimento da corda. Veja que o peso de um martelo e o comprimento de uma corda podem ser traduzidos em um número. Portanto, concluíram os pitagóricos, as relações matemáticas estão em tudo: na música, na sequência de estações do ano, nos ciclos de desenvolvimento dos seres... até coisas abstratas, como a justiça, poderiam ser representadas por um número, segundo eles: 4 (2 x 2, ou seja, o quadrado do primeiro número par) ou 9 (3 x 3, o quadrado do primeiro número ímpar, pois eles consideravam o 1 como um número "único", e não par ou ímpar).

Teano também teria afirmado uma teoria pitagórica que ficou famosa e que, inclusive, foi absorvida pela filosofia platônica: a transmigração da alma, chamada de *metempsicose*. Segundo essa teoria, a alma seria imortal e sobreviveria à morte do corpo físico. A alma poderia até retornar a corpos não humanos (por esse motivo, o vegetarianismo era incentivado entre os pitagóricos). Nesse processo de migrar de um corpo para outro, a alma poderia ir se purificando por meio de práticas como a filosofia — daí, as práticas nas comunidades pitagóricas, as quais buscavam certo "melhoramento" espiritual.

É possível que parte dessa teoria da metempsicose (ou até ela toda) não tenha sido original de Teano, mas sim registrada por ela e ensinada por outra mulher, **TEMISTOCLEIA DE DELFOS** (por volta do século VI a.C., Grécia Antiga). Temistocleia foi sacerdotisa do templo de Delfos, dedicado ao deus Apolo. Existe um boato de que ela pode ter sido irmã de Pitágoras, mas esta informação é incerta — ainda assim, essa sábia é citada por Aristóxenes de Tarento como mestra de Pitágoras. Ela teria sido fonte da maior parte das doutrinas morais e éticas dele, que incluem a ideia de superioridade da natureza intelectual sobre a natureza sensorial, a noção de cosmos harmônico e até mesmo essa importante teoria da metempsicose. Entretanto, ao passo que quase todo mundo já estudou Pitágoras, pouquíssimas pessoas ouviram falar de Temistocleia.

Infelizmente, os detalhes sobre essas pré-socráticas e seus pensamentos não sobreviveram até nosso tempo, mas, apesar desse obstáculo, algumas mulheres são citadas em documentos que chegaram até nós como legítimas filósofas pitagóricas. Vamos deixar aqui uma lista cheia de nomes que, para nós, podem ser esquisitos (afinal de contas, estamos literalmente falando grego!), mas que merecem ser registrados, para caso se queira pesquisar mais sobre essas pitagóricas depois. Alguns dos nomes podem aparecer com grafias diferentes das apresentadas, pois existem muitas variações. Além disso, esta lista não é definitiva. Lembre-se que parte do apagamento e do silenciamento das mulheres na filosofia se deve ao fato de não terem seus nomes sequer mencionados; por isso, fazemos questão de registrá-las aqui. São elas: Timica de Esparta, Philtis, Quilônides de Esparta, Cratesicleia da Lacônia, Abrotélia de Tarento, Echecrateia de Phlius, as irmãs Okkelo e Ekkelo de Lucânia, Tyrsenis de Sybaris, Pisírrode de Tarento, Teadusa de Esparta, Boiô de Argos, Babelyca de Argos e Cleacma da Lacônia.

Além do problema da invisibilidade de seus nomes e obras, as pitagóricas são, muitas vezes, retratadas por uma mesma imagem feminina (basta procurar no Google para ver). Ou seja, todas essas mulheres com teorias e vidas diversas foram reduzidas a uma única aparência "genérica" de estátua grega com o passar dos anos (provavelmente, inspirada em deusas, sacerdotisas ou esposas de imperadores romanos). É como se as pitagóricas tivessem perdido o rosto ao longo do tempo e, com ele, a própria identidade.

A MESTRA DO MESTRE: DIOTIMA DE MANTINEIA

Além de Temistocleia, outras mulheres que exerciam funções religiosas se destacaram por volta dos séculos VI a IV a.C. No mundo grego, as sacerdotisas com frequência usufruíam de um *status* de autoridade intelectual em razão do seu contato direto com os deuses e por serem "porta-vozes" das próprias palavras divinas — embora qualquer pessoa pudesse remeter aos deuses e deusas por meio de sacrifícios. As sacerdotisas responsáveis pelo templo de Apolo (deus da profecia, da beleza, da inteligência, da música e da cura), em Delfos, o mais conhecido dos templos oraculares, eram chamadas de Pítias ou pitonisas.

Essas sacerdotisas eram oráculos, o que significa que entravam em transe, respondiam a dúvidas e prediziam o futuro tanto de grandes personalidades (governantes, líderes, militares) quanto de gente comum. As questões variavam desde conselhos sobre política e campanhas militares até premonições, mas as respostas eram sempre muito misteriosas e precisavam ser interpretadas. O fato é que essas mulheres provinham geralmente de famílias abastadas e influentes em sua região e tinham mais liberdade para falar publicamente, em comparação com as mulheres que não exerciam o sacerdócio. Dessa forma, as religiosas podiam expressar com mais autonomia seus raciocínios e conhecimentos e difundi-los pelo mundo grego. Mais do que isso, suas vozes eram respeitadas.

Além da pitagórica Temistocleia, outra sacerdotisa que foi de suma importância para a filosofia foi **DIOTIMA DE MANTINEIA** (por volta do século V a.C., Grécia Antiga). Sabemos pouco a respeito de Diotima; em geral, apenas o que é contado em um parágrafo do livro O *banquete*, de Platão. Em tal parágrafo, Sócrates, que é o protagonista do livro, revela que aprendeu tudo o que sabe sobre Eros com Diotima. Eros é um dos tipos de amor para os gregos: o amor como força essencial que garante a perpetuação dos seres e a harmonia do universo. Trata-se de um amor ligado a relacionamentos afetivos, geralmente evocando também a atração física e o desejo sexual (aí está a origem da palavra "erótico"). Outro nome mais famoso de Eros é Cupido.

Mantineia era uma cidade cujo nome significa "cidade das adivinhas". Platão conta que Diotima era uma sacerdotisa que aconselhou os atenienses a fazerem sacrifícios a fim de afastar a peste da cidade. Tais práticas (sacrifícios, rituais, orações, medidas higiênicas, não é possível afirmar com certeza quais ações foram recomendadas por Diotima) teriam de fato adiado em dez anos uma epidemia na cidade. Nas sociedades gregas antigas, era relativamente comum que se recorresse a autoridades religiosas em tempos difíceis.

Há alguns questionamentos sobre a própria existência de Diotima de Mantineia, e uma das dúvidas mais colocadas é: como é possível que uma mulher tenha ensinado algo a um homem nessa época? Mais do que isso, seu discípulo não era um homem qualquer: era Sócrates! Compreender quem ele foi nos dá a real dimensão da influência desse filósofo, tanto para sua época como para os dias atuais. Além disso, também conseguimos perceber a importância de Diotima nesse enredo, o que levanta uma forte questão: o pensamento de uma filósofa só ganha visibilidade, relevância e peso quando vinculado a um filósofo homem?

Sócrates foi um filósofo ateniense ilustre e, para muitos cidadãos dessa cidade, incômodo. Ele inaugurou uma "virada" na filosofia juntamente aos sofistas. Os pensadores anteriores eram *filósofos da natureza*, mas, com Sócrates e os sofistas, o foco da filosofia passou a ser o próprio ser humano, e eles iniciaram um período chamado de "antropológico" na filosofia grega. Isso significa que as perguntas principais agora não eram sobre a natureza no geral, mas sobre questões humanas em particular: como é bom viver a vida? De que maneira podemos conhecer as coisas? Como o ser humano pode conviver bem em sociedade? O que é o amor, que tanto nos afeta? Essa virada foi tão significativa que, atualmente, conhecemos os primeiros filósofos como os *pré-socráticos*, ou seja, aqueles que vieram antes de Sócrates.

Esse é o nível de importância desse filósofo: ele divide a história da filosofia em duas.

O livro O *banquete*, em que Diotima é mencionada, narra um simpósio (espécie de reunião social em que os gregos comiam, bebiam e conversavam bastante, além de outras formas de divertimento). O livro foi escrito por Platão, discípulo de Sócrates, e tem o formato de um diálogo, ou seja, os personagens conversam entre si sobre alguns temas — no caso de O *banquete,* é justamente o amor. Diversos personagens (Fedro, Pausânias, Aristófanes, Alcibíades) apresentam seus pontos de vista acerca do amor e de suas características, fazendo elogios e reflexões sobre esse sentimento, que era personificado pela entidade Eros. Quando chega a vez de Sócrates expor sua visão sobre o amor, ele atribui a doutrina apresentada a Diotima de Mantineia, que teria sido sua mestra sobre esse assunto.

Diotima teria explicado a origem de Eros (amor) a Sócrates, e ele a passava adiante no simpósio, para seus pares. Segundo ela, Eros seria um intermediário entre um deus (imortal) e um homem (mortal) por causa de seus pais. O pai dele seria Poros, a riqueza, e sua mãe, Pênia, a penúria. É justamente da mãe que Eros herda sua principal característica: a carência — não dá para negar que pessoas apaixonadas ficam carentes com frequência, querendo atenção e carinho do ser amado. Eros seria, então, um intermediário na busca pela imortalidade. A maneira pela qual a alma poderia vir a se tornar imortal, segundo Diotima, seria por meio da geração de filhos. Os filhos, netos e bisnetos perpetuariam a vida de uma pessoa por gerações, e, aqui, a gravidez e o parto ganham um papel fundamental. É possível notar a importância dada nesta narrativa à linhagem materna e aos simbolismos femininos.

Esse aspecto feminino combina, inclusive, com provavelmente o maior legado deixado por Sócrates à filosofia: seu método. Sócrates ficou conhecido pelos diálogos, por provocar seus interlocutores por meio de perguntas e conversas a fim de se aproximar da verdade sobre algum assunto. Ele não se considerava um professor com o intuito de "ensinar" alguém a verdade, impô-la. Ele buscava incitar aqueles que dialogavam com ele a tirarem suas próprias conclusões, a partir de reflexões. Assim, Sócrates considerava-se um parteiro, como se ele auxiliasse as pessoas a dar à luz suas próprias ideias, das quais já estavam "grávidas". Poucas metáforas são tão femininas quanto a do parto, e a escolha de Sócrates por essa metáfora não foi por acaso: a mãe dele, Fenarete, era parteira, e o pai, escultor. Perceba que ele poderia ter escolhido a escultura como simbologia para seu método, mas não foi o caso. Preferiu o parto, chamado em grego de *maiêutica*. No diálogo socrático, a maiêutica corresponde a uma espécie de "conclusão", de chegada a uma resposta (mas nunca definitiva) para determinada pergunta. E, assim como o parto, a maiêutica socrática era um processo recompensador, porém penoso. Por causa desse método, Sócrates foi considerado um grande incômodo por muitos habitantes de Atenas, o que lhe rendeu posteriormente a comparação com uma mosca, por ser um estorvo. Esse pessoal que era questionado em praça pública por Sócrates não gostava de se sentir ignorante, e as perguntas feitas pela "mosca de Atenas" faziam essas pessoas se sentirem tolas. Sócrates foi considerado tão impertinente que foi condenado à morte pelos próprios cidadãos atenienses.

Voltando a Eros, um dos objetivos do amor seria fazer nascer a beleza. Diotima descreve a *scala amoris*, ou "escada do amor", na qual o apaixonado pela beleza sobe até conseguir contemplar o belo. A escada do amor funciona como uma síntese da educação filosófica. Coincidência ou não, o belo é uma forma imprescindível na filosofia platônica, a qual influenciou toda a filosofia ocidental posterior. Não devemos esquecer que Sócrates exerceu enorme influência sobre Platão — e, pelo que podemos perceber, Diotima exerceu enorme influência sobre Sócrates.

Em contrapartida aos questionamentos acerca da existência e da sabedoria de Diotima, há depoimentos que reafirmam sua existência e seu fulgor intelectual. Diz Proclo, um erudito comentador dos diálogos platônicos, que é estranho que Diotima, mestra e condutora de Sócrates no tema do amor e na sabedoria, não seja reconhecida como ele simplesmente porque ela tinha "um corpo de mulher". É a pergunta que também nos fazemos: por que a existência de Diotima é tão duramente questionada, mas não a existência de alguns personagens masculinos citados em *O banquete*? Proclo parece ter a resposta na ponta da língua: o corpo de mulher é considerado por muitos estudiosos como incompatível com a sabedoria que Diotima demonstrou.

A ARTE DA PALAVRA E O AUGE DE ATENAS: ASPÁSIA DE MILETO

Ainda na época de Diotima e de Sócrates, imagine uma cidade pujante, repleta de uma rica cultura, de investimento em arte e desenvolvimento intelectual e filosófico. Uma cidade que atrai pessoas de todo o mundo grego antigo, oferecendo oportunidades de trabalho e de crescimento pessoal. Um mercado público fervilhante e construções magníficas, como o Partenon e outros templos ornamentados de maneira opulenta. Pois assim era a *pólis* de Atenas no século v a.C., quando administrada por Péricles, estadista que governou durante a "era de ouro" da cidade.

Mas o que é uma *pólis*? As *póleis* gregas eram cidades autônomas entre si, cada uma com suas leis, governo e funcionamento social próprios. Isso significa que não existia propriamente a Grécia como hoje a conhecemos, um país unificado em que todas as cidades obedecem às mesmas leis. Por que então chamamos tudo de "mundo grego" — ou, se quisermos mais precisão, de "mundo helênico"? Porque a Península Balcânica, bem como grande parte das bordas do mar Mediterrâneo e da Ásia Menor, tinham elementos comuns, tais como a língua grega e a crença nos deuses do Olimpo. Havia certa homogeneidade cultural, mesmo que Esparta tivesse um governo diverso do de Tebas, e estes se diferenciassem do governo de Atenas e do de Corinto. Muitas *póleis* possuíam uma estrutura física semelhante: uma parte rural, responsável pelo abastecimento, e uma parte "urbana" propriamente dita. Nesta porção mais "urbana", era comum haver a *acrópole*, parte mais elevada da cidade em que geralmente havia templos dedicados aos deuses e à proteção da cidade, além de lugares cívicos, e a *ágora*, onde ficava uma praça, um mercado e o povo se reunia (também um tanto de filosofia era feito neste ambiente. Muitos dos diálogos socráticos tomavam lugar na ágora ateniense, por exemplo).

Aliás, o termo "política" vem de "*pólis*", dado que a *pólis* se distingue por ser uma comunidade de cidadãos e por dar importância ao uso da oratória como forma de debater publicamente. O uso da palavra de forma racional (também chamada de *logos*) passa a ser a mais distinta ferramenta de poder, acima da violência e da imposição, por exemplo. Persuadir, convencer e saber argumentar passam a ser elementos fundamentais para o exercício das funções públicas na *pólis* — e para o exercício da filosofia.

A vida nas *póleis* gregas era, de forma geral, bem marcadamente dividida entre uma esfera pública e uma esfera privada. A vida privada consistia na vida em família, no lar, e era considerada de responsabilidade predominantemente feminina. As mulheres tinham a prerrogativa de cuidar dos filhos e das tarefas domésticas. Aos homens era reservada a vida pública, com suas discussões políticas, decisões administrativas e debates filosóficos. Isso significa que a filosofia e a política eram assuntos considerados principalmente masculinos.

Sendo o *cosmos* o universo harmonioso e ordenado e que, por isso, cada um tem um lugar natural nesse universo, aí está a raiz da ideia de que a função natural das mulheres é doméstica e a dos homens, a vida pública e a administração da cidade. Cada um tem um conjunto de funções bem definido para não "bagunçar" a harmonia do universo.

A esse elemento da discussão pública se juntará o desenvolvimento da *democracia* na cidade de Atenas, talvez o traço mais marcante dessa cidade-estado. É importante entender como o sistema democrático antigo funcionava, pois ele possuía características diferentes das democracias atuais. Pensemos no caso brasileiro como exemplo para comparação: enquanto atualmente no Brasil temos uma democracia indireta ou representativa, em Atenas ela era direta. Isso significa que, no Brasil, os cidadãos elegem pessoas que irão representá-las no momento da elaboração e da votação de leis. Já numa democracia direta, como era Atenas, os próprios cidadãos deveriam representar seus interesses nas assembleias públicas, sem a necessidade de eleger um representante. Se você fosse um cidadão, poderia (e deveria) participar das discussões sobre a criação e a modificação de leis, além de votá-las e aprová-las, por exemplo.

E aqui, encontramos uma segunda diferença: afinal de contas, quem é considerado cidadão na Atenas Antiga? Se todo cidadão pode participar diretamente das discussões políticas, será que esses debates não seriam inviáveis, em virtude do grande número de participantes? Pois bem. Enquanto no Brasil a cidadania atual é ampla — ou seja, grande parte da população é considerada cidadã —, em Atenas, este número era muito menor. Podemos dizer que a cidadania nessa *pólis* era restrita, se comparada aos critérios atuais. Para ser considerado cidadão em Atenas, era necessário ser homem, livre, ateniense, filho de pai e mãe atenienses e estar acima dos dezoito anos. Isso significa que não eram considerados cidadãos (e, portanto, estavam excluídos do processo político) os escravizados, os estrangeiros e as mulheres. Para ter uma ideia numérica, durante o governo de Péricles (461-429 a.C.), apenas 10% da população era considerada cidadã. É um número pequeno, se comparado com a quantidade de pessoas que hoje no Brasil é considerada cidadã (nas eleições de 2018, estima-se que mais de 78% da população brasileira compareceu às urnas para o segundo turno).

Este é o cenário histórico-filosófico de Atenas na época: uma cidade fervilhante, rica, democrática (ainda que com restrições) e atrativa para intelectuais e pessoas que vinham de outras cidades em busca de trabalho. Embora estrangeiros não pudessem participar da política, os próprios cidadãos atenienses participavam dela de forma direta e ativa. Isso significa que eles tinham que saber falar bem em público a fim de defender suas ideias para os outros cidadãos: argumentar, convencer, persuadir, discutir. Mas nem todo mundo se sentia à vontade ou confiante suficiente para falar bem em público.

É aí que entram os sofistas. Chamamos por esse nome um grupo bem diverso de pensadores que ficaram conhecidos como professores de retórica e de oratória em Atenas. Apesar de muitos deles serem estrangeiros, ganhavam a vida cobrando dos cidadãos por aulas de eloquência e dos assuntos mais diversos.

Dentro deste cenário esmagadoramente masculino (já que, como dissemos, a política e a vida pública, bem como grande parte da educação formal, eram reservadas aos homens), uma mulher de enorme brilho intelectual se destacou como oradora e professora: **ASPÁSIA DE MILETO** (por volta de 470-400 a.C., Turquia). Embora não fosse de Atenas, mas, sim, de Mileto (região-berço da filosofia grega — hoje Turquia), Aspásia obteve espaço nos círculos intelectuais atenienses graças a seu poder de fala e de ensino e à sua influência.

Ela foi companheira de Péricles, um dos administradores da cidade de Atenas que mais se destacou e ganhou fama ao longo da história.

Conta-se que Péricles divorciou-se de sua esposa oficial e passou a viver com Aspásia de forma amorosa, embora tal relacionamento fosse controverso — ela era uma estrangeira em Atenas, e os estrangeiros não eram tidos em alta conta, muito menos as mulheres estrangeiras. Há estudiosos que defendem que eles se casaram oficialmente, outros que eles viveram em concubinato. Há também quem diga que Aspásia foi uma *hetera*, ou seja, fazia companhia e entretinha homens nos simpósios e, geralmente, era treinada em habilidades como música, canto e dança. Tal entretenimento poderia ou não incluir serviços sexuais. Talvez uma imagem mais familiar para nós e que se assemelhe às *heteras* seja a das gueixas japonesas. Elas também ficaram estereotipadas como prostitutas de luxo e erotizadas no Ocidente, por causa de filmes e outras obras, embora fossem orginalmente mulheres que serviam homens em festividades e os entretinham por meio de dança e canto.

E aqui encontramos mais um traço recorrente na história das mulheres filósofas, especialmente das antigas: além de pouco sabermos sobre a vida dessas mulheres, por suas obras não terem sido escritas ou não terem sobrevivido ao tempo e por serem lembradas apenas por seus laços de parentescos com homens, elas ainda foram, por vezes, consideradas prostitutas. No caso de Aspásia, essa tese é apresentada pelo historiador Plutarco e em algumas peças de comédia. Porém, cabe ressaltar que era comum que os comediógrafos (autores dessas peças) colocassem as mulheres em papéis de conotação sexual. Sendo Aspásia uma figura proeminente em Atenas, era alvo privilegiado desse tipo de sátira. É possível também que a atribuição de ser uma *hetera* tenha a ver com o fato de Aspásia conviver com homens importantes, como Péricles e Sócrates, e frequentar espaços tipicamente masculinos da *pólis*, algo incomum para mulheres e, mais ainda, para estrangeiras.

Contudo, diante do destaque intelectual de Aspásia, pouco importa seu *status* sexual. Entre suas atividades, ela era especialista em economia doméstica e aconselhava casais, mas o que torna Aspásia uma das principais filósofas da Grécia Antiga é nada mais nada menos que uma das habilidades essenciais e mais notórias para um indivíduo da época: falar bem em público. O fato de ela ter ensinado a figuras eminentes essa arte demonstra também sua aptidão para a partilha dessa habilidade, que se eternizou na filosofia clássica antiga e chegou aos dias atuais de várias formas: um político que discursa bem, uma professora que dá uma excelente explicação, uma jornalista de televisão que é ótima comunicadora – todos eles precisam desenvolver as competências do discurso e da argumentação. Trata-se de um legado que atravessou os séculos (uma capacidade valiosíssima em tempos de redes sociais) e teve uma filósofa como expoente. O relato de Plutarco salienta que ela foi uma famosa mestra na arte do discurso, admirada por sua "rara sabedoria política", e, inclusive, teria ensinado retórica ao próprio Sócrates. Talvez você se pergunte se Aspásia não deixou como legado filosófico algum conceito. Não são destacados conceitos elaborados por ela nos escritos que conhecemos, entretanto ela deixou uma herança ainda mais fundamental: uma forma de filosofar muito bem embasada e que permanece até hoje. A boa exposição de discursos, de maneira lógica e encadeada, contribuiu para consolidar a filosofia grega como uma forma de conhecimento intimamente ligada à racionalidade e à argumentação. Mesmo Sócrates não abriu mão dessa forma de filosofar e construiu, a partir dela, sua maior contribuição para a filosofia: o método do diálogo. Isso pode ter tido influência dessa grande pensadora.

Certamente Aspásia de Mileto entra para o rol de mulheres notáveis por seu conhecimento, por suas habilidades, por seus contatos, por frequentar os círculos intelectuais masculinos de Atenas e por atuar politicamente. Talvez o mais difícil de tudo Aspásia tenha conseguido: fazer com que Sócrates desse valor à oratória, algo que ele questionava duramente entre seus arqui-inimigos filosóficos, os sofistas.

PLATÔNICAS, CÍNICAS, ESTOICAS

Após a época pré-socrática das pitagóricas e o auge de Atenas (período de Diotima de Mantineia e de Aspásia de Mileto), segue-se um período de declínio da *pólis*, mas a filosofia ateniense ainda se desenvolvia a todo vapor. Platão (discípulo de Sócrates) e Aristóteles (discípulo de Platão) moldaram o pensamento ocidental e, em grande medida, até hoje o influenciam. Apesar de discordâncias em pontos filosóficos cruciais, Platão e Aristóteles fundaram escolas próprias (Academia e Liceu, respectivamente) a fim de formar pensadores dentro de suas tendências filosóficas.

Há registros de mulheres que estudaram na Academia; entretanto, elas eram pouquíssimas se comparadas ao número de homens. Além disso, como não deixaram nada escrito que tenha chegado até nós, a documentação que fala sobre elas é escassa e contém poucas informações. Temos notícia, por exemplo, da existência das platônicas **AXIOTEIA DE FILOS** (393-270 a.C., Grécia Antiga) e **LASTÊNIA DE MANTINEIA** (por volta do século IV a.C., Grécia Antiga).

Axioteia teria lido *A República*, de Platão, enquanto ainda vivia em sua cidade, Filos. No livro, o autor reconhece a capacidade intelectual de mulheres, desde que apresentem aptidão e sejam educadas adequadamente para funções ligadas às habilidades mentais. Axioteia teria, então, viajado até Atenas e frequentado a Academia platônica, mas ela o fazia vestida de homem. É possível que as vestimentas masculinas tivessem o objetivo de não causar escândalo público ou até de ser aceita nos círculos platônicos. Caso isso seja verdade, haveria uma enorme diferença entre a teoria e a prática da filosofia de Platão. Mas a hipótese mais aceita é a de que ela se vestia de homem por ser uma mulher estrangeira que frequentava círculos masculinos, portanto precisava se proteger de violências. Sobre Lastênia, menos ainda é sabido. Ela é apenas referida como colega de estudos de Axioteia e, da mesma forma, discípula de Platão.

O declínio de Atenas é seguido pelo período helenístico da história grega. Tendo início no crepúsculo da vida de Aristóteles, o período ficou marcado por uma grande mistura cultural, proporcionada especialmente pelo imperialismo macedônico de Alexandre, o Grande (que, aliás, foi discípulo de Aristóteles). Este governante promoveu uma enorme divulgação da cultura e da filosofia gregas, ao mesmo tempo que incorporou diversos costumes e hábitos das regiões por onde passava. Isso quer dizer que, a partir do momento em que as *póleis* perderam muito da sua antiga autonomia e ficaram submetidas a um governo imperial, penetraram no mundo grego ensinamentos e modos de pensar provenientes da Ásia (Palestina, Mesopotâmia, Pérsia, Índia) e do Egito. Tal "caldeirão cultural" deu força a uma série de correntes filosóficas bastante duradouras, as chamadas filosofias helenísticas.

Contudo, as escolas helenísticas não seguem exatamente a cronologia do período a que chamamos de "helenístico" na história grega. Na realidade, elas já existiam antes de Alexandre, o Grande, e perduraram como grandes influências na Europa até o período do Império Romano e da Idade Média adentro. Entretanto, não se tratavam de escolas formais (assim como a Academia e o Liceu). O termo "escolas" aqui é mais no sentido de filosofias que têm um conjunto de características comuns, embora haja grande diversidade interna, a depender do pensador, da pensadora, da época e do lugar. Os temas sobre os quais as filosofias helenísticas se debruçam também variam, mas se destacam a física e, especialmente, a ética — uma área filosófica que se dedica, entre outras coisas, a pensar sobre qual é o melhor tipo de vida possível, o que significa agir bem e viver bem por si só e em comunidade, consideradas virtudes no caráter de uma pessoa. De forma geral, podemos resumir muitas das preocupações helenísticas em uma pergunta: quais caminhos podem nos levar a atingir a felicidade, a paz de espírito (*ataraxia*, em grego)?

O cinismo foi uma das correntes helenísticas que se preocupou com questões éticas. Foi fundada por Antístenes e ficou famosa por Diógenes de Sínope. Este viveu na época de Platão e era uma figura muito peculiar. Sócrates foi um homem perseguido politicamente em Atenas por ser considerado incômodo, porém Diógenes era ainda mais impertinente, embora tenha sido levado menos a sério pelos cidadãos atenienses. Para ele, o melhor caminho para a felicidade e uma boa vida consistia no afastamento das convenções humanas e na consequente aproximação com a natureza humana, com aquilo que há de mais autêntico em cada um. Na prática, isso se traduziu em uma vida extremamente desprendida de bens materiais — ele ficou conhecido por morar em um grande jarro de cerâmica, algo parecido com um grande barril, e viver de esmolas; conta-se que "vivia como um cão", inclusive fazendo suas necessidades fisiológicas em público. Muitas lendas cercam este personagem histórico, inclusive envolvendo respostas e provocações perspicazes e debochadas — cínicas! — para homens extremamente poderosos, como Platão e o próprio imperador Alexandre.

Apesar dos poucos registros, existem nomes femininos igualmente interessantes dentro da escola cínica. **HIPÁRQUIA DE MARONEIA** (350-280 a.C., Grécia Antiga) adotou com seu marido, Crates de Tebas, um modo de vida cínico. Hipárquia e Crates casaram-se com base apenas no consentimento mútuo, o que já demonstra o compromisso com a filosofia cínica de afastamento das convenções sociais gregas, as quais exigiam uma união oficializada e diferenciavam claramente as condições e funções masculinas e femininas. O casal passou a viver em uma condição igualitária entre si — por exemplo, Hipárquia frequentava eventos que costumavam ser apenas para homens e se destacava em disputas verbais com outros pensadores. Hipárquia e

Crates abdicaram dos bens materiais, e ela carregava consigo apenas a túnica grosseira que vestia, uma sacola e um bastão. O casal cínico acreditava que essa seria a melhor maneira de chegar à paz de espírito, à independência e à autenticidade. Eles viviam uma vida de pobreza e buscavam convencer outros de que a renúncia aos bens seria o melhor caminho para a felicidade. A filosofia de Hipárquia nos revela que ela contestava os valores estabelecidos, inclusive desafiando a sociedade ateniense em suas ideias a respeito do lugar que as mulheres deveriam ocupar.

Outra filosofia helenística fundamental, e provavelmente a mais duradoura de todas elas pois tem ecos até hoje (as redes sociais a adoram e, às vezes, a deturpam), foi o estoicismo. Fundada por Zenão de Cítio, a escola estoica teve vários representantes romanos, alguns dos quais você talvez já tenha ouvido falar: o intelectual Sêneca, o escravizado Epicteto e o imperador Marco Aurélio. O princípio fundamental do estoicismo consiste em utilizar a razão a fim de viver de acordo com a ordem natural do universo (de novo o *cosmos*, que seria regido por um *logos*). Em outras palavras, para os estoicos, seguir a racionalidade é o que leva, em última instância, à felicidade. Segundo esses pensadores, deixar-se levar por paixões desmedidas (irracionais) é o que prejudica uma boa vida, de modo que o ser humano deve agir de forma indiferente (*apatheia*) a tudo aquilo que possa abalá-lo em termos de emoções intensas.

Uma das únicas filósofas estoicas, embora nem sempre reconhecida desse modo no meio acadêmico, foi **PÓRCIA CATÃO** (96-43 a.C., Roma). Pórcia teria sido apresentada à filosofia ainda na infância por seu pai, Catão. Manteve seus estudos e enfrentou contratempos na vida pessoal e familiar: o primeiro marido morreu em uma guerra civil romana e o pai se suicidou. Seu segundo casamento foi com Brutus, aquele que assassinou Júlio César. Conta-se que ela suportou tudo com muita resignação e resiliência, valores importantes para o estoicismo. Esta é a chamada "filosofia da coragem", pois é realmente muito difícil nos mantermos tranquilos e indiferentes diante das tragédias da vida. Pórcia personificou essa "frieza" estoica. De forma complementar, buscou provar sua lealdade em relação ao marido Brutus fincando uma faca na própria coxa. Com isso, ela queria mostrar que poderia suportar bem a dor e, portanto, seria capaz de guardar o segredo acerca dos planos de seu marido (*spoiler*: Brutus teria ficado tão impressionado e comovido com a demonstração de lealdade e força de Pórcia que comunicou a ela sua intenção de assassinar César). Conta-se que, no dia do assassinato, Pórcia fugiu dos princípios estoicos, de não se deixar abalar por sentimentos e paixões, e mostrou-se angustiada e ansiosa com o destino do marido: ficou inquieta pela casa e atenta a todo e qualquer barulho em volta, enviando mensageiros para saber o que havia acontecido (é possível até que tenha desmaiado). Totalmente compreensível, já que, além de estoica, Pórcia também era humana.

ASTRÔNOMA, MATEMÁTICA E FILÓSOFA: HIPÁTIA DE ALEXANDRIA

Ainda no período helenístico grego, foi fundada a cidade de Alexandria no Egito (além de tantas outras Alexandrias espalhadas por aí, pois Alexandre, o Grande, aparentemente gostava tanto de si mesmo que se prestou homenagens sempre que possível). Alexandria desenvolveu uma vida intelectual intensa, e, fazendo jus à mescla cultural característica do helenismo, ali cresceu uma importante comunidade judaica que falava grego e que passou a estabelecer relações entre a filosofia grega e o judaísmo, antecipando, de certa forma, o próprio cristianismo. À medida que Roma foi se desenvolvendo, o cristianismo surgiu enquanto religião — primeiro, uma seita praticada nas catacumbas e perseguida de forma violenta; depois, a partir do ano 313, uma religião aceita entre os romanos e, finalmente, em 380, a religião oficial do Império.

Em Alexandria, as tradições judaica, cristã, grega e orientais se misturaram de forma efervescente, e a cidade se tornou um polo atrator de estudiosos, sábios, artistas e pensadores que vinham dos mais diversos contextos culturais e religiosos (imagine uma cidade bem cosmopolita). Como grande ícone dessa vocação intelectual, podemos citar a Biblioteca de Alexandria, que por seis séculos guardou milhares de pesquisas e trabalhos valiosíssimos (cerca de 90 mil obras). Essa biblioteca disponibilizava textos em rolos de papiro que, de outra maneira, não seriam de fácil alcance. Entretanto, ela foi destruída de forma incerta (há lendas que dizem que foi incendiada entre os séculos IV e V) e essa imensidade de conhecimento virou cinzas.

É exatamente neste contexto, no ano 370, que nasce a filósofa **HIPÁTIA DE ALEXANDRIA** (370-415, Egito). O pouco que se sabe sobre a vida dela provém principalmente (mas não unicamente) das cartas de Sinésio de Cirene, que foi discípulo e amigo de Hipátia, além de outras fontes próximas.

Hipátia foi educada filosoficamente nas tradições neoplatônica e neopitagórica, tornando-se uma exímia matemática. As obras que escreveu não sobreviveram, mas o discípulo Sinésio menciona que ela teria escrito comentários inovadores e didáticos sobre obras de matemáticos e astrônomos eminentes, como Euclides, Ptolomeu, Apolônio de Tiana e Diofanto de Alexandria. Por causa das cartas, também sabemos algumas coisas sobre sua atividade: por exemplo, ela desenvolveu um hidrômetro e um astrolábio, instrumentos usados na física e na astronomia. No mínimo, isso revela que possuía um impressionante conhecimento matemático e habilidades práticas.

Hipátia foi uma sábia que mantinha grande proximidade com seus discípulos e que propagava profunda reverência pela atividade filosófica com sua "voz doce" e "palavras oraculares". Suas aulas eram públicas e contavam com a presença de alunos cristãos e pagãos, sendo ela mesma uma pagã ("paganismo" é uma forma generalizante de se referir às religiões politeístas provindas do contexto greco-romano, em oposição ao cristianismo monoteísta). Hipátia caminhava pela cidade e explicava as teorias platônicas, aristotélicas, pitagóricas e as de outros filósofos a qualquer um que estivesse disposto a ouvi-la.

Muito foi escrito sobre a morte de Hipátia — talvez mais que sobre sua vida e obra filosófica. Entretanto, é uma morte cercada de controvérsias e de interferências literárias muito posteriores ao período de vida da pensadora. Hipátia foi assassinada de forma extremamente violenta. No contexto alexandrino de convivência entre culturas diversas, criaram-se tensões que envolveram política e grupos de diferentes religiões. Segundo Sócrates Escolástico (que não é o mesmo Sócrates discípulo de Diotima), a população de Alexandria, nesta época, costumava se envolver em confrontos agressivos, pois cristãos e pagãos rivalizavam com frequência. Com a adoção do cristianismo como religião oficial do Império, em 380, os cristãos passaram de perseguidos por outras religiões a perseguidores destas, especialmente do paganismo — a destruição de templos e cultos tornou-se prática recorrente.

O assassinato de Hipátia estaria inserido nesse contexto e envolveu os judeus residentes em Alexandria. Cristãos teriam sido atacados na cidade, e o arcebispo cristão Cirilo reagiu de forma violenta, expulsando dali os judeus. O prefeito de Alexandria, Orestes, convertido ao cristianismo, ficou indignado, relatou o episódio ao imperador e foi apedrejado por um grupo de monges cristãos revoltados e desconfiados de sua conversão. Embora não tenha morrido no apedrejamento, o prefeito teria prendido, torturado e matado um monge que o atingiu na cabeça, e o corpo foi exibido por Cirilo, que tentou transformar o monge em mártir. A disputa entre Cirilo e Orestes, portanto, se acirrou. Hipátia era uma amiga próxima do prefeito, e se espalhou um boato de que a filósofa atrapalhava a reconciliação entre o arcebispo e o prefeito, o que inflamou ainda mais os ânimos. É possível que a multidão cristã tenha interpretado que Hipátia, pagã resistente à conversão e amiga de Orestes, era um obstáculo ao próprio cristianismo.

A turba enfurecida interceptou Hipátia quando ela retornava à sua casa e a arrastou pelas ruas de Alexandria até uma igreja. Lá, ela foi deixada nua e teve sua pele e carne cortadas com conchas afiadas. Depois de morta, seu corpo foi esquartejado e incinerado. Não há provas de que o arcebispo Cirilo tenha estado diretamente envolvido no assassinato, mas é fato conhecido que ele incitava a cólera dos cristãos da cidade. Segundo essa narrativa, a intolerância religiosa teve papel ativo no homicídio de Hipátia, e ela transformou-se em símbolo da defesa da racionalidade perante o extremismo.

É provável que tenha havido uma romantização desse episódio e que não tenha ocorrido exatamente desse modo, porém, mais importante que a verdade histórica neste caso, que talvez nunca alcancemos devido à falta de documentação da época, é a maneira como ele é revisitado e ressignificado periodicamente. Por exemplo, o filósofo Voltaire, no século XVIII, culpou Cirilo pela morte de Hipátia. Ele era um iluminista e crítico do clero e da intolerância religiosa, e viu, no caso da filósofa alexandrina, um sinal claro dos perigos do fanatismo. Em nosso tempo, a história de Hipátia foi contada no filme de produção espanhola *Alexandria* (ou, no título original, *Ágora*, lançado em 2009). Neste filme, dirigido por Alejandro Amenábar, a morte de Hipátia dá-se por sufocamento, o que é altamente metafórico para o silenciamento feminino ao longo da história. À luz do feminismo do século XXI, enxergamos, no caso de Hipátia, uma situação de apagamento da voz de uma mulher que incomodou e que foi obrigada a se calar. Não significa que tais interpretações estejam erradas (nem certas), mas são bons exemplos de como cada época procura no passado responder as perguntas do presente.

AS VIRTUDES FEMININAS: BAN ZHAO

A Antiguidade é aquela que mais sofre com falta de fontes escritas, ou porque foram menos produzidas (a escrita ainda era relativamente nova em muitos lugares), ou porque as que foram produzidas se perderam (por fragilidade do suporte material, em guerras, enchentes, incêndios...). Além disso, a noção de autoria individual, como a entendemos hoje em dia, era diferente; em todos os continentes, a sabedoria provinha primordialmente de ensinamentos coletivos e orais, passados de geração em geração, e muitas vezes misturada a uma linguagem mítica. No próprio mundo grego isso acontecia, embora a escrita e o discurso público racional tenham se desenvolvido de forma peculiar por ali. Os épicos homéricos são exemplos disso: a *Ilíada*, que conta a história da Guerra de Troia, e a *Odisseia*, que narra o retorno de Odisseu (Ulisses) a Ítaca após a guerra, têm sua autoria atribuída ao poeta Homero. Mas existem controvérsias que duvidam da existência do próprio Homero enquanto um personagem histórico e autor individual dos poemas. Pesquisas apontam que essas histórias fundadoras da cultura grega na verdade podem ter tido vários autores e foram transmitidas oralmente até serem reunidas sob o nome de um único poeta.

Assim como a Grécia, a China é uma das regiões que desenvolveu cedo uma escrita na Antiguidade, embora seja difícil precisar quando ela nasceu. As hipóteses variam, mas parece que o uso mais garantido da escrita começou durante a Dinastia Shang (1600-1046 a.C.). O fato é que a escrita, como em outras culturas, causou um profundo impacto: passou a ser usada nos registros burocráticos, na expressão por meio da literatura (prosa e poesia) e em ossos oraculares utilizados para a divinação.

A chinesa **BAN ZHAO** (por volta de 40-120, China), também chamada de Pan Chao, nasceu numa época bem posterior ao surgimento da escrita. Foi uma grande pensadora, historiadora e educadora, e dedicou-se a duas temáticas essenciais à filosofia: a ética e a reflexão sobre as virtudes. Ao contrário da maioria das gregas mencionadas, algumas obras escritas de Ban Zhao sobreviveram.

Ela nasceu numa família erudita e obteve uma educação formal significativa, tendo sido filha e irmã de historiadores e generais, bem como sobrinha de uma poetisa da nobreza. O pai e o irmão de Ban Zhao, Ban Biao e Ban Gu, respectivamente, iniciaram a pesquisa e a escrita dos livros *História da China*, também chamados de *Livro de Han*, referentes ao período da Dinastia Han. Foi um projeto enorme, e Ban Zhao colaborou desde o início. Após a morte do pai e do irmão, por convite do próprio imperador, ela continuou a tarefa árdua e foi curadora e uma das escritoras desse grande conjunto de livros.

O *Livro de Han*, que tornou Ban Zhao conhecida, era uma obra historiográfica extensa de cem volumes, sendo que ao menos um quarto do total teria sido escrito por ela ou com sua colaboração. Não apenas contava a história da China, como também abordava várias áreas do conhecimento, tais como literatura, ciência e direito. A seção sobre astronomia teria sido de responsabilidade de Ban Zhao. Além do *Livro de Han*, Ban Zhao ainda escreveu dezesseis outras obras que incluem poemas, comentários, cartas, anotações e instruções. Poucas sobreviveram até hoje, e a maioria não está traduzida para a língua portuguesa, apenas para o inglês.

Quanto ao conteúdo de seus escritos, um dos poemas de sua autoria fala sobre uma viagem para o Leste; e uma de suas cartas faz um apelo político ao imperador pelo seu outro irmão, Ban Chao, que estava ameaçado de prisão. O apelo teve sucesso, o que demonstra o poder de Ban Zhao na corte. A filósofa também ficou conhecida por esta influência, trabalhando como preceptora de crianças e jovens e como conselheira da própria imperatriz-regente Dowager Deng Sui, além de poder utilizar a biblioteca do palácio para realizar suas pesquisas e escrever.

Além de poemas e cartas, Ban Zhao ainda realizou comentários e anotações acerca de relatos biográficos escritos pela confucionista Liu Xiang, sendo estas biografias de mulheres exemplares. Talvez o livro mais filosófico de Ban Zhao seja o *Lições para mulheres*, escrito no ano 106, no qual trazia conselhos e recomendações morais para suas filhas. Desse modo, também era visto como um tratado pedagógico que influenciou toda a sociedade chinesa, e não apenas o seu núcleo familiar. Ao mesmo tempo que se destaca por ser uma obra escrita por uma mulher e voltada para mulheres, aos olhos de hoje, ela pode ser incômoda por recomendar certa submissão feminina a partir das dualidades masculino-feminino e público-privado (que também apareciam na Grécia Antiga). Entretanto, é importante termos em mente que essas dualidades eram vistas não como prejudiciais (já que a ideia de igualdade entre gêneros ainda não era uma prerrogativa), mas como partes de uma ordem social harmônica. A partir dessa concepção, o comportamento das mulheres estaria bastante condicionado ao casamento, e Ban Zhao recomenda algumas virtudes às mulheres, tais como a humildade, o cuidado, o respeito, a castidade e a obediência. Ao mesmo tempo que recomenda essas virtudes muitas vezes ligadas a certa submissão da mulher em relação ao homem, ela também advoga pela educação feminina, a qual, em sua visão, deveria incluir leitura, cultura e filosofia. Trata-se de um conselho que incita a autonomia intelectual feminina e demonstra que Ban Zhao acreditava plenamente na capacidade racional e na inteligência das mulheres de sua sociedade.

OLHANDO PARA AS FILÓSOFAS DA ANTIGUIDADE

Pensar sobre culturas diferentes da nossa é sempre um exercício de alteridade, de colocar-se no lugar do outro. Olhando para a Antiguidade, exercitamos essa habilidade não apenas no tempo (pois já nos distanciamos alguns milênios dessas filósofas), mas também no espaço, seja falando sobre a Grécia, seja sobre a China. Apesar de muitos nomes terem ficado de fora, é possível perceber que as mulheres filósofas sempre existiram e foram extremamente influentes na história do pensamento humano, apesar de serem negligenciadas, silenciadas e, muitas vezes, duramente questionadas, inclusive em suas existências.

É importante termos em mente que essas mulheres foram produtos de suas épocas; seria injusto julgar seus pensamentos com os valores de hoje e cobrá-las a pensar como mulheres do século XXI. Cada uma delas foi coerente com seu tempo e sua sociedade. Perceba que "igualdade" para muitos povos antigos não significava o que hoje pensamos sobre esse conceito. No caso grego, igualdade valia apenas em alguns casos (entre pares, entre cidadãos), porque nem mulheres eram consideradas iguais aos homens (em direitos e deveres) nem escravizados eram igualados a cidadãos livres. Eram relações hierarquizadas de poder, e para os gregos isso era considerado justo e normal.

A mulher que "ensina" o amor para alguém a partir de um relacionamento construído em conjunto; a cientista que enfrenta paradigmas e obstáculos de seu tempo, influencia gerações e presenteia a sociedade com sua inteligência; a pensadora tradicional que zela por seus valores ao mesmo tempo que enxerga o futuro. Como é bom poder reconhecer hoje Temistocleias, Diotimas, Aspásias, Ban Zhaos e Hipátias na história e no nosso cotidiano, com toda a diversidade de reflexões que elas trazem.

> Se fosse um hábito mandar as meninas à escola e ensiná-las as ciências, como fazem com os meninos, elas aprenderiam e compreenderiam as sutilezas das artes e das ciências tão perfeitamente quanto eles.

Christine de Pizan

CAPÍTULO 2

Evas e Marias
Mulheres na Filosofia Medieval

Damas, vejam como esses homens vos atacam por todos os lados e vos acusam de todo vício imaginável. Proveis que estão todos errados mostrando quão valorosas sois e refuteis as críticas que eles vos fazem [...].

O *Livro da Cidade de Senhoras*, de CHRISTINE DE PIZAN

AFINAL DE CONTAS, O QUE FOI A IDADE MÉDIA?

Na Europa, é no período chamado Idade Média que começamos a ter um conhecimento mais detalhado e preciso das vidas e obras das filósofas. Isso porque a escrita já era uma ferramenta bem estabelecida para registrar pensamentos (embora grande parte da população não soubesse ler e escrever) e muitos textos foram preservados até os dias de hoje, alguns deles graças à vida religiosa que essas mulheres levaram. Mas o que tem a ver a conservação de obras escritas e a época medieval? Por que tantas mulheres de destaque intelectual consagravam sua vida a Deus? E por que, nesse período, havia tantas mulheres que dedicavam sua vida à religião?

O período medieval, assim como outras épocas, é cercado de imagens que temos a partir dos discursos que ouvimos sobre ele na escola, nos livros, nos filmes. Em que você se lembra quando pensa em Idade Média? Para os mais lúdicos e nostálgicos, esse período retrata os cenários das histórias e dos contos mágicos de castelos e princesas. Talvez em um castelo no meio de um grande campo agrícola ou em uma guerra sangrenta. Quem sabe você se lembre dos horrores da peste bubônica, ou dos monges misteriosos e místicos do livro e do filme O n*ome da Rosa*? Ou dos cavaleiros da Távola Redonda e da busca pelo Santo Graal, época de grande virtude. Ou mesmo de Robin Hood e seu senso incomum de justiça social. As mulheres fiando em suas rocas. As catedrais escuras feitas de pedra. A lenda do poderoso mago Merlin. Os torneios e banquetes repletos de trovadores e jograis. As altas taxas que os camponeses miseráveis eram obrigados a pagar aos senhores das terras. As cruzadas violentas dos cristãos contra os muçulmanos.

Pois bem. A Idade Média é, ao mesmo tempo, nada e tudo isso misturado, e muito mais complexa que esse cenário dualista. Tendemos a polarizar esse período ou como uma época idealizada de honra e bucolismo, ou como um período supersticioso e violento. E, como qualquer outra época histórica, não é tão simples assim.

Na periodização mais comum no Brasil, a época medieval compreende, mais ou menos, entre os séculos v (por volta de 476) e xv (1453) e leva em conta, territorialmente, o que hoje chamamos de Europa Ocidental, que abarca principalmente o que foi o Antigo Império Romano do Ocidente. Este Império, desde a Antiguidade, sofreu profundas modificações a partir da oficialização do cristianismo e das migrações violentas e pacíficas dos povos "bárbaros" (aqueles que não falavam latim e não partilhavam de uma cultura greco-romana) para dentro das fronteiras imperiais. Ou seja, o período medieval foi fruto dessas transformações: uma grande mistura cultural e política entre romanos, "bárbaros" (especialmente germânicos) e cristãos; a ruralização e uma economia baseada na agricultura; e a enorme influência exercida pela Igreja Católica sobre a sociedade. Além disso, ao redor dos reinos cristãos, algumas grandes civilizações se desenvolveram: os árabes no norte da África e na Península Ibérica, os bizantinos a leste da Europa Ocidental.

O nome "Idade Média" só apareceu depois da época medieval, no período em que chamamos de Idade Moderna. Isso significa que os medievais não se consideravam medievais, não sabiam que viviam na Idade Média. Esse nome veio porque os modernos se enxergavam como "modernos" (note quanto essa palavra, "modernidade", carrega um valor positivo) e acreditavam que a humanidade havia passado por um período anterior esplendoroso, o da Idade Antiga (aquele das filósofas gregas, que viu o fortalecimento de diversas culturas e civilizações, como a egípcia, a mesopotâmica, a fenícia, a persa, a chinesa, a grega e a romana). Houve um período entre a Antiguidade e a Idade Moderna, que seria o período do meio (médio), e correspondem a esses mil anos que caracterizamos como "Idade Média". Ela é literalmente a "idade do meio" entre a Idade Antiga e a Moderna.

Mas além de ser esse período "do meio", a Idade Média passou a ser vista pelos modernos — renascentistas e, posteriormente, iluministas — como um momento de retrocesso cultural e intelectual, e ganhou o "apelido" de "Idade das Trevas", em oposição à "luz" moderna que viria depois. Enquanto a luz se referia ao desenvolvimento da ciência empírica e de técnicas artísticas mais realistas, à valorização do ser humano como referência explicativa (*antropocentrismo*) e à dinamização das cidades e do comércio, as "trevas" medievais diriam respeito a uma época de intensa religiosidade supersticiosa, em que todas as explicações remetiam ao Deus cristão (*teocentrismo*), a uma ruralização da economia e dos costumes, à redução do comércio e às poucas inovações técnicas. Mas, cuidado: esta é uma visão simplista e preconceituosa. A Idade Média foi um período repleto de invenções (os óculos, os livros e as universidades, por exemplo, são todos invenções medievais), novos pensamentos e formas de expressão (a filosofia e a arte eram riquíssimas) e maneiras diferentes de vivenciar a sociedade.

É claro que nem tudo eram flores. De fato, houve guerras violentas, uma predominância do pensamento religioso sobre aquele que, nos dias atuais, consideramos científico e grande exploração dos senhores feudais sobre o trabalho dos servos camponeses. E, ao contrário dos renascentistas do século XV e dos iluministas do século XVIII, que desprezavam a Idade Média, os românticos do século XIX praticamente ignoravam esses fatores "negativos" do período medieval. Eles, muitas vezes, idealizavam-no e viam nele uma época essencialmente boa, de valores sólidos e honradez, de beleza e elegância, de reis, fadas, príncipes e princesas que banqueteavam e se divertiam em festas portentosas.

Portanto, a Idade Média não foi uma época completamente terrível, como pensavam os renascentistas e os iluministas, nem um período perfeito, como idealizavam os românticos. Foi um tempo cheio de complexidades e nuances.

A FORÇA DO CRISTIANISMO: A FILOSOFIA MEDIEVAL CRISTÃ É IMPORTANTE?

Resposta curta e grossa: sim!

Resposta longa e explicada: existem múltiplas filosofias medievais, e não apenas uma. O foco neste capítulo será em algumas filósofas medievais cristãs, que se preocuparam bastante com questões teológicas. Essa foi uma tendência no pensamento medieval da Europa Ocidental: uma mescla entre filosofia e teologia. Mas além dos intelectuais cristãos, também árabes, muçulmanos, judeus e pagãos produziram ideias e obras filosóficas importantes nesse período.

"Quer dizer então que filosofia e religião se tornam uma coisa só na Idade Média?" Não exatamente, embora as perguntas filosóficas e teológicas de fato tenham se misturado (e as respostas também). Grosso modo, podemos dizer que a filosofia medieval cristã é, em grande parte, teológica, já que se preocupa com as verdades divinas e com o papel da fé para o conhecimento humano. Mesmo assim, a filosofia está aí presente, nos questionamentos e, principalmente, no uso da razão para formular perguntas, trazer respostas e estruturar pensamentos.

"Mas então, se eu não sou uma pessoa cristã, a filosofia medieval não me interessa!" Ora, por mais que você não siga o cristianismo, as sociedades ditas ocidentais foram e ainda são muito influenciadas pelo pensamento cristão. Entender as filosofias medievais é buscar as raízes de algumas concepções atuais. Embora o Brasil não seja considerado um país "puramente" ocidental (se é que isso existe), graças às influências de povos indígenas originários e de povos africanos, também é inegável que as ações e os valores portugueses foram fundamentais para moldar nossa cultura e sociedade. A população e a coroa portuguesas, sendo europeias e predominantemente católicas, acabaram transmitindo esse conjunto de valores para suas colônias.

Quer um exemplo de quanto somos culturalmente cristãos, mesmo aqueles que não seguem a religião? A ideia de igualdade entre todas as pessoas (universalismo), tão cara às sociedades atuais, é originalmente cristã. Enquanto para os greco-romanos o universo era hierarquizado (no *cosmos* grego, cada pessoa ocupa seu lugar no mundo), no cristianismo, todas as pessoas são filhas de Deus e, portanto, intrinsecamente iguais. Outra maneira pela qual o cristianismo moldou nosso mundo hoje foi privilegiando a ideia de livre-arbítrio, ou seja, de quão importante é sabermos usar nossa capacidade de discernimento. O livre-arbítrio foi um dos termos centrais da filosofia de Agostinho de Hipona, um dos pensadores mais fundamentais da filosofia medieval. Tão importante que foi canonizado como Santo Agostinho, e a estrutura teológica escrita por ele está até hoje presente no cristianismo católico e protestante. A concepção geral de livre-arbítrio inaugurou outro princípio basal da nossa sociedade e das nossas leis: o da liberdade. A raiz dessas concepções tão importantes para nós nos dias atuais está precisamente na filosofia medieval cristã.

Mas como a Igreja Católica foi tão poderosa na Europa medieval a ponto de influenciar profundamente a filosofia e de o período todo ficar conhecido por causa da religiosidade e do misticismo? O início "oficial" da Idade Média, no ano de 476, é marcado pela chamada "queda do Império Romano do Ocidente". Essa "queda" de Roma significa que o Império Romano deixou de existir como uma unidade territorial e política e ocorreu uma espécie de desagregação. O período medieval foi, aos poucos, mas fortemente, marcado pela descentralização política. Entre os séculos v e ix, formaram-se reinos bárbaros pela Europa Ocidental (não mais um grande império unificado) e, especialmente a partir do século x, senhores de terras passaram a exercer um domínio cada vez maior sobre seus territórios e sobre os camponeses que ali habitavam, inclusive aplicando a justiça localmente e recolhendo impostos. Essa dominação é chamada de "senhorio territorial" e corresponde àquilo que na escola é chamado de "feudalismo".

Se por um lado havia fragmentação territorial e política do Império, por outro, a Igreja Católica exerceu o papel de unificadora cultural e social na Europa Ocidental. Não havia um "grande" imperador para o qual todos os senhores feudais respondessem de forma direta e sistemática, mas quase todos esses aristocratas eram convertidos ao cristianismo e respeitavam os costumes, preceitos e valores dessa religião. A Igreja funcionava como uma espécie de "cola" social, mantendo uma unidade cultural onde quase não havia unidade política. Para ter uma noção de quanto poder a Igreja detinha, estima-se que, no fim do século VII, um terço das terras aráveis na França pertencia a ela. Isso mostra que o poder eclesiástico não se limitou à cultura e às mentalidades, mas se expandiu para os campos econômico e político.

A influência da Igreja era muito consistente na cultura, na educação formal e nas justificativas sociais para determinadas visões de mundo. Costumamos dizer que a Idade Média foi um período *teocêntrico* na Europa, o que significa que coloca Deus no centro das explicações. A explicação, por exemplo, das diferenças sociais entre homens e mulheres era justificada ideologicamente de um ponto de vista religioso.

AS MULHERES NA IDADE MÉDIA

Como pensar as mulheres no contexto ruralizado, teocêntrico e desigual da Idade Média? É impossível falar sobre "as mulheres do período medieval" sem levar em conta que havia profundas diferenças geográficas, históricas, sociais e culturais entre elas. Devemos nos lembrar que uma nobre das ilhas britânicas do século XIII vivia de forma muito diferente de uma camponesa na Gália do século VI, que por sua vez tinha grandes variações em relação a uma monja na península itálica do século X. Para compreendermos a situação feminina na Europa medieval, então, é importante sempre ter em mente a possibilidade de diferenças a depender da camada social a que aquela mulher pertencia, do lugar de onde ela vinha e da época em que ela vivia. Nosso foco será nas filósofas; portanto, em mulheres que tiveram a possibilidade de se educar e escrever suas obras. Isso significa que elas transitaram entre a aristocracia e o monasticismo e eram, em sua maioria, nobres e/ou monjas.

Sabendo que existem essas diferenças, podemos fazer algumas generalizações sobre a condição feminina na Idade Média europeia e, principalmente, sobre a imagem que se tinha da mulher. Que lugar o feminino ocupou no imaginário cristão medieval? Que papéis sociais eram atribuídos a partir do que se pensava sobre a mulher? Muitas das respostas a essas questões estão ligadas a discursos teológicos e religiosos, que entendiam a mulher e o homem como seres ligados a Deus e com características e funções específicas.

Partilhava-se da crença de que homens e mulheres não eram iguais entre si, existindo uma hierarquia de poder: homens acima, mulheres abaixo. Tal diferença entre homens e mulheres foi central na reflexão antropológica medieval. Muito dessa visão estava apoiada em Gênesis, o primeiro livro da Bíblia: Eva, considerada a primeira mulher, teria convencido Adão, o primeiro homem, a provar o fruto proibido. Ela teria sido, portanto, a principal responsável pela expulsão da humanidade do paraíso, pelo pecado original. E já que Eva é uma mulher e deu origem a toda a humanidade, como não desconfiar de todas as mulheres? Por causa desse raciocínio, foram atribuídas a elas características como manipuladoras, sedutoras e traiçoeiras. E é também por isso que a dominação de homens sobre mulheres se justificava (a versão bíblica que diz que a mulher foi feita a partir da costela do homem, devendo ser, consequentemente, subordinada a ele — como se os homens fossem seres primordiais feitos por Deus, e as mulheres, seres secundários).

Mas ao mesmo tempo que as mulheres eram vistas de forma negativa e inferior perante o masculino, essa relação era, ao mesmo tempo, de complementaridade. Sem as mulheres, a humanidade acabaria.

São elas que engravidam e dão à luz. A figura feminina cristã que se contrapõe a Eva é a Virgem Maria, mãe de Jesus. Ela é a imagem da pureza, da aceitação dos desígnios divinos, da maternidade dedicada. É o modelo de virtude no qual as mulheres deveriam se espelhar no período medieval.

Dessa maneira, havia certa polarização da figura feminina no imaginário da Idade Média: de um lado, a pecadora e inconfiável Eva, exemplo que deveria ser evitado; do outro, a correta, virginal e maternal Maria, modelo a ser seguido. Mesmo quando uma espécie de "terceira via" era apresentada (Maria Madalena, uma pecadora que se arrepende), ela estava associada a algo condenável naquela sociedade: a sedução e a sexualidade femininas. Em discursos dos principais intelectuais cristãos, predominavam essas idealizações que não dão conta de representar verdadeiramente, em todas as suas complexidades, as mulheres. Veremos quanto as filósofas medievais se encaixam ou não nessas concepções.

AMOR E CASTIGO: HELOÍSA DE ARGENTEUIL

Começaremos a investigação sobre as filósofas medievais por uma grande história de amor, talvez uma das maiores de todos os tempos. **HELOÍSA DE ARGENTEUIL** (1101–1164, França), também chamada de Heloísa de Paracleto, foi uma filósofa educada quando menina na abadia beneditina de Argenteuil, em Paris. Pouco se sabe sobre sua infância ou seus pais, mas ela tinha um tio que pertencia a um importante grupo de cônegos (religiosos que administravam uma igreja) da catedral de Notre-Dame. O fato de ela ter um tio tão influente nos círculos eclesiásticos e o acesso a uma educação formal distinta desde pequena parecem apontar para o pertencimento de Heloísa a uma família nobre.

Embora ela fosse reconhecida em sua época por ter uma inteligência excepcional, o que a tornou mais célebre foi seu romance com Pedro Abelardo, também um notável filósofo medieval. Novamente, repete-se a história de uma mulher filósofa que tem sua obra e seus pensamentos ofuscados por sua vida pessoal e amorosa. Novamente, uma pensadora é mais conhecida por seu relacionamento com um homem do que por suas próprias ideias. Aqui, propomos uma inversão na maneira como a história de Heloísa é comumente abordada. Em vez de dar destaque de maneira exclusiva ao romance dela com Abelardo, que já foi bastante explorado em obras como o filme *Em nome de Deus* (lançado em 1988 e dirigido por Clive Donner), buscaremos no relacionamento entre eles aspectos que nos ajudem a compreender melhor o posicionamento filosófico de Heloísa, já que um dos principais temas dos quais ela trata é, precisamente, o amor.

Ainda jovem, Heloísa ficou aos cuidados de seu tio, o cônego Fulbert, e, por volta dos seus dezesseis ou dezessete anos, passou a ser pupila de Pedro Abelardo, que era mais de vinte anos mais velho que ela. Uma relação que começou sendo de professor e aluna desenvolveu-se para uma relação de amor. Embora a distância etária entre eles seja grande, para os padrões da época, que levavam em consideração a menor expectativa de vida e certa precocidade da vida adulta, especialmente para meninas, não era um relacionamento condenável por esse motivo. Porém, tratava-se de um caso de amor proibido, já que o tio tencionava casar Heloísa com um jovem de família nobre, e não com seu preceptor. Heloísa e Abelardo casaram-se em segredo. Ao serem descobertos pelo tio Fulbert, Heloísa foi internada num convento na Bretanha (lá, ela deu à luz um filho, Astrolábio, o qual ficou aos cuidados de uma irmã de Abelardo). O drama não acaba aí: o cônego Fulbert mandou castrar Abelardo, que obviamente ficou abismado com o ocorrido. Considerou toda a situação como castigo de Deus e virou monge (e, posteriormente, abade do mosteiro de Saint-Denis). Heloísa também se tornou monja do mosteiro de Santa Maria de Argenteuil e, depois, abadessa do convento do Paracleto.

Heloísa e Abelardo continuaram a se corresponder por cartas, nas quais reafirmavam o amor de um pelo outro. Abelardo mostrou-se mais conformado com o terrível destino que sofrera; Heloísa foi categórica em sua devoção por Abelardo. O pintor brasileiro Pedro Américo (o que pintou o famoso quadro *Independência ou morte*) fez um retrato de Heloísa em 1896. No quadro, chamado *O voto de Heloísa*, é mostrado o momento em que a filósofa se compromete com a vida religiosa na abadia. Ela aparece vestida de freira, num hábito branco, e segura um turíbulo por onde emana a fumaça do incenso. A fumaça, entretanto, forma a imagem de dois amantes entrelaçados, e é exatamente para este ponto que o olhar de Heloísa se dirige. A pintura é perspicaz em evidenciar que, apesar de prestar obediência a Deus e à regra do convento, os pensamentos de Heloísa ainda permaneciam presos a seu relacionamento amoroso com Abelardo. Após seguirem uma vida monástica rigorosa e se corresponderem com certa frequência, Abelardo faleceu aos 63 anos e foi enterrado no convento de Heloísa. Vinte e dois anos depois, ela faleceu e foi enterrada junto a ele, no mesmo túmulo.

Já foram levantadas dúvidas sobre a autenticidade das cartas; quando isso acontece, de modo geral, essas dúvidas recaem sobre a dificuldade de acreditar na inteligência de Heloísa e sobre a possível presença de trechos escritos por terceiros. Mais do que apenas cartas pessoais, a correspondência constituiu um gênero de texto literário e filosófico na Idade Média, e é por meio dessas cartas que sabemos sobre o pensamento filosófico de Heloísa. Muitas vezes, as cartas tinham um caráter pedagógico, ou seja, um objetivo de ensinar ou servir de exemplo — no caso de Heloísa, para instruir outras mulheres, principalmente por causa de seu conhecimento extraordinário. Esse conhecimento incluía o domínio de línguas, como latim, grego e hebraico, e uma capacidade lógica e dialética admiráveis. Heloísa argumentava e debatia com grandes mestres da filosofia medieval com segurança, sendo as cartas para Abelardo o exemplo mais óbvio. Um depoimento deixado em carta por Pedro, o Venerável, mostra quanto Heloísa era considerada excelente. Ele diz, entre outras coisas, que o nome dela era famoso desde que ele era adolescente por causa dos profundos estudos a que ela se dedicava. Ele inclusive afirma, em tom de elogio, que Heloísa "superou não apenas todas as mulheres, mas também a maior parte dos homens".

Para além da habilidade retórica e argumentativa, alguns temas filosóficos aparecem nas cartas de Heloísa para Abelardo: a amizade, o posicionamento dela acerca de casamento, ética, e até mesmo de justiça, uma vez que ela parece nunca ter aceitado como justo o castigo imposto por seu tio. Questões filosóficas e teológicas também são contempladas na escrita de Heloísa. Há, por exemplo, uma série de perguntas cuidadosas que ela propôs a Abelardo, e que são fundamentais para qualquer um que deseja entender a filosofia medieval cristã. Uma delas é: "Por que você [Abelardo] às vezes usa a palavra 'espírito' e, em outras, a palavra 'alma'? Qual a diferença entre 'espírito' e 'alma'?".

Quanto ao tema do amor, tão caro ao casal, Heloísa questiona o que é considerado ético de um ponto de vista das leis humanas e divinas, o destino e consequências de ações e os deveres ligados ao amor. Ela percebe o amor como um sentimento desinteressado e autossuficiente (ou seja, não se ama com outro objetivo além de amar). Segundo ela, é por meio do amor, uma característica humana, que é possível se transformar e alcançar a transcendência, certa superioridade espiritual. Dessa forma, ela propõe um apagamento das fronteiras teologicamente bem delimitadas entre amor carnal (humano) e amor divino (espiritual), tornando-as mais fluidas. Da mesma maneira, para ela, o conhecimento humano não separa a racionalidade da emoção, nem estas da ação. Esse pensamento é original na medida em que contraria a tradição filosófica ocidental platônica de considerar a racionalidade superior àquilo que é passional e corporal.

Temos em Heloísa uma pensadora sublime, inteligente e corajosa. Na Idade Média, as mulheres consideradas virtuosas, especialmente entre as religiosas, eram aquelas que conservavam a virgindade "intacta" (a exemplo da imagem da Virgem Maria). Heloísa de Argenteuil naturalmente não seguiu esse caminho e, com isso, mostrou quanto o estereótipo feminino não se aplica à realidade complexa. Ela assumiu um amor considerado "ilícito" e nunca o negou, e, ainda assim, foi uma mulher amplamente respeitada e admirada por suas capacidades racionais. É possível que, se você buscar o nome e a história de Heloísa de Argenteuil no cânone da filosofia tradicional, ela apareça não como filósofa, mas como personagem secundária, uma mera (embora brilhante) discípula de Pedro Abelardo. Entretanto, além do conteúdo filosófico das cartas, sua erudição e habilidades retóricas e filosóficas precederam e sucederam o período de vida em que ela conheceu e conviveu com Abelardo, e foram reconhecidas sem reservas ainda em sua época. O próprio Abelardo chegou a dizer que, quando a conheceu, Heloísa já era "suprema pela abundância de seus conhecimentos literários". O título de filósofa não pode ser negado a Heloísa.

TEOLOGIA, BOTÂNICA, MEDICINA E MÚSICA: HILDEGARDA DE BINGEN

Os casos de HELOÍSA e de HILDEGARDA DE BINGEN (1098–1179, Alemanha) ilustram bem as complexidades medievais. Enquanto para Heloísa o convento foi uma espécie de castigo, para Hildegarda, o claustro significou a possibilidade de se dedicar com afinco à vida intelectual e artística. Com benefícios e limites, a vida numa abadia era uma vida regrada e recolhida, dedicada à religião. Para muitas mulheres (nobres, na maioria dos casos), o monasticismo era uma alternativa ao casamento — ou seja, representava uma vida em que elas não necessariamente dependiam ou estavam submetidas diretamente a um homem — e uma forma de ter acesso ou de dar continuidade aos estudos e ao próprio desenvolvimento mental e espiritual.

De forma semelhante à dualidade entre homem e mulher proposta pela teologia cristã medieval, a razão humana, identificada com o masculino, seria superior ao corpo e aos sentidos, tidos como mais femininos. De acordo com essa visão, da mesma forma que a mulher seria inferior ao homem e, portanto, subordinada a ele, o corpo deveria ser controlado pelo espírito e pela razão. É a partir dessa premissa que surgem as ordens religiosas, grupos de pessoas que dedicavam sua vida à religião e que privilegiavam a contemplação, os estudos e a elevação espiritual em detrimento de prazeres do corpo, numa espécie de "fuga do mundo". Essas pessoas que decidiam consagrar suas vidas a Deus eram, portanto, parte do clero — membros da igreja católica, em sua maioria, embora também houvesse ordens consideradas heréticas, ou seja, divergentes da doutrina ortodoxa católica. Algumas ordens religiosas eram chamadas de "clero regular" porque seguiam uma regra, ou *regula* em latim (usa-se a palavra no singular, mas trata-se na verdade de um conjunto de regras). De forma geral, eram os monges e as monjas que viviam enclausurados ou apartados da sociedade secular, e que podiam ou não participar de maneira ativa em ações comunitárias junto à população não religiosa, praticar caridade e pregar o Evangelho.

No século VI, com Bento de Núrsia (São Bento), foi fundado o primeiro mosteiro cristão. As pessoas participantes de ordens religiosas, a fim de se dedicar a esse mundo espiritual, muitas vezes viviam em conventos, mosteiros e abadias e tinham uma rotina bastante regrada e comedida. Existem variações entre a regra de cada ordem, mas sempre havia horários para acordar, se alimentar, meditar e rezar (geralmente várias vezes ao dia), trabalhar e cumprir os afazeres diários, ir à missa e dormir. Além de estabelecer uma rotina, a regra também costumava destacar a importância de virtudes como o silêncio, a humildade, o celibato e a obediência. Ela também determinava tarefas práticas e trabalhos braçais para os monges e monjas (cozinhar, costurar, praticar jardinagem, estudar, cuidar dos doentes), os quais permitiam a sustentação dessa vida comunitária, ainda que relativamente afastada do mundo não religioso. O lema latino que resume a regra beneditina, talvez a regra mais influente de todas, é "*Ora et labora*", que significa "reze e trabalhe". Algumas ordens assistiam pobres, abrigavam viajantes e cuidavam de doentes.

Foi justamente nos mosteiros e abadias que grande parte do conhecimento ocidental se concentrou durante a Idade Média (fora do Ocidente, o Império Bizantino e o Império Árabe foram responsáveis por guardar e perpetuar diversos pensamentos que consideramos fundamentais para o conhecimento). Não era comum que a maior parte da população soubesse ler e escrever, e isso às vezes incluía nobres. Na maioria dos casos, uma vida dedicada ao estudo estava intimamente ligada a uma vida religiosa e contemplativa. Se não fosse pelos monastérios, ainda menos obras teriam sobrevivido. Era na biblioteca e no *scriptorium* das abadias que se conservavam, comentavam, copiavam e traduziam escritos e, em muitos casos, esses espaços eram verdadeiros centros de pesquisa. Nossos "escritórios" de casa e as salas de estudo das universidades, por exemplo, são locais que herdaram esse conceito do *scriptorium* medieval como uma espécie de santuário das ideias, um local quase sagrado onde o conhecimento é exercitado e formulado.

Os monastérios e conventos foram, portanto, lugares privilegiados em que floresceram mulheres brilhantes no período medieval. O fato de serem freiras ou monjas dava liberdade às mulheres europeias desta época, mais ou menos da mesma maneira que as sacerdotisas gregas gozavam de certo *status* intelectual e autonomia para falar em público e ser reconhecidas por isso.

Hildegarda de Bingen foi uma dessas mulheres que viveram em monastérios medievais. Ela é conhecida atualmente no catolicismo como santa Hildegarda e é uma das quatro mulheres exaltadas como "doutoras da igreja" (obteve este título em 2012 do papa Bento XVI). Junto a ela nesta lista estão Teresa D'Ávila, Catarina de Sena e Teresa de Lisieux — entre homens, 32 têm este título. Ser "doutor da igreja" significa ser reconhecido pela grande importância no pensamento teológico católico. Além de celebrada como doutora da Igreja e santa, Hildegarda ainda foi filósofa, botânica, dramaturga, compositora, mística, poeta, abadessa e escritora, entre outras coisas. Essas habilidades com frequência se manifestam nas suas obras de maneira interdisciplinar, e por isso pode ser difícil definir se determinado escrito hildegardiano é filosófico, teológico ou artístico, por exemplo (na maioria das vezes, é tudo junto).

A jornada de múltiplos talentos começou quando Hildegarda tinha oito anos e foi entregue como oblata (ou seja, como uma espécie de oferta a Deus ou "dízimo") ao Mosteiro de Disibodenberg, na Alemanha, aos cuidados de Jutta, irmã de um conde e abadessa do convento. Hildegarda vinha de uma família nobre e era a caçula de dez filhos. Aos quinze anos, fez votos religiosos e tornou-se oficialmente monja; aos 38, após a morte de Jutta, sucedeu-a como abadessa, cargo dos mais elevados no mosteiro e que exigia grande conhecimento, habilidades e experiência sobre o funcionamento da Igreja e da própria vida prática da abadia. Aos sessenta anos, passou a viajar para pregar a palavra do Deus cristão em comunidades monásticas e até para grupos leigos em praças públicas, em que ela defendia uma reforma eclesiástica voltada à pureza do clero e a uma unidade entre matéria e espírito. A peregrinação da filósofa foi bastante corajosa, pelo conteúdo que ela propagava e pela dinâmica de andanças, ainda mais considerando que ela era uma mulher já idosa. Mas o tempo de experiência de Hildegarda a elevou e consolidou seu posicionamento como autoridade da teologia cristã. Faleceu aos 81 anos.

Quando pequena, Hildegarda tinha uma saúde frágil que não melhorou quando se tornou adulta. Ela apresentava visões místicas desde os três anos: "Vi uma luz tão grande que minha alma tremeu; mas, dada a minha idade infantil, nada pude dizer desta visão". As visões continuaram e, quando Hildegarda contava sobre elas, as pessoas estranhavam e não as compreendiam direito. Isso fez a moça ficar triste e angustiada, guardando para si as experiências que tinha. Ao mesmo tempo, tais visões foram interpretadas como místicas e dons de Deus; posteriormente, até caracterizaram Hildegarda como uma vidente ou profetisa. Aos 43 anos, quando já era abadessa, a filósofa teve uma grande visão relatada em uma de suas obras, *Scivias* (abreviação de *Scito vias Domini*; esse título em português seria algo como *Conhece os caminhos do Senhor*). Segundo essa visão, ela teria sido encarregada por Deus de escrever e pregar a palavra divina, o que significava uma mudança de vida (antes, uma vida reclusa e, a partir de então, uma vida mais pública, voltada à prática intelectual e aos ensinamentos). Para isso, ela precisou da autorização de teólogos, bispos e do papa.

Após mais uma de suas visões, tomou para si a missão de fundar um novo mosteiro só para mulheres no Monte Rupert, um lugar próximo ao monastério de Bingen, em que ela vivia (o mosteiro de Bingen estava submetido à autoridade dos monges vizinhos). A nova instituição contou com a adesão de várias mulheres, graças à boa fama já estabelecida de Hildegarda como médica, conselheira e profetisa, e possibilitou maior autonomia nas atividades ali realizadas. Sobre a vida da filósofa, existe um excelente filme alemão de 2009, dirigido por Margarethe von Trotta, chamado *Visão: da vida de Hildegarda de Bingen*. O filme narra a vida de Hildegarda de Bingen com destaque para suas visões e ações.

Nas obras escritas por Hildegarda de Bingen, uma das características retóricas reconhecíveis é a humildade frequentemente afirmada nos textos. Por exemplo, no início de um de seus textos, ela exprime que apresentará aos leitores "uma língua desconhecida trazida pela simples humana Hildegarda". Esse recurso de "se diminuir" no início do texto era comum entre profetas e profetisas, já que eles seriam apenas vozes através das quais Deus falava. Tal estratégia também acabava por conferir autoridade àquilo que era dito, já que aquelas palavras teriam valor divino. Os escritos de Hildegarda, segundo ela própria, eram relatos fiéis das visões místicas que tinha — e tais visões vinham quando ela estava em plena consciência, sem o auxílio de substâncias alucinógenas ou estados oníricos. Os registros eram feitos com a ajuda e incentivo do monge Volmar, que foi professor dela e o primeiro homem a validar as visões hildegardianas.

A linguagem de Hildegarda é reveladora, pois utiliza metáforas que remetem ao feminino. Deus, por exemplo, é referido a partir do conceito feminino de caridade. Ao mesmo tempo, em conformidade com a mentalidade patriarcal da época, ela defendeu a autoridade masculina da Igreja e acreditava que apenas homens poderiam ocupar cargos de ministério sacerdotal. Ainda sobre linguagem, a monja teria criado uma língua nova chamada *língua ignota* (em latim, significa "idioma desconhecido"). Foram mais de mil termos desenvolvidos por ela (embora seja provável que o glossário em que ela registrou a língua ignota esteja incompleto), que serviriam para a comunicação entre as religiosas. As palavras criadas aplicavam-se a objetos cotidianos, elementos litúrgicos, profissões, relações de parentesco, dias e meses e elementos importantes para Hildegarda, como plantas e doenças.

Além dos livros em que retrata suas visões e a língua inovadora, ela ainda escreveu sobre teologia, biologia, medicina e, é claro, filosofia. Um exemplo de como os elementos de tudo isso se misturavam é que, ao falar sobre doenças e tratamentos, ela recomendava moderação, numa atitude profundamente filosófica de tradição grega e helenística e teológica, já que a regra beneditina também aconselhava a busca do equilíbrio como caminho para a saúde, a tranquilidade e a felicidade.

No campo da medicina, ela é considerada pioneira inclusive em termos científicos porque, na contramão das tradições platônica e cristã de desprezo daquilo que é material, a filósofa não condenava a matéria e o mundo, mas os considerava úteis. Segundo ela, as doenças eram frutos de um desequilíbrio entre corpo, mente e espírito, e tal harmonia deveria ser restabelecida por meio de remédios. As enfermarias dos mosteiros cuidavam de pessoas doentes, praticando o que hoje é conhecido como "medicina monástica", e muitos dos tratamentos se davam de forma prática e a partir de noções tradicionais de ervas medicinais, óleos naturais e preparos específicos. Hildegarda tinha um conhecimento impressionante nesse campo e organizou e sistematizou em escritos alguns saberes botânicos e curativos que são estudados até hoje por pesquisadores de universidades. No tratado médico *Física (Physica)*, em nove volumes — praticamente uma precursora da *Enciclopédia*, que só seria publicada pela primeira vez mais de seis centos anos depois —, ela descreve mais de quatrocentos recursos e suas propriedades medicinais, incluindo animais, vegetais e minerais. *Física* é considerado o primeiro livro de ciências naturais do Sacro Império Romano-Germânico e serviu de fundamento para o estudo da botânica durante cerca de quatro séculos. No texto *As causas e as curas* (*Causae et Curae*), Hildegarda se debruça sobre causas de doenças e problemas de saúde diversos, bem como descreve formas de cura para esses males por meio de remédios naturais. Pode-se dizer que ela tratava seus pacientes de forma semelhante ao que atualmente chamamos de "medicina holística", uma abordagem que trata o paciente como um todo interligado (corpo, mente, espírito e ambiente), e não apenas suas partes isoladamente. Isso significa que a medicina hildegardiana envolvia uma mistura de mágica, religião e ciência, condizente com a época e o pensamento dela. Ao mesmo tempo, ela sabia que um paciente não seria curado apenas por meio de orações. Tal atitude revela uma consciência racional e científica aguçada de sua parte.

Aos talentos intelectuais, acrescentam-se dons artísticos às habilidades de Hildegarda. Nesse quesito, o ambiente monástico também a beneficiou, pois, além de os monastérios encorajarem a alfabetização e a leitura, ali também eram estimulados trabalhos braçais, coisa rara até o período medieval. De forma geral, o trabalho braçal era visto na Antiguidade e mesmo nos primeiros tempos da Idade Média como algo pouco valoroso para as classes mais altas, e era exercido por escravos ou servos. Nas abadias medievais, a combinação de um ambiente intelectual com a obrigação do trabalho braçal de monges e monjas, bem como a vontade de embelezar rituais litúrgicos nas igrejas, também favoreceu o desenvolvimento artístico. A sofisticação dos corais e a elaboração de obras de artes visuais se juntavam ao desejo de servir a Deus da forma mais sublime e elevada possível.

As obras artísticas de Hildegarda abarcam peças de teatro, poesia e, principalmente, belas músicas compostas por ela para serem usadas em monastérios. Nos dias atuais, existem 77 canções litúrgicas bastante impressionantes compostas pela filósofa, principalmente se levarmos em conta que ela nunca estudou música. O conjunto desses hinos e cânticos chama-se *Sinfonia da harmonia das revelações celestiais* ou, em latim, *Symphonia harmoniae caelestium revelationum*, e muitas delas podem ser encontradas com facilidade na Internet. A música de Hildegarda, além de esteticamente poderosa, tinha uma intenção pedagógica de educar as freiras que conviviam no convento sob sua responsabilidade. Essa educação acontecia pela experiência musical de abertura a conceitos metafísicos. A música nos ajuda a escapar do tempo (quem nunca "viajou" e esqueceu da vida ao ouvir uma música maravilhosa?) e, assim, a perceber um pouco da razão divina, tal como o filósofo Boécio propôs. Hildegarda construiu sua música utilizando som instrumental e voz, de modo a levar o ouvinte a se sentir suspenso no tempo, essa torrente de acontecimentos que nos arrasta e, com isso, a vislumbrar uma pequena parte da realidade divina, a qual está fora do tempo. As letras também traziam toda a interdisciplinaridade que caracteriza o pensamento hildegardiano: expressões como "jorro de sangue", "tímpanos e cítaras", "perfumes inebriantes" e "dóceis abraços" remontam aos cinco sentidos corporais e se referem à anatomia humana. Esses aspectos vão ao encontro dos interesses medicinais da pensadora e de sua afirmação filosófica da valorização da realidade material e concreta tanto quanto daquilo que é espiritual e intangível.

Uma das peças de teatro de autoria de Hildegarda chama-se *A ordem das virtudes* e mescla arte, teologia e filosofia. As virtudes são um tema importantíssimo para a filosofia e encaixam-se no campo da ética. No caso da peça, essas noções filosóficas misturam-se com ideias cristãs: o diabo representa o afastamento das virtudes, ou seja, o cultivo dos vícios. O mesmo tema das virtudes e dos vícios também é central no *Liber divinorum operum*, ou *Livro das obras divinas*. Segundo esse texto, o ser humano deve resistir cotidianamente à tentação dos vícios e afastar-se deles, a fim de se aproximar de Deus por meio das virtudes.

Hidelgarda tem uma trajetória fascinante. Alguém que, desde tenra idade, teve seus dons e impulsos intelectuais aflorados, mas que precisou buscar como trabalhar e lidar com eles, em uma jornada de autoconhecimento. Será que fora do contexto religioso medieval a filósofa teria tido uma trajetória tão impressionante? Será que conseguiria desenvolver seus dons e fazê-los florescer? Será que seria respeitada por suas múltiplas habilidades da mesma forma? Fato é que a história de Hidelgarda de Bingen se parece com as clássicas trajetórias marcantes das pessoas que surgem na história como um indivíduo diferenciado dos demais. Multifacetada, longeva para seu tempo, ousada. Ela conecta o que existe de essencial em diversas áreas, como a música, a capacidade curativa, a filosofia e a religião, em prol do equilíbrio humano e a ascensão a uma elevação que só indivíduos extraordinários como ela conhecem bem. Guardadas as proporções, Hildegarda foi quase uma "renascentista" trezentos anos antes do "Renascimento", no sentido de ser excelente em diversas áreas do conhecimento (como Leonardo Da Vinci é reconhecido, por exemplo). Uma mulher corajosa, inteligente, criativa, estudiosa e intelectualmente muito prolífica. Ela garantiu seu lugar incontestável na história da filosofia.

OUTROS CONTEXTOS MEDIEVAIS: FILÓSOFAS ÁRABES, MUÇULMANAS E INDIANAS

Na Europa Ocidental, portanto, predominou na Idade Média um pensamento filosófico, herdeiro dos clássicos gregos, mas bastante carregado de religiosidade cristã. E fora da Europa? Devemos lembrar que a filosofia, assim como as artes ou a ciência, não é uma exclusividade europeia, da mesma maneira que não é uma atividade reservada apenas a homens.

Novamente, ao buscar filósofas de fora da Europa neste período, esbarramos em algumas dificuldades para encontrar informações sobre elas. Primeiro, porque algumas dessas pensadoras, suas vidas e obras sequer foram registradas por escrito. Segundo, porque muitos dos documentos escritos foram perdidos nesses quinhentos ou mil anos até os nossos dias. Terceiro, porque muitas sociedades seguiam um padrão patriarcal de domínio masculino e de submissão feminina, com uma rígida atribuição de papéis sociais: mulheres no ambiente doméstico, homens na vida intelectual e pública. Isso significa que havia menos mulheres produzindo conhecimento, se comparado ao número de homens, e quando elas o faziam, costumavam ser menos reconhecidas ou influentes nos círculos intelectuais. Quarto, porque o pouco das fontes a que temos acesso está em idiomas como o árabe e o hindi, línguas com as quais pouca gente no Ocidente está familiarizada a ponto de ler, compreender ou traduzir.

De quem falaremos, então? As mulheres nas Américas deste período estão fora de cogitação, já que os povos americanos não eram grafocêntricos (não tinham a escrita como forma principal de compartilhamento de informação) e o saber originário – e riquíssimo – deste continente é tradicionalmente partilhado de forma oral e coletiva, o que significa que um pensamento filosófico americano antes da chegada dos europeus não tem uma autoria individual que possa ser identificada nem registros escritos originais. A África Subsaariana e a Oceania entram na mesma categoria, pois as culturas desses lugares eram ágrafas e também fundamentadas na oralidade e na coletividade. Não temos acesso preciso e direto a pensamentos tão distantes de nós no tempo que não estejam gravados por escrito. Recorramos então à África do Norte, ao Oriente Médio e à Ásia. Nessas regiões, vale a pena nos concentrarmos nos árabes, muçulmanos e indianos, exemplos deslumbrantes de florescimento intelectual na Idade Média.

Os árabes demonstraram grande apreço pelo conhecimento e, como vimos, foram responsáveis por guardar uma parte importante das obras filosóficas que foram conservadas até hoje. Se não fosse por eles, provavelmente não teríamos acesso aos escritos de Aristóteles que restaram, por exemplo. Isso sem falar no grande desenvolvimento filosófico e em diversas áreas científicas promovidas por esses povos, como a matemática, a medicina, a geografia e a astronomia. A metafísica e a teologia também foram pontos fortes em seu pensamento, em especial dos filósofos islâmicos.

Para fins de comparação, de uma forma similar a Atenas na Antiguidade, ou a Alexandria do Egito no período helenístico, a cidade a que hoje chamamos de Bagdá, no Iraque, chegou a ser, no período medieval, um fabuloso centro intelectual que atraía estudiosos de várias áreas e provenientes das mais diversas culturas (judaica, cristã, hindu, chinesa). Nesse centro fervilhante, cuja língua principal era o árabe, havia a Casa do Saber que abrigava uma grande biblioteca comparável à de Alexandria. Ali, livros foram traduzidos, comentados, estudados e conservados; tecnologias foram desenvolvidas; debates foram travados. Entretanto, diferentemente do "clima" de tensão e violência em Alexandria alguns séculos antes, em Bagdá predominava a tolerância e o respeito a outras culturas e religiões, o que colaborou para um progresso vertiginoso do conhecimento. Uma verdadeira cidade cosmopolita, um caldeirão cultural de saber. A ciência e a filosofia muçulmanas passaram por um período de auge que foi batizado como "a Idade do Ouro do Islã", entre os séculos VIII e XIII. Esses séculos áureos foram diretamente influenciados pelas culturas persa da Ásia, berbere do norte da África e andaluz da Península Ibérica, além da religião muçulmana.

Mas afinal, qual é a diferença entre "árabes" e "muçulmanos"? Não são palavras sinônimas, e devemos ter cuidado para não confundir.

Os árabes são um grupo étnico semita originário da África do Norte e do Oriente Médio. Esse grupo remonta a 4 mil anos atrás e inicialmente se organizava em tribos, tinha uma religião politeísta e falava uma língua comum. Mas no século VII — ou seja, durante a Idade Média —, muita coisa mudou. Foi nesse momento histórico que surgiu a religião islâmica, também chamada de muçulmana (esses dois termos, sim, sinônimos entre si), uma religião monoteísta (que acredita em um deus único, e não em vários) iniciada por Muhammad, ou Maomé. Muitos árabes e pessoas de outras etnias se converteram ao Islã e passaram, de forma geral, a constituir uma organização política e social mais coesa, conectada pelos preceitos religiosos muçulmanos. Ou seja, podemos dizer que "árabe" é quem faz parte de uma etnia, e "islâmico" ou "muçulmano" é alguém que faz parte de uma religião. Muitos árabes são muçulmanos, e muitos muçulmanos são árabes. Mas também há árabes que praticam outras religiões (ou nenhuma), e há muçulmanos que pertencem a outras etnias que não a árabe.

Grande parte do poder de expansão do Império Árabe, que se estendeu pelo Oriente Médio, um pedaço da Índia, norte da África e Península Ibérica no momento da Idade Média, provinha da própria autoridade da religião muçulmana. Essa crença se baseia na conversão de pessoas e de povos ao Islã. Com isso, o desenvolvimento da filosofia árabe se vinculou fortemente ao pensamento muçulmano, de uma maneira parecida com o que ocorreu na Europa Ocidental com o cristianismo. As questões ligadas à relação entre fé e razão eram um ponto crucial para essas duas culturas na Idade Média. Pensadores ocidentais de peso, como Tomás de Aquino, leram filósofos árabes, como Avicena, e buscaram conciliar o pensamento racional e clássico de Aristóteles com as revelações de suas religiões (cristã e muçulmana, respectivamente).

Mas como ficam as mulheres nesse cenário? Elas sempre puderam exercer funções intelectuais na cultura islâmica, ainda que essas funções, sem dúvida, sejam mais limitadas e menos divulgadas que aquelas exercidas pelos homens, havendo variações entre culturas e nações. Aquelas que tinham acesso à educação formal (ciências islâmicas) eram geralmente provenientes de famílias mais ricas, e, mesmo assim, a instrução era dada dentro de certos limites. Em alguns campos do conhecimento, mulheres eram mais admitidas que em outros: na literatura e na poesia, algumas delas eram notáveis, e aquelas que se sobressaíam espiritualmente eram valorizadas por suas virtudes, na maioria das vezes ligadas à religião islâmica (ascetismo, humildade, fé).

Assim como aconteceu com alguns dos mais proeminentes filósofos gregos, pensadores muçulmanos também tiveram mulheres como professoras: é o caso do maior expoente dos filósofos sufi, Ibn Arabi, o qual foi ensinado por mulheres chamadas SHAMS DE MARCHENA e FÁTIMA DE CÓRDOBA (aproximadamente séc. XII). Pouco se sabe sobre elas, já que o registro que há é o do próprio Ibn Arabi, que conta como elas já eram idosas quando ele, ainda adolescente, as conheceu, e que foram suas guias espirituais. Fátima nasceu em Córdoba, hoje Espanha, foi costureira e cuidou de seu marido enfermo de lepra por 24 anos. Quando ele faleceu, ela foi morar numa cabana fora da cidade e vivia uma vida tão simples e de pobreza material que se alimentava de restos de comida que as pessoas deixavam em sua porta. Era uma mulher tão devota que ficou conhecida como sábia, e chegou a ter diversos discípulos que a visitavam; Ibn Arabi a conheceu quando ela tinha mais de 90 anos. Ela orientava sua vida à intimidade com Deus (Alá) e tinha uma rica vida espiritual, em oposição à sua pobreza material. Suas características mais destacadas eram a fé, a piedade, a compaixão e o amor pelo mundo, que seria reflexo de seu amor por Deus. Na filosofia sufi, a unidade com Deus e a consciência de si (da própria alma) são aspectos essenciais, e Fátima os incorporava com maestria. Shams, por sua vez, ficou conhecida como "Sol Mãe dos Pobres" e marcada pelo seu grande fervor religioso, pelo ascetismo e pelas revelações místicas que tinha. Tais revelações eram interpretadas como uma confirmação de que Deus não fazia distinção entre homens e mulheres no que concerne à busca pelo Uno divino. No capítulo anterior, quando falamos das filósofas antigas, percorremos por algumas correntes filosóficas que muito desenvolviam sobre uma vida virtuosa — é o caso do estoicismo, por exemplo. Quando conhecemos a história de Fátima de Córdoba, ainda que ela esteja num contexto diferente dos estoicos, é interessante perceber quanto uma vida virtuosa, sábia e desprendida das coisas efêmeras permanece como símbolo de uma existência de bases fortes, uma vida vivida de forma filosófica. Quem valoriza o simples e é autossuficiente torna-se diferenciado dos demais.

O sufismo, do qual faziam parte Shams de Marchena e Fátima de Córdoba, é um ramo espiritual do Islã, muitas vezes considerado não ortodoxo, que pensa matéria e espírito como integrados, e não uma dualidade separada. Os seguidores dessa doutrina buscam a aproximação íntima e direta com Deus (o Uno) por meio do autoconhecimento e, muitas vezes, se utilizam da música, da dança, dos jejuns, das orações e dos sonhos para atingir tal fim. **RÁBIA DE BAÇORÁ** (717–801, Iraque) foi a primeira mulher a conseguir expressar de forma acessível o que é o sufismo, inclusive por meio da poesia. O ponto de partida dela para explicar tal doutrina era a importância de amar a Deus por Deus mesmo, e não por medo de receber a punição do inferno ou ambição pela recompensa do paraíso. A aproximação com Deus deveria ser buscada por meio da virtude, da piedade e do ascetismo.

As três místicas muçulmanas, Shams, Fátima e Rábia, apesar de separadas no tempo e no espaço umas das outras, reforçaram e divulgaram a filosofia religiosa do sufismo. Elas chegaram a ser classificadas como "homens de Deus", no sentido de que alcançaram um patamar de entendimento e integração ao mundo da criação divina que se igualaria à dos homens mais santos, na interpretação dessa religião. O Alcorão afirma que "Deus não repara nas formas exteriores", e o sufismo entende que qualquer pessoa, homem ou mulher, está em condições de igualdade na busca do caminho de Deus. É curioso notar que, ao mesmo tempo que o discurso de igualdade permeia esse tipo de pensamento, ele também está imerso na mentalidade patriarcal. Mulheres que obtinham destaque espiritual ou intelectual eram comparadas a homens em tom de elogio.

No século x, Al-Andalus (como os árabes chamavam a Península Ibérica), atingiu seu auge em termos de desenvolvimento tecnológico, artístico e inovação científica. Os árabes levaram para a Europa continental, e ali desenvolveram, novas técnicas de cultivo, conhecimentos geográficos, botânicos e astronômicos, além de arte e arquitetura. O florescimento cultural e intelectual dessa região foi tão grande, que junto à Mesquita de Córdoba, erguiam-se uma instituição de Ensino Superior e uma biblioteca pública, que teria armazenado dezenas de milhares de obras.

LUBNA DE CÓRDOBA (século x, Espanha), árabe-andaluza, nasceu de mãe cristã nesse contexto do apogeu árabe na Península Ibérica. O pouco que se sabe sobre ela conta que era escravizada e que viveu no palácio do sultão Abd al-Rahman III — especula-se que ela pode ter sido filha do sultão, de quem teria herdado o interesse pelos livros e pelos estudos. Desde moça, Lubna teria sido encarregada de organizar a biblioteca do palácio, além de ser copista. Desde então, chamou a atenção dos membros da realeza por sua inteligência, tanto que foi libertada e passou a ser secretária de al-Hakam II, filho do sultão Abd al-Rahman III. Ela chegou a ser nomeada conservadora da Grande Biblioteca de Córdoba, um enorme reconhecimento às suas habilidades, e obteve o privilégio quase único entre as mulheres daquela época de viajar pelo Oriente Médio com o objetivo de coletar livros para a biblioteca. Lubna destacou-se em gramática, caligrafia, poesia e matemática. Além disso, foi exímia tradutora e crítica de textos clássicos, uma atividade comum entre eminentes filósofos medievais. Pode-se dizer que, assim como Hildegarda, a andaluza foi uma espécie de polímata, ou seja, uma pessoa que estuda com afinco e domina vários campos do conhecimento.

Na Índia, outra cultura milenar, a filosofia se desenvolveu de forma independente — e diferente — das raízes gregas. Os próprios árabes se consideravam, muitas vezes, herdeiros de Platão e Aristóteles, mas os indianos não seguiam essa linha. Ainda assim, ali foi produzida uma literatura que carrega marcos filosóficos condizentes inclusive com os padrões gregos: argumentação, crítica, reflexão, diálogo, racionalidade, ceticismo, refutação, analogias. Isso também vale para temáticas tratadas: as origens e condições para o conhecimento (epistemologia), a natureza da realidade (metafísica), lógica, ética, política, todas elas são valiosas para a filosofia ocidental e para a indiana. Como na Europa medieval e no mundo árabe, a espiritualidade e a religiosidade também estavam fortemente presentes no pensamento filosófico indiano, mas mais ligadas ao budismo, ao hinduísmo e ao próprio Islã. Apesar dos paralelos e influências com a filosofia ocidental, a filosofia feita na Índia é uma forma de pensar que merece ser estudada também por suas próprias especificidades (devemos lembrar que ela não é monolítica; ou seja, ela se desmembra em inúmeras "correntes" filosóficas e pensadores, foi escrita em múltiplas línguas e elaborada em diversas regiões).

A filosofia na Índia era, muitas vezes, vista como uma busca pelo melhor modo de viver, ou seja, não apenas um tipo de conhecimento teórico, mas também prático e útil. Pense, por exemplo, na yoga. O que vem à sua cabeça? Com certeza, alguém meditando, respirando fundo, fazendo alongamentos e posturas específicas. Pois a yoga é, além de uma prática física e meditativa, um ramo da filosofia indiana que tem uma concepção binária sobre a realidade (a consciência e a natureza), uma teoria do conhecimento que propõe maneiras de chegar a uma sabedoria confiável (equilíbrio entre corpo, mente e espírito) e uma ética que engloba uma série de regras e imperativos morais sobre como devemos agir (não violência, autocontrole, não cobiça). A yoga é apenas uma das correntes filosóficas da Índia — existem centenas delas.

Quanto ao papel das mulheres na cultura da Índia, mesmo compondo por volta de 50% da população, aquelas registradas na filosofia antiga e medieval são raras (assim como também o são nas filosofias árabe e ocidental). Nas *Leis de Manu*, um compilado de leis em versos que estabelece regras sociais para parte da sociedade indiana, é dito que uma esposa "não deve fazer nada de forma independente, nem mesmo em sua própria casa [...] a esposa virtuosa deve sempre idolatrar seu senhor como um deus". Nos discursos sobre reencarnação, dizia-se que seria pior renascer como mulher; e não era permitida a participação pública delas como líderes políticas. As mulheres eram vistas como complementares aos homens, mas não como iguais; na maioria dos casos, tinham *status* inferior em relação a eles. Entretanto, modos de vida ligados à renúncia (pobreza, ascetismo, castidade, disciplina) eram abertos tanto aos homens quanto às mulheres, o que possibilitou que algumas delas fossem vistas como líderes espirituais, sábias e mestras da argumentação. Novamente, o monasticismo representou um ambiente em que algumas mulheres podiam escapar e exercer atividades diferentes daquelas cobradas de mulheres não dedicadas apenas à espiritualidade.

Uma intelectual daquele território e de que temos registro é LAL DED (1320–1392, Caxemira). Também chamada de Lalla, Lalla Arifa ou Lalleshwari, foi uma filósofa da Caxemira, região ao norte do subcontinente indiano que, hoje em dia, está dividida entre a Índia, o Paquistão e a China. No século XIV, esse território passava por uma transição entre um contexto budista e hindu para uma maior influência muçulmana, e a figura e os pensamentos de Lal Ded são historicamente reivindicados tanto pela tradição hindu quanto pela islâmica. Embora não tenha sido propriamente uma monja ou freira, algumas biografias de Lal Ded a descrevem como uma mulher que viveu uma vida bastante disciplinada e contemplativa, em conjunção com um agir espiritual e ascético que era relativamente comum na filosofia indiana. Aos 26 anos, ela teria renunciado a seu lar e à família e então sido treinada e educada dentro de algumas práticas de yoga e da filosofia shaiva. Percorreu a Caxemira praticando a filosofia iogue, o que se refletiu em sua obra.

Por meio dos poemas dessa pensadora, é possível entrever muito da paisagem cultural, social e religiosa misturada da Caxemira de sua época. Por exemplo, Lal Ded utiliza os termos "shiva" (realidade essencial, consciência) e "shakti" (vitalidade ou energia da consciência), que são tributários da filosofia shaiva em que foi iniciada, mas também usa palavras como "sunyata" (vazio) de influência budista. Aparece ainda em sua escrita algo de filosofia sufi (islâmica), embora isso possa ter sido adicionado posteriormente à obra, e não originalmente por ela.

Os poemas de Lal Ded refletem um posicionamento crítico e de rejeição a aspectos ortodoxos da religião, pois ela questiona algumas normas tradicionais e busca pela liberdade. Para Lal Ded, a liberdade perpassaria tanto o campo mental quanto o material (corporal), em consonância com a filosofia da yoga, e poderia ser acessível a todas as pessoas, independentemente de credo, gênero, casta. Segundo a filósofa, as divisões sociais, emocionais e morais deveriam ser superadas, assim como a divisão entre corpo, mente e realidade externa. Em sua concepção, a filosofia deveria buscar a verdade e a liberdade por meio da consciência e de uma transformação do corpo e da mente, as quais viriam de reflexão filosófica e de prática de exercícios de respiração e meditação. Caberia à filosofia ajudar a transpor os dualismos entre interno e externo, bem e mal, certo e errado, proibido e permitido, por meio de um aumento da consciência de si mesmo e da realidade à nossa volta, também entendidos para além da dualidade.

Por meio do uso de metáforas e imagens do dia a dia, Lal Ded, bem como Rábia e Fátima realizaram uma importante democratização do conhecimento de suas épocas e de suas culturas. Afinal de contas, de que serve um saber se ele não é compartilhado ou entendido por mais gente? O papel delas como professoras e mestras não deve ser menosprezado. Talvez, num primeiro olhar, elas não se encaixem de forma plena no molde ocidental restrito de "filósofas". Mas utilizando um olhar mais profundo, elas definitivamente são filósofas. Nada deixam a desejar, em termos de teoria e prática filosófica, no que diz respeito à complexidade de pensamento, coerência entre conceitos e ações, filiação ou inauguração de correntes filosóficas.

PODER E O(S) LUGAR(ES) DAS MULHERES: CHRISTINE DE PIZAN

Apesar de no período medieval haver predominância intelectual e política masculina, dependência de muitas mulheres em relação a homens (geralmente do pai ou do marido) e estabelecimento de papéis sociais bem definidos para as mulheres (trabalho doméstico, matrimônio ou vida religiosa), havia casos que fugiam dessa situação geral. Sabemos de mulheres medievais que trabalhavam como comerciantes, médicas e administradoras hábeis de negócios, entre outras atividades muitas vezes atribuídas apenas a homens. É o caso de **CHRISTINE DE PIZAN** (1364-1431, Itália), filósofa nascida em Veneza em um período em que a Itália ainda não era unificada.

Veneza foi um dos centros principais do chamado "Renascimento italiano", o qual aconteceu entre os séculos XIV e XVI. Geralmente, na escola, aprendemos que o Renascimento já é parte da Idade Moderna, e não mais da Idade Média, devido às grandes transformações que ocorreram, especialmente o antropocentrismo, a maior atenção ao mundo natural e material e a modificação mais intensa nas artes, ciências e técnicas. Economicamente, o período engloba uma busca cada vez maior por lucros provindos da compra e venda de mercadorias, já que um novo grupo social ganha importância: a burguesia — e, com ela, o capitalismo vai nascendo. Os burgueses surgiram como uma espécie de classe média, mais urbanizada e interessada no comércio. Esse grupo intensificou a busca por mercadorias que aumentassem seu lucro, investiu nas especiarias orientais e, por esse motivo, organizou as chamadas "Grandes Navegações", expedições marítimas europeias que chegaram às Américas no século XV, alguns anos depois da morte de Christine. A burguesia também patrocinou muitas das famosas obras de arte do Renascimento italiano; algumas famílias de comerciantes e banqueiros atuavam como mecenas de artistas plásticos. Em termos políticos, gradualmente, as monarquias de vários lugares da Europa se tornavam mais centralizadas e poderosas, como é o caso da França. Embora todas essas mudanças (e outras mais) sejam importantes e tenham de fato acontecido, há historiadores que defendem que o Renascimento faz parte do momento final da "longa Idade Média".

Christine de Pizan viveu ainda durante a Idade Média, que durou oficialmente até 1453. Mais do que nos prender a datas, é importante percebermos que essas periodizações por "Idades" são apenas para que nos localizemos mais facilmente, mas elas podem ser fluidas. Christine, assim como o Renascimento, é fonte para pensarmos sobre as permanências e as rupturas do período medieval para o período moderno na Europa. Alguns aspectos de sua vida e de seu pensamento ainda remetem a características associadas à era medieval; outros já apontam para elementos novos e modernos.

Mesmo tendo nascido em Veneza, mudou-se quando tinha cerca de quatro anos para Paris, pois seu pai foi trabalhar como astrólogo do rei Carlos v, da França. Quando completou quinze anos, casou-se com Étienne du Castel, um homem que fazia parte da elite parisiense, pois também trabalhava para o rei: era secretário do monarca. Os cargos do pai e do marido de Christine foram fundamentais para que ela circulasse no ambiente da corte francesa e debatesse com nomes relevantes do humanismo francês. Embora em seus escritos a filósofa tenha lamentado não ter tido uma instrução completa, pelo menos não do modo como ela desejava, sabe-se que ela estudou, pois foi educada por um tutor e teve acesso à Biblioteca Real da França.

Uma sequência brusca de mortes mudou tudo na vida de Christine: o rei Carlos v faleceu em 1380; o pai dela, em 1387; o marido, em 1390 e, em seguida, um filho ainda criança. Além deste, ela ainda tinha outros dois filhos (um menino, Jean, e uma menina, Marie) e, aos 26 anos, viu-se viúva, órfã de pai e tendo que sustentar a si mesma e à família que havia restado: dois filhos pequenos, a mãe e uma sobrinha. Em um de seus livros, Christine conta que, por ter crescido num ambiente muito favorável, não aprendera a trabalhar, já que sempre fora sustentada pelos homens da família. Além de desamparada financeiramente, por anos ela enfrentou ações legais e judiciais que herdou do marido.

Diante de uma situação tão difícil, Christine arregaçou as mangas e começou a escrever poesia, a publicar e divulgar seus escritos e inclusive orientou copistas e ilustradores na elaboração das obras, agindo como uma espécie de editora. Apesar de inicialmente ter sido um fardo financeiro para Pizan, entre as mulheres aristocratas da Idade Média, a viuvez muitas vezes se traduzia em mais liberdade, já que elas não precisavam se casar novamente. Ela tinha consciência disso e deixou registrado que, se não tivesse enviuvado, não poderia ter se dedicado ao seu trabalho intelectual, uma vez que ficaria ocupada exclusivamente com as atividades domésticas. Embora hoje em dia o acesso às obras de Christine não seja tão fácil, na época em que publicava, os livros dessa pensadora tinham uma circulação relativamente ampla na Europa: foram traduzidos para o inglês, o holandês e o português (além do original em francês).

A filósofa veneziana é considerada a primeira mulher que conseguiu se sustentar exclusivamente por meio de seus escritos, a primeira escritora profissional do Ocidente. Foi autora de mais de quarenta livros, primeiro de poesia e, depois, escreveu em prosa, sendo o mais estudado entre eles *O Livro da Cidade de Senhoras*, de 1405. Outras obras de destaque filosófico da pensadora são *O livro do corpo político* e *O livro da paz*, em tradução livre (ambos ainda sem publicação no Brasil). Ela antecipou a *Querelle des femmes*, um debate literário que durou cerca de quatro séculos e que pode ser traduzido como a "disputa das mulheres". Tal debate foi chamado assim porque tinha em comum certa unidade temática: discutia acerca das mulheres: sua natureza, suas virtudes, seu lugar na sociedade. Os escritos de Christine de Pizan são considerados pioneiros nesse debate público em defesa do sexo feminino, já que ela advogou a favor das mulheres e chegou a publicar um comentário em que condenava o posicionamento misógino de um autor chamado Jeun de Meun.

Nas obras de Christine, há referências a Aristóteles, Boécio, Agostinho de Hipona, Tomás de Aquino e outros filósofos canônicos, o que demonstra que ela tinha erudição, grande instrução e interesse por filosofia. Temas visitados por ela nos livros iniciais incluem o amor, o conhecimento e as virtudes. Mais tarde, ela passa a escrever também sobre guerra e paz, a realeza, o corpo político e a defesa das mulheres, o que mostra um maior envolvimento da autora com assuntos políticos. É coerente que ela tenha se sentido impelida a escrever sobre tais assuntos, já que vivenciou um contexto de instabilidade política que envolveu a Guerra dos Cem Anos entre França e Inglaterra e disputas de poder entre monarquia e papado. O poder era um assunto essencial e em evidência no contexto da autora.

Vários livros de Pizan se encaixam em gêneros de escrita e em temáticas típicas da filosofia: *Cartas de Otea a Héctor*, por exemplo, ressalta a importância das virtudes como a prudência e a sabedoria. *O livro da paz* faz parte do gênero "espelho de príncipes", assim como *O príncipe* de Maquiavel — mesmo que o gênero tenha sido utilizado antes por ela, o livro dele é mais estudado nas universidades. Isso também acontece com *O livro do corpo político*, que reflete acerca do bem comum e das qualidades de um bom príncipe mais de cem anos antes de Maquiavel e quase 250 anos antes de *O Leviatã*, de Thomas Hobbes. Da mesma maneira, atualmente os tratados deles são muito pesquisados, e os dela muitas vezes nem são mencionados nos cursos e livros de filosofia.

O Livro da Cidade de Senhoras é um livro que apresenta aos leitores certa sociedade utópica antes mesmo de o termo "utopia" ser utilizado. Christine imagina como seria uma cidade habitada, sustentada e governada apenas por mulheres. No livro, as damas Razão, Retidão e Justiça ajudam a personagem Christine a construir uma cidade murada que protegerá as mulheres que ali vivessem das injustiças e difamações proferidas pelos homens contra elas. Depois disso, são apresentadas biografias de mais de 150 mulheres notáveis da história (ciência, arte, política, devoção religiosa, estratégia militar), da mitologia e da Bíblia. Com essa compilação de vidas de mulheres ilustres, Christine pretendia que elas servissem como bons exemplos de virtude, mas também que ficasse evidente para todas as leitoras e leitores que a natureza feminina não é incompatível com o uso da razão; ao contrário, que mulheres, assim como homens, podem ser e são com frequência brilhantes em sua capacidade de pensar racionalmente, desde que tenham oportunidade de desenvolver sua inteligência. Como já havia feito em outros livros, aqui ela antecipa a defesa da educação igualitária para homens e mulheres, reivindicação central entre as filósofas do período moderno. Nesta obra, Pizan narra ideias bastante subversivas para a época, como a possibilidade (ainda que apenas teórica) do exercício feminino de poder político e uma crítica ao poder masculino sobre as mulheres.

É curioso notar que, séculos depois, outras escritoras seguiram uma ideia semelhante à de Christine e imaginaram sociedades constituídas apenas por mulheres. Ficam como sugestões de leitura: *Terra das mulheres*, de Charlotte Perkins-Gilman, que conta, do ponto de vista de um narrador masculino, sobre uma nação escondida entre as montanhas e que é habitada apenas por mulheres. Essa sociedade é organizada, não violenta e pautada no princípio da igualdade. A *graphic novel Mundo mulher*, de Aminder Dhaliwal, versa sobre uma falha genética que exterminou os homens do planeta. A partir daí, as mulheres precisam reestruturar toda a sociedade sobre as ruínas do mundo antigo. Finalmente, o livro *Eu que nunca conheci os homens*, de Jacqueline Harpman, conta a respeito de um grupo de quarenta mulheres que esteve presa por anos em uma jaula coletiva vigiada. Até que, certo dia, a jaula se abre, os guardas somem e tudo está vazio. Elas se veem livres num mundo totalmente diferente daquele que conheceram anteriormente e sozinhas na necessidade de se organizar para sobreviver a esse novo e inóspito mundo. Quem narra a experiência é uma garota que não conviveu com homens, apenas sabe sobre eles a partir das lembranças das companheiras.

Christine de Pizan ocupou um lugar peculiar entre as intelectuais da Idade Média europeia, já que conseguiu se tornar uma filósofa respeitada e escritora de sucesso mesmo não tendo obtido uma educação formal em ambientes religiosos. Debatia com homens sem recuar em seus posicionamentos, de modo que construiu para si um estatuto de autoridade. Em um de seus textos, ela chegou mesmo a reivindicar para si essa autoridade que era reservada ao sexo masculino, por meio de uma metáfora: a Fortuna a transforma em um homem para que ela tenha força suficiente para guiar a embarcação que simbolizaria sua própria existência. Como uma mulher de seu tempo, justificava a defesa das mulheres a partir de valores religiosos cristãos, mas já demonstrando um olhar diferente, emancipador, se comparado ao de muitas autoras medievais. Christine adiantou discussões que se desenvolveram com muito mais força no período moderno, como a equivalência da natureza feminina em relação à masculina e a defesa de uma educação igualitária para ambos os sexos.

OLHANDO PARA AS FILÓSOFAS DA IDADE MÉDIA

A Idade Média não é um período que pode ser reduzido a poucas palavras e conceitos. Foi uma época complexa e cheia de nuances que devem ser levadas em conta quando a estudamos. Não aconteceu da mesma maneira para todos os povos, nem para todas as camadas sociais.

Algumas mulheres medievais conseguiram, apesar de todos os discursos sociais contrários, desenvolver sua atividade filosófica com excelência e alto grau de reflexão. Elas contribuíram diretamente para um aumento do conhecimento da humanidade, seja pela sabedoria prática ligada à botânica e à medicina e pela conservação de livros de enorme importância, seja pelas ideias sobre Deus e o amor e pela busca de uma vida equilibrada.

Quanto conhecimento deixou de ser desenvolvido no passado (e ainda no presente) por causa dos obstáculos sociais colocados à educação intelectual feminina e à limitação a papéis exclusivamente domésticos, tudo isso devido aos discursos de inferioridade feminina propagados como verdades. Aquelas que conseguiram um espaço para se dedicar a outras atividades mostraram grande coragem e se sobressaíram em diversas áreas, como filosofia e teologia, e servem de inspiração para mulheres de momentos posteriores — inclusive para nós.

É assim, por exemplo, que a demanda por educasão tem por objetivo exclusivo permitir o livre desenvolvimento da mulher como ser racional, fortalecendo a virtude por meio do exercício da razão e tornando-a plenamente independente.

Mary Wollstonecraft

CAPÍTULO 3

Sibyllas e Dandaras
Cientistas e revolucionárias na Filosofia Moderna

[...] Gênios desse tipo hão de ter existido entre as mulheres, da mesma forma que hão de ter existido entre as classes trabalhadoras. [...] Mas com certeza nunca foi colocada no papel. Quando, porém, lemos sobre o afogamento de uma bruxa, sobre uma mulher possuída por demônios, sobre uma feiticeira que vendia ervas ou mesmo sobre um homem muito notável e sua mãe, então acho que estamos diante de uma romancista perdida, uma poeta subjugada, uma Jane Austen muda e inglória, uma Emily Brontë que esmagou o cérebro em um pântano ou que vivia vagando pelas ruas, enlouquecida pela tortura que seu dom lhe impunha. Na verdade, arrisco-me a dizer que Anônimo, que escreveu tantos poemas sem cantá-los, com frequência era uma mulher.

Um teto todo seu, de VIRGINIA WOOLF

IDADE MODERNA

O que significa ser "moderno"? Talvez o que nos venha à cabeça imediatamente seja algo que é atual ou uma novidade. A acepção mais comum é pensar o moderno como uma oposição ao antigo. E essa é a forma pela qual alguns intelectuais dos séculos XVI, XVII e XVIII gostavam de se enxergar: modernos, em oposição ao que era antigo (e principalmente se afastando do que estava "no meio", o período medieval). Mas as periodizações são sempre controversas: há historiadores, por exemplo, que defendem que a Idade Média foi longa, durando do século II ao XVIII, um total de 1600 anos. Já a divisão que estamos seguindo neste livro considera a Idade Média como tendo durado do século V ao XV (1000 anos), e o período moderno começando por volta do ano 1453, com a tomada da cidade de Constantinopla pelo Império Turco-Otomano (também chamada de "queda do Império Romano do Oriente"), e terminando com o início da Revolução Francesa, em 1789. Em outras palavras, em nossa marcação, a época moderna começaria no século XV e terminaria no final do século XVIII, totalizando cerca de 350 anos.

Mais importante que nomes e datas é perceber que as épocas vão se sucedendo e estabelecendo algumas rupturas e continuidades com tempos anteriores; mesmo que os "modernos" quisessem se diferenciar o máximo possível dos medievais — e realmente houve mudanças relevantes —, resquícios significativos se mantiveram. Ou seja, há elementos que mudam nessa época de forma mais radical, já outros permanecem muito similares ao que eram séculos antes.

Algumas mudanças essenciais aconteceram a partir das expansões marítimas europeias para novas terras, levadas a cabo principalmente nos séculos XV e XVI: a chegada e a invasão das Américas, as colonizações e o estreitamento do contato repleto de conflitos e negociações com os povos não europeus. Essa forma de exploração e povoamento de outros continentes promovida pelos europeus modificou completamente a maneira como a distribuição de poder e de riquezas se deu nos centênios seguintes — e se dá até hoje. Foi aí que teve início a unificação da Terra, um protótipo de globalização não como união harmônica entre nações, mas como uma integração (cheia de tensões) comercial, diplomática, cultural, populacional e política. Foi o momento em que a Europa se estabeleceu enquanto continente "exportador" de valores e cultura.

Já pensou em como poderiam ser diferentes os assuntos que aprendemos na escola caso não tivéssemos sido colonizados por europeus, ou se nossos valores fossem menos europeizados? Nas matérias de história e filosofia, por exemplo, a Europa é central: os acontecimentos tidos como principais marcos estão no Velho Mundo — os principais filósofos, químicos, físicos, matemáticos, geógrafos, sociólogos. Por isso nosso pensamento e nosso currículo escolar e acadêmico é eurocêntrico, ou seja, centraliza o conhecimento como algo que se origina, acontece e se desenvolve na Europa.

Com as grandes navegações e as colonizações, ficam em evidência algumas diferenças em relação à Idade Média, como o desenvolvimento de novas tecnologias, um grande afluxo de riquezas para a Europa e o estranhamento, o extermínio e a expropriação de populações originárias americanas, africanas e asiáticas. Outra característica foi uma maior dinamização das cidades — que teve início no fim da Idade Média e continuou no período moderno —, e que catapultou a ascensão da burguesia, um "novo" grupo social voltado para a atividade mercantil. A partir do enriquecimento material, a burguesia passou a se desprender da terra. Cada vez mais fortalecida, essa classe social foi importante, entre outras coisas, no financiamento e patrocínio de ciências, artes e obras filosóficas — o chamado mecenato, no período do Renascimento.

Juntamente à ascensão da burguesia, foi sendo construído de maneira gradual um novo sistema econômico: o capitalismo. Mas foi apenas com a Revolução Industrial, processo que se iniciou na Inglaterra em meados do século XVIII, que houve rupturas drásticas em relação à Idade Média: mudaram os ritmos de trabalho e de vida, as formas de produção e consumo, as relações entre nações de diferentes continentes e a exploração da natureza.

Uma novidade foi a centralização progressiva dos Estados, o que significa que a política predominantemente descentralizada do período medieval deu lugar a um fortalecimento do poder monárquico na época moderna. Foi a partir daqui que as figuras dos reis e rainhas se tornaram centrais na administração de nações inteiras, com grande poder e luxo associados às suas imagens. Apesar de haver grandes diferenças com relação ao período anterior, a Idade Média também teve monarquias, mas com uma influência sobre um território e uma população bem menores que na Modernidade, além de estarem praticamente subordinadas ao poder do papa católico.

Falando em papa, em que pé ficou o poder da Igreja Católica, instituição tão essencial no período medieval? O catolicismo continuou forte em grande parte da Europa no período moderno, mas é inegável que sofreu alguns abalos e precisou rever certas práticas e doutrinas. Ao contrário do que podemos pensar (graças a um preconceito contra a Idade Média, vista como um período supersticioso), a época moderna não coincidiu com uma recusa da religião ou com uma adoção em massa do ateísmo. A maioria da população era religiosa e mística (acreditava não apenas em Deus, mas também em elementos mágicos, alquimia e astrologia). Contudo, o teocentrismo de fato perdeu força, porque os intelectuais modernos passaram a enxergar a realidade a partir de uma visão mais antropocêntrica, buscando explicações ligadas à própria natureza e ao ser humano, e não mais aos desígnios divinos sobrenaturais.

Já foi mencionado que a Igreja chegou a deter um terço das terras aráveis na França na Idade Média, o que fez dela uma instituição muito rica. Além disso, a partir do século x, difundiu-se como prática cada vez mais comum do clero a venda de simonias (relíquias ditas sagradas, porém falsas), de cargos eclesiásticos, de bênçãos e até de indulgências (documentos que garantiam uma redução do tempo de penitência no purgatório a quem pagasse bem). Essas vendas tornaram-se cada vez mais gerais e abusivas, de modo que houve reações importantes. Alguns membros do próprio clero católico passaram a questionar o luxo de muitas paróquias e a corrupção que se espalhou pela Igreja, argumentando que ela estaria se afastando de valores essenciais da religião, como a humildade e a atenção ao que é espiritual, em oposição ao que é material. Eles exigiram reformas e uma série de modificações nas práticas dos religiosos, que não foram inicialmente acatadas pela Igreja Católica. Produziram-se, então, cisões e novos ramos cristãos na Europa, as chamadas religiões protestantes (pois protestaram contra atitudes que consideraram erradas dentro da Igreja Católica). As novas igrejas colaboraram para um grande abalo no poder do catolicismo, que perdeu parte de sua influência no continente.

A Igreja Católica reagiu com a Contrarreforma, em que ficaram estabelecidas, entre outras medidas, a retomada do Tribunal do Santo Ofício (a fim de combater comportamentos tidos como desviantes), a criação do *Index Librorum Prohibitorum* (Índice de Livros Proibidos — uma lista de obras consideradas perigosas, ofensivas ou hereges) e a criação da Companhia de Jesus, uma ordem religiosa destinada a catequizar os povos indígenas das Américas e, assim, angariar fiéis para a Igreja Católica. Você deve se lembrar dos jesuítas, muito mencionados nas aulas de história: eram os padres que faziam parte da Companhia de Jesus e vieram para o território que hoje é o Brasil a fim de converter os povos indígenas e consolidar a colonização a partir de valores europeus.

Fica claro que, ao mesmo tempo que grande parte dos intelectuais e cientistas buscavam explicações fora da religião para suas teorias e observações, a Igreja Católica "endureceu" sua vigilância, com medo de perder poder e fiéis.

O Tribunal do Santo Ofício, também conhecido como Santa Inquisição, foi uma instituição da Igreja Católica responsável por inspecionar as condutas dos fiéis e julgá-las, de modo a estabelecer uma homogeneidade no exercício da fé — por isso se chamava Tribunal. Atitudes consideradas heréticas ou heterodoxas, ou seja, diferentes da doutrina oficial, eram denunciadas e, muitas vezes, não eram toleradas. A Inquisição atuou não apenas no território europeu, mas estendeu-se para o Novo Mundo. As colônias espanholas e portuguesas sofreram com as investigações e castigos impostos pela Inquisição, já que costumes e religiosidades muito diversos eram comuns nas terras americanas e geravam intensa desconfiança dos inquisidores. Entre as punições aplicadas, estavam o pagamento de multas, o exílio para locais distantes, a flagelação do "culpado" em público e até a pena de morte, sendo a mais conhecida a morte na fogueira.

Talvez o conjunto de julgamentos e ações mais famoso perpetrado pelo Santo Ofício tenha sido a "caça às bruxas". Em nosso imaginário, é comum associarmos a perseguição às bruxas ao período medieval, mas na realidade ela foi mais intensa e atingiu seu auge nos séculos XVI e XVII, na Idade Moderna — esse período reputado como tão tolerante e esclarecido. Diversas pessoas passaram a ser enquadradas na categoria de "bruxas" e "feiticeiras", principalmente mulheres. Estima-se que cerca de 30 mil a 50 mil pessoas foram mortas entre 1450 e 1750, e mais de 80% delas eram mulheres. Lembre-se de que a imagem da mulher foi, desde muito tempo, associada à malícia, à sedução e à manipulação. A Igreja ligou isso à imagem de Satã, como se mulheres que apresentassem qualquer conduta "suspeita" — ser dona de um gato, ter uma verruga no corpo, saber combinar plantas para produzir poções e remédios, atuar como parteiras, ter uma vida sexual mais livre — fossem automaticamente servas do demônio. Às vezes, nem precisava haver algum envolvimento pessoal: epidemias, más colheitas, fortes chuvas ou secas e ondas de mortes de recém-nascidos ou de gado eram atribuídas aos poderes sobrenaturais dessas mulheres. Entretanto, elas eram, de maneira geral, pessoas comuns que aplicavam um conhecimento prático aprendido das gerações anteriores, às vezes mulheres mais independentes (solteiras ou viúvas que ganhavam a vida sozinhas e ajudavam a comunidade a partir de seus saberes), camponesas que usavam chapéus pontudos e idosas. Daí, o estereótipo da bruxa velha com uma verruga no nariz, que vive em uma cabana com seu gato e faz poção em um caldeirão para amaldiçoar alguém.

A filósofa italiana Silvia Federici, autora de *Calibã e a bruxa*, enxerga um potente mecanismo de domesticação do corpo e das atitudes femininas no fenômeno da caça às bruxas. Segundo ela, o capitalismo nascente no período moderno requeria trabalhadores dóceis e submissos, bem como necessitava acumular riquezas. A caça às bruxas teria servido para ambas as coisas: disciplinou a sexualidade e o comportamento femininos e seus direitos reprodutivos por meio da perseguição e da vigilância moral, e minou as relações comunais de propriedade, privatizando as terras.

FILOSOFIA, TEOLOGIA E O LUGAR DA MULHER NO NOVO MUNDO: JUANA INÉS DE LA CRUZ

A Inquisição espanhola chegou a atuar no México na época de **JUANA INÉS DE LA CRUZ** (1648/1651-1695, México), filósofa que foi acusada de heresia. Representante da filosofia hispânica e latino-americana do século XVII, Juana nasceu em território mexicano (quando ainda era colônia da Espanha) e era considerada uma *criolla*: filha de pai espanhol e mãe americana de ascendência espanhola. Conta-se que, já aos três anos, a pequena Juana pediu para aprender a ler e escrever e que, com seis ou sete anos, teria pedido à sua mãe que a vestisse de homem para poder entrar para a Universidade da Cidade do México. Quando tinha entre catorze e dezesseis anos, passou a fazer parte da corte da vice-rainha Leonor Carreto, com quem tinha uma relação próxima, já que Leonor também era uma mulher interessada em estudos. Diz-se que o vice-rei, Antonio Sebastián de Toledo, marquês de Mancera e marido de Leonor, chegou a reunir quarenta intelectuais (filósofos, teólogos e humanistas) para testar os conhecimentos de Juana, e ela respondeu às questões de forma impressionante.

Na Idade Moderna na América, dominada pelo pensamento católico e herdeira de valores medievais europeus, o destino mais comum de uma mulher era o casamento e a dedicação à vida doméstica. A melhor (e às vezes a única) possibilidade de se dedicar à vida filosófica e ao desenvolvimento dos estudos era entrando para uma ordem religiosa. Juana Inés de la Cruz tornou-se, então, freira aos vinte anos (seu nome com frequência aparece acompanhado pela palavra "Sor", diminutivo de "Soror", que significa "irmã". É um tratamento dado às freiras). Ela estabeleceu-se num convento da ordem de São Jerônimo, onde as freiras não viviam em isolamento total: participavam de atividades da comunidade, não faziam voto de pobreza (por isso, Juana pôde acumular uma biblioteca surpreendente: estima-se que ela tinha de 1,5 a 4 mil livros) e podiam fazer contato com o mundo secular por meio de cartas. Também adquiriu instrumentos para fazer experimentos de ciências naturais e chegou a ser eleita administradora do convento de São Jerônimo, gozando de certa influência política.

A partir de 1680, outro vice-rei assumiu o governo: o marquês de La Laguna, Tomás Antônio de la Cerda. Ele e sua esposa María Luisa Manrique de Lara y Gonzaga tornaram-se protetores de Juana Inés após lerem e se impressionarem com um de seus textos. Os seis anos seguintes foram de grande produtividade para a pensadora: escreveu diversas poesias e autos sacramentais, além de duas comédias. Com a ajuda da vice-rainha María Luisa, Sor Juana publicou dois livros na Espanha e tornou-se a primeira mulher a publicar sua obra no mundo hispânico.

Em 1690, o bispo de Puebla encomendou a Juana Inés um comentário sobre um sermão do padre Antônio Vieira. Ela aceitou a encomenda com a condição de que seu comentário não fosse publicado. Poucos meses depois, entretanto, o documento circulou publicamente, acompanhado por uma carta endereçada a Sor Juana Inés de la Cruz e assinada por um pseudônimo feminino: Sor Filotea de la Cruz. A missiva, chamada de *Carta Atenagórica de la madre Juana Inés de la Cruz*, continha a crítica escrita por Juana sobre o texto de Antônio Vieira (aquele que ela queria manter em caráter privado) e a carta que elogiava a poeta por seus conhecimentos, mas a criticava por exercer atividades pouco espirituais, incitando-a a retornar à vida conventual e dedicada exclusivamente à religião. Não se sabe ao certo quem foi o autor e o divulgador dessa carta ou seu propósito, mas acredita-se que tenha sido publicada pelo próprio bispo de Puebla a fim de provocar um adversário.

Contudo, a lama respingou em Juana de la Cruz: foi ameaçada e recebeu muitas críticas no México, mesmo depois de a Inquisição espanhola ter afirmado que nada havia de herético na carta. A freira chegou a redigir uma carta-resposta em 1691, chamada de *Respuesta a Sor Filotea de la Cruz*, em que justificava sua dedicação à literatura secular e a atenção a matérias não teológicas. Também enviou algumas correções da *Carta Atenagórica* ao bispo (suposto autor da carta), mas foi sumariamente ignorada.

Em 1693, a estudiosa decidiu abandonar a escrita e doou sua biblioteca e seus instrumentos científicos. Escreveu um pedido de perdão à Inquisição espanhola e reafirmou sua fé com fervor. Foi silenciada em sua filosofia. Os últimos anos de sua vida foram dedicados a trabalhos de caridade e a cumprir penitência. Ela faleceu aos 46 anos de causas desconhecidas.

A obra de Sor Juana Inés de la Cruz engloba peças de teatro, cartas, poemas, textos em prosa e até um tratado de musicologia e um livro de enigmas. O poema filosófico *Primeiro sonho* (1692) é considerado pela crítica o mais importante de seu pensamento e um dos mais valiosos da língua espanhola. Nele, a autora narra um sonho em que a forma humana dá lugar ao intelecto puro, e este voa e plana com formas geométricas, pirâmides e obeliscos, procurando se elevar sobre um mundo ermo e desabitado. Tal voo tem o objetivo de conhecer a Causa Primeira e visualizar o Todo. Essas nomenclaturas bastante abstratas são comuns no pensamento filosófico: a noção de "causa" remete aos gregos antigos, notadamente a Aristóteles; e alguns filósofos medievais cristãos se destacam pela busca da compreensão do Uno, do Todo, identificado com Deus. A superioridade da alma racional sobre os sentidos para compreender a verdade tem clara inspiração platônica e neoplatônica. No poema, o conhecimento da Causa Primeira não se concretiza, pois amanhece, e a alma, antes livre por meio do sonho, é forçada a retornar ao seu invólucro material, o corpo.

O comentário ao sermão de padre Vieira, publicado sem autorização em 1690, é um texto que apresenta uma sofisticada argumentação lógica ligada a raciocínios teológicos e filosóficos acerca de Jesus Cristo; ela também se posiciona quanto ao tema do sermão (qual teria sido a maior "fineza" de Jesus antes de sua morte, ou seja, sua ação de maior amor e benevolência), estabelecendo um debate não apenas com Antônio Vieira, como também com Agostinho de Hipona e Tomás de Aquino (os filósofos cristãos conhecidos como Santo Agostinho e São Tomás de Aquino). Para Antônio Vieira, a maior fineza de Jesus, aquela mais dolorosa para ele, teria sido ausentar-se do convívio dos homens. Juana Inés, por sua vez, argumentou que a maior fineza de Deus seria deixar de dar todos os benefícios aos seres humanos; algo que para Ele seria fácil (dado seu infinito amor e sua onipotência), mas que seria retribuída com ingratidão e pecado pelos homens. Ao realizar essa mudança de eixo, da fineza de Jesus para a fineza do próprio Deus, o posicionamento de Juana Inés direcionou novas discussões sobre o livre-arbítrio na teologia, tema de destaque no mundo hispânico desse período.

O texto *Resposta à Sor Filotea de la Cruz* se concentra em refletir sobre o papel intelectual das mulheres, tema que foi ganhando relevância no debate filosófico do período moderno, mas que ainda constituía grande novidade no século XVII, especialmente nas Américas. Há quem considere Sor Juana como pioneira e precursora de reflexões que deram origem ao pensamento feminista no continente. Na *Carta Atenagórica*, Juana é incitada a se dedicar de modo integral aos assuntos espirituais e teológicos, como esperava-se que uma mulher religiosa deveria fazer. A filósofa, no entanto, argumenta que pode ser prerrogativa de uma religiosa dedicar-se ao estudo de diversos assuntos, sagrados ou profanos, o que incluía a literatura e a própria filosofia. Enquanto a *Carta* foi escrita num tom mais argumentativo e formal, Juana utilizou na resposta diversos recursos literários como devaneios, testemunhos autobiográficos, anedotas e reflexões pessoais, em uma linguagem mais direta e acessível. Para defender seu ponto de vista, ela usou exemplos de mulheres intelectuais que lhe precederam, como Aspásia de Mileto e Hipátia de Alexandria. Segundo Juana Inés, para uma mulher estudar as Escrituras bíblicas, seria necessário ter muitos outros saberes, já que o conhecimento da Bíblia seria o mais elevado de todos. A defesa desta tese, por si só, foi inovadora, pois constitui uma sugestão de que as mulheres podem e devem ocupar lugares de destaque em ambientes intelectuais, caso assim queiram. A *Resposta* não foi publicada até cinco anos após a morte de Juana (e nove anos após a polêmica), de modo que não conseguiu limpar sua reputação ainda em vida. Por causa das críticas sofridas, a freira passou a dedicar-se integralmente às atividades religiosas e espirituais, abdicando de seus talentos para os estudos laicos e as artes.

Juana Inés de la Cruz foi uma pensadora muitíssimo relevante no contexto da América Latina colonizada. Representou a inteligência aguçada das mulheres numa época em que tal capacidade era contestada; era *criolla* num contexto que valorizava a pureza sanguínea europeia; escolheu uma vida dedicada aos estudos, à intelectualidade e à espiritualidade, mesmo com os obstáculos que injustamente se interpuseram às suas atividades. Não foi julgada pela Inquisição de modo oficial, mas se sentiu oprimida pelos julgamentos sociais daqueles que estavam à sua volta e, por isso, deixou de escrever. Foi silenciada e apagada. Apesar disso, legou várias obras de filosofia e literatura para o futuro, bem como discussões vanguardistas acerca da posição da mulher na sociedade, tema que se mostrará fértil e explosivo em vários círculos de pensadoras modernas.

LIBERDADE, IGUALDADE, FRATERNIDADE: OLYMPE DE GOUGES

O século XVIII, seguinte ao de Juana Inés de la Cruz, ficou conhecido como "O Século das Luzes", pois, nessa época, fervilhava uma tendência de pensamento entre os intelectuais burgueses: o Iluminismo. A "luz" remete ao conhecimento, ao uso consciente da razão para defender valores caros para os iluministas, como liberdade, igualdade jurídica e ciência, ao mesmo tempo que estabelece uma oposição às "trevas". O Iluminismo criticava superstições e dogmas que não apresentavam justificativa racional, desconfiava do poder do clero sobre o pensamento das pessoas (visto como manipulação) e questionava profundamente o Antigo Regime — nome dado pela burguesia para o "pacote" que englobava um governo que interferia grandemente na política (monarquia absolutista) e na economia (mercantilismo). Para eles, esse tipo de intervenção estatal atrapalhava mais do que incentivava os negócios. Além disso, no Antigo Regime, o poder ainda era exercido pela nobreza, assim como acontecia na Idade Média europeia — as rainhas e os reis de uma nação não vinham da burguesia, mas pertenciam a uma longa e tradicional linhagem de nobres. Isso significa que um governo monárquico, neste contexto, tinha a tendência a beneficiar a nobreza, e não a burguesia ou as classes trabalhadoras.

Na América, as ideias iluministas apareceram fortemente nos movimentos que reivindicavam as independências das colônias. Por exemplo, a Independência dos Estados Unidos (1776), a Revolução do Haiti (1791–1804), a Conjuração Mineira (1789) e a Conjuração Baiana (1798–1799) foram movimentos que reivindicaram a liberdade e o fim do domínio metropolitano (em grande medida, do Antigo Regime) sobre as colônias. Na Europa, a Revolução Francesa (1789–1799), apesar de ter ocorrido na França, teve uma força inegável em toda a sociedade ocidental. Foi a partir das marchas, prisões, disputas políticas, leis criadas e suas consequências que algumas concepções ainda medievais foram finalmente superadas — ao menos em teoria — e que algumas instituições contemporâneas foram gestadas, como a igualdade de direitos entre os seres humanos, a concepção atual de cidadania, o desejo de uma ampliação da participação pública na política, de direitos e deveres e, em suas vias mais radicais, a reivindicação por justiça social.

Embora a realidade seja muito mais complexa que a teoria, algumas ideias serviram como importantes guias para que se concretizassem essas revoluções. A Francesa, por exemplo, baseou-se em vários ideais iluministas — alguns deles até viraram o famoso lema "liberdade, igualdade, fraternidade". A liberdade incluía autonomia de pensamento e de comunicação de ideias e opiniões, além de questionar o controle da realeza sobre a economia e a política. A igualdade referia-se aos direitos do cidadão, ou seja, todo cidadão nasce livre e igual em direitos, princípio que combatia os privilégios de nascimento da nobreza, colocando-a como nem superior nem inferior à burguesia, mas não a uma igualdade econômica — afinal, a maior parte do poder dos burgueses era econômico, e eles não abririam mão disso espontaneamente. A fraternidade, por sua vez, remetia a uma valorização da coletividade, um interesse pelo bem comum — não à toa, durante a Revolução Francesa, a França transformou-se de uma monarquia em uma república (a expressão *res publica* significa "coisa pública", aquilo que é do povo).

Tudo muito bonito no papel. Mas é importante saber que o Iluminismo e a própria Revolução Francesa tiveram seus limites. Muitas vezes, discursos de universalidade não se traduziram em práticas de liberdade, de igualdade e de fraternidade para todos. A filósofa **OLYMPE DE GOUGES** (1748-1793, França) foi uma das intelectuais que percebeu e expôs várias contradições entre discurso e prática nos preceitos revolucionários e pagou caro por isso.

Nascida Marie Gouze em 1748, a revolucionária Olympe de Gouges teve uma infância simples em Montauban, na França, pois seu pai era provavelmente açougueiro (embora existissem rumores de que fosse filha de um marquês). Aos dezesseis anos, a moça casou-se com um homem mais velho e rico, com quem teve um filho, Pierre. Dois anos depois do casamento, o marido de Olympe faleceu, deixando-a viúva; ela nunca mais quis se casar e mudou-se para Paris com o filho, onde adotou o nome Olympe de Gouges, pois não queria usar o sobrenome do pai nem do marido (o pseudônimo foi uma homenagem à mãe, que se chamava Anne-Olympe Mouisset). Não teve um bom ensino formal, mesmo assim escreveu muitas obras e, principalmente, demonstrou extraordinário ímpeto de ação e de pensamento.

Olympe interessou-se pelo debate sobre causas sociais da época, como a abolição da escravidão, a pena de morte, sistemas de governo e a igualdade entre homens e mulheres. Produziu peças de teatro, panfletos e artigos políticos e tornou-se influente — e, para alguns, incômoda — no contexto da Revolução Francesa.

O amor pelo teatro e o empenho na luta antiescravagista foram essenciais para que Olympe adentrasse debates de forma mais efetiva e passasse a frequentar associações intelectuais e de articulação política. A autora chegou a ser presa na Bastilha, em 1785, como punição por sua peça de teor abolicionista *L'Esclavage des Noirs* (A escravidão dos negros). A Bastilha era uma prisão destinada a punir pessoas que se opunham ao rei e questionavam suas atitudes — era, portanto, uma prisão política. Não por acaso, esse foi o prédio escolhido como símbolo da repressão monárquica, vista como tirana pelos revolucionários. A "queda da Bastilha", em 14 de julho de 1789, foi o marco escolhido como o início da Revolução Francesa, na qual a população parisiense, profundamente insatisfeita com uma série de crises da época, revoltou-se, tomou o local e apoderou-se de armamentos e pólvora ali guardados.

Entretanto, um ano antes de a Revolução "explodir", Olympe deparou-se com um obstáculo para sua atuação: a Assembleia Geral dos Três Estados, que debateria a crise econômica e social francesa, era proibida para mulheres. Ela passou, então, a expor suas ideias na forma de ensaios e manifestos publicados e distribuídos. As ideias de Olympe advogavam pela igualdade entre homens e mulheres (inclusive o direito ao divórcio) e incluíam críticas a alguns grandes personagens da Revolução, mas tais opiniões não foram bem-aceitas. Isso porque ela questionava de forma perigosa as decisões dos revolucionários e a própria instituição da família burguesa, pautada em valores patriarcais, na submissão feminina perante o homem e no dever da mulher de cuidar do lar.

A mulher enquanto apenas uma executora de tarefas domésticas foi posta em questão ao longo da Revolução Francesa, visto que muitas cidadãs participaram ativamente das lutas e dos questionamentos políticos fundamentais para a evolução do levante. Por exemplo, um dos momentos cruciais para o início da Revolução foi a Marcha sobre Versalhes. A população francesa vivia um momento de escassez econômica dolorido, enquanto a corte utilizava verbas públicas para viver no luxo e promover festas, inclusive no palácio de Versalhes, a moradia do rei. Essa ostentação, somente possível graças aos altos impostos pagos pela população que vinha passando fome e dificuldades financeiras, foi vista com indignação. A sensação de ofensa e injustiça explodiu em revolta e, em outubro de 1789, mais de 20 mil pessoas, o que incluía 7 mil mulheres, marcharam debaixo de chuva em direção ao palácio de Versalhes, em uma atitude furiosa de protesto. Portavam machados, foices, lanças, além de um canhão sem munição, e conseguiram obter da família real um compromisso de resolução para a crise do pão. As rebeliões provocadas por fome ou carestia com frequência são encabeçadas por mulheres, já que elas costumam ser as responsáveis diretas pela alimentação dos filhos. Foi o que ocorreu nesse caso e em muitas revoltas campesinas e urbanas do período.

Apesar da Marcha sobre Versalhes, quando foi estabelecida a Assembleia Nacional Constituinte, as mulheres continuaram sendo proibidas de participar diretamente das discussões. Mesmo assim, estavam presentes e acompanhavam os debates dos deputados, aplaudindo, gritando e vaiando, mostrando seu poder de fiscalização. Até 1793, muitas vezes foram elas as porta-vozes responsáveis por comunicar ao povo as decisões tomadas na Assembleia.

Organizações e clubes, reuniões e panfletos, protestos e reivindicações, guerras e debates, trabalho doméstico que sustentou o trabalho público dos homens: foram diversas as frentes ocupadas intensamente pelas mulheres francesas revolucionárias. Muitas das protagonistas permaneceram no anonimato, embora tenham sido bastante ativas. De outras, sabemos o nome e um pouco sobre sua participação: Charlotte Corday, por exemplo, foi responsável por assassinar o jornalista e um dos líderes da Revolução, Jean Paul Marat (ela o considerava responsável por milhares de mortes na guilhotina, naquele que ficou conhecido como o "período do terror", e discordava de tal política). Foi julgada e executada na guilhotina. Théroigne de Méricourt foi fundadora do clube Amigo da Lei, e Etta Palm d'Aelders organizou a Sociedade Patriótica da Beneficência e das Amigas da Verdade. Ambas reivindicaram o direito feminino ao divórcio e à educação, e tais atitudes não foram bem-vistas: Théroigne foi linchada (despida e açoitada), considerada louca e internada num hospício; Etta fugiu para seu país natal, a Holanda. Três finais trágicos e muito simbólicos da condição feminina da época: ou a mulher se encaixava no molde que lhe era imposto (o do casamento, da vida doméstica, da submissão e do afastamento do ambiente público), ou era presa, desacreditada, considerada louca, exilada ou morta — ou seja, silenciada e condenada por expor seus ideais e ousar defender direitos.

O fim de Olympe de Gouges não foi mais esperançoso. Em 1791, escreveu um texto chamado *Declaração dos Direitos da Mulher e da Cidadã*, como complemento ao documento mais famoso produzido pela Revolução Francesa: a *Declaração dos Direitos do Homem e do Cidadão* (1789). De cunho iluminista, diz este último: "Artigo 1º – Os homens nascem e são livres e iguais em direitos. As distinções sociais só podem fundar-se na utilidade comum". Enquanto o documento redigido por Olympe de Gouges versa: "Artigo 1º – A mulher nasce livre e é igual ao homem perante a lei. As distinções sociais só podem fundar-se na utilidade comum". A filósofa mostrou-se, ainda, contrária à execução do rei Luís XVI (coerente com sua tese que criticava a pena de morte) e sugeriu, ainda, num escrito chamado *Les Trois Urnes ou Le Salut de la Patrie* (As três urnas ou o bem-estar da pátria), não publicado na época, que os franceses escolhessem por meio de um plebiscito qual sistema de governo deveria ser implantado na nação: uma monarquia, uma república ou um governo federalista. Tal texto foi usado como prova de que ela seria contrária ao governo republicano, que era defendido a unhas e dentes pelos revolucionários. Por essas ideias "ameaçadoras e perigosas", ela foi executada na guilhotina em 1793, aos 45 anos, como contrarrevolucionária, conspiradora e mulher que teria se esquecido das virtudes de seu sexo. O artigo 10º de sua *Declaração dos Direitos da Mulher e da Cidadã* expressa bem a injustiça da situação: "Ninguém deve ser molestado em virtude de suas opiniões, mesmo radicais; a mulher tem o direito de subir ao cadafalso; deve ter igualmente o de subir à tribuna". Alguns dias antes da morte de Olympe, as associações políticas femininas haviam sido proibidas.

O papel das mulheres na Revolução Francesa foi basilar para que muitas das modificações se concretizassem. Camponesas, lavadeiras, feirantes, peixeiras e fiandeiras se expuseram em marchas e manifestações de rua, reagindo bravamente à miséria que enfrentavam. Algumas mulheres da burguesia e mulheres de letras também se expressaram por meio de panfletos e da fundação de clubes femininos. Olympe de Gouges foi uma das que conseguiu furar a bolha do anonimato e do silenciamento: não apenas estava alinhada com tendências iluministas dos principais filósofos da época, como se apropriou dessas ideias de maneira original e formulou pensamentos corajosos naquele contexto. Se levarmos em conta que a filosofia é um modo de vida que se pauta pela reflexão racional e pela ação ética e política, Olympe foi um dos maiores exemplos de filósofa da história. Foi tão questionadora que pagou com o mais alto preço: sua vida. E, embora a Revolução Francesa não tenha reconhecido os direitos femininos na época, a herança de Olympe de Gouges em defesa da justiça e dos direitos para as mulheres permanece viva e abriu portas fundamentais para que as próximas gerações pudessem viver de forma mais digna e continuar a luta por equidade.

A IGUALDADE E O DIREITO AO ACESSO À EDUCAÇÃO: AS TRÊS MARIAS

Desde a Idade Média, com Christine de Pizan, e passando por Olympe de Gouges na Idade Moderna, estabeleceu-se uma temática comum em diversos textos de cunho filosófico-político, escritos tanto por mulheres quanto por homens: a reflexão acerca do estatuto e dos papéis femininos na sociedade. Na Europa, tal conjunto de obras ficou conhecida como a *Querelle des femmes*. Não foi um movimento homogêneo, e, sim, uma sucessão de debates, questionamentos e conclusões (a palavra *"querelle"* em francês significa "desacordo", "disputa"), mas alguns argumentos recorrentes defendiam que as mulheres são tão racionais quanto os homens e que era necessário estabelecer a igualdade de direitos entre os sexos (ainda se tratava de uma sociedade muito binária e o conceito de "gênero" não era separado do de sexo biológico).

Um dos principais temas da *Querelle des femmes* era o da educação que deveria ser dada às mulheres. Durante a Modernidade, um sistema semelhante ao que conhecemos hoje foi sendo construído no ambiente escolar: predominantemente secular, liberal e estatal, com separação de alunos de "mesmo nível" em salas diferentes e implantação da disciplina (o que incluía punição). O Iluminismo trouxe a educação como reivindicação central, pois defendia que só por meio da razão a humanidade poderia alcançar mais liberdade e autonomia, gerar progresso e reformar a sociedade. Mas essa educação não era pensada para todos da mesma forma: somente os homens recebiam uma instrução mais completa e voltada a habilidades públicas e científicas do indivíduo, enquanto as mulheres eram educadas para a vida em família e para a administração do lar (as de classes mais altas podiam chegar a aprender a ler, a contar e a tocar piano).

MARIE DE GOURNAY (1565–1645, França) viveu antes do Século das Luzes e de Olympe de Gouges. Ainda assim, ela se inseriu nesse debate sobre o *status* feminino na sociedade e se posicionou de maneira firme sobre os temas do papel das mulheres e das funções que poderiam ser exercidas por elas. Marie conhecia de perto as dificuldades das restrições sociais: ela nunca se casou e tentou sobreviver a partir de seus escritos e traduções num período em que nenhuma dessas duas coisas era bem-aceita socialmente. O que sabemos sobre sua vida foi relatado por ela própria em uma autobiografia publicada em 1616, e, sobre sua vida posterior, temos apenas suas obras, mas não muitos detalhes pessoais.

Foi a filha mais velha entre seis irmãos, mas ainda era uma criança quando ficou órfã de pai. Logo tornou-se autodidata nos estudos de latim, grego e literatura francesa. Filosoficamente, estudou Plutarco e outros autores estoicos. Quando completou dezenove anos, Marie entrou em contato com *Ensaios*, de Michel de Montaigne, uma coletânea de textos repletos de referências e reflexões filosóficas, e ficou impressionada com eles. Três anos depois, visitou Paris e escreveu a Montaigne para expressar sua admiração por seus escritos; eles se conheceram, e Montaigne passou a chamá-la de "filha adotiva" nas correspondências, que duraram até o fim da vida do filósofo. Ele nomeou de Gournay como editora de *Ensaios*, o que fez dela uma das primeiras editoras mulheres da França, e Marie escreveu nada menos que onze prefácios para diferentes edições da obra de Montaigne — ainda que os assinasse sob o pseudônimo de "filha adotiva". Foi apenas em 1622, com a publicação do seu *Sobre a igualdade dos homens e das mulheres*, que ela passou a publicar com seu próprio nome.

Aos 26 anos, com a morte da mãe, Marie enfrentou graves dificuldades financeiras. Além disso, frequentou círculos intelectuais em Paris, mas nunca como membro oficial, e era ridicularizada por ser uma "mulher instruída", que lia e escrevia livros, e uma "solteirona". Mesmo assim, graças a seus escritos, conseguiu ser reconhecida e beneficiada por uma pensão concedida por mulheres poderosas da corte. Após escrever, editar e traduzir muitas obras, Marie faleceu em 1645, quando tinha 79 anos.

De fato, sua obra é abundante: produziu muitos textos em mais de cinquenta anos de atividade e conseguiu sobreviver grande parte da vida graças a seu trabalho intelectual, coisa rara naquela época. Entre autobiografias, romances, tratados políticos e poemas, ela passeava pela filosofia e pela literatura. Algumas das questões levantadas por Gournay abarcavam análises de linguagem, colocando em foco o idioma francês e exaltando a função e a riqueza das metáforas, das rimas, dos neologismos e dos diminutivos para comunicar e, principalmente, expressar melhor toda a variedade e a intensidade de sentimentos, memórias e desejos humanos.

Em alguns tratados éticos e morais, Gournay escreveu sobre a natureza humana, as virtudes, o poder, a amizade e a hipocrisia. Nesse terreno, criticou práticas e hábitos sociais da corte e da nobreza, pensando em gerar um melhoramento da sociedade — antecipou, portanto, questionamentos ao Antigo Regime e o desejo reformista que seriam manifestados pelos iluministas no século seguinte.

A diferença entre ricos e pobres foi outro ponto explorado por ela em seus escritos, bem como a desigualdade entre homens e mulheres. Esses dois aspectos interessavam diretamente a Marie de Gournay, pois ela foi uma mulher solteira em uma época em que o casamento fornecia para a mulher certa garantia de renda e estabilidade econômica e social. Ela dizia que a honra pessoal é a virtude mais valiosa de uma pessoa e, por isso, destruir a honra e a reputação de uma pessoa inocente seria uma atitude das mais condenáveis.

Quanto aos assuntos ligados à condição feminina, ela foi do time que defendeu que as mulheres são racionalmente iguais aos homens e que deveriam receber uma educação equivalente, a fim de desenvolver ao máximo a racionalidade e as virtudes. Marie apontou quanto a linguagem era utilizada para criar falsos mitos que justificavam uma suposta inferioridade e exclusão das mulheres de atividades públicas e da cidadania. Segundo ela, as mulheres não eram ouvidas pelos homens, e suas palavras eram negligenciadas, ridicularizadas e apagadas. As regras sociais que tornavam as mulheres submissas, segundo ela, não eram racionais, e Gournay utilizou fontes clássicas, bíblicas e eclesiásticas para suportar sua argumentação em defesa da igualdade entre homens e mulheres. A filósofa escreveu, por exemplo, que se porventura as mulheres não atingem o mesmo nível intelectual dos homens, certamente o motivo é a privação de uma educação de qualidade. Essa disparidade é prejudicial, pois faz as próprias mulheres desacreditarem que podem alcançar o que desejam, que se vejam incapazes de obter reconhecimento e de buscar outras condições, e é por isso que não devem permitir que isso aconteça.

Na mesma linha de Marie de Gournay, a filósofa **MARY ASTELL** (1666–1731, Inglaterra) lutou pela oficialização da educação das mulheres, inclusive reivindicando uma universidade feminina na Inglaterra, sua terra natal. Além da defesa de direitos, Astell escreveu sobre diversas áreas da filosofia: metafísica (estudos acerca da realidade), epistemologia (debates sobre conhecimento), moral, política e filosofia da religião. Foi influenciada em suas obras por René Descartes, concordando com ele em alguns aspectos, como o uso da razão para desenvolver as ciências naturais, e discordando em outros. Era religiosa praticante da corrente cristã protestante do anglicanismo e conservadora em assuntos políticos, mas progressista no campo da moral e da pedagogia.

Mary nasceu em 1666 e era a mais velha dos três filhos do casal Mary Errington e Peter Astell, uma das mais respeitadas famílias da região e com fortes inclinações monarquistas. Não teve acesso à educação formal, exceto por um tio clérigo e poeta que havia estudado na Universidade de Cambridge, Ralph Astell. Por meio de sua influência, a menina teria adquirido conhecimentos sobre teologia anglicana e filosofias neoplatônica e cartesiana.

Quando tinha por volta de doze anos, o pai de Mary morreu repentinamente, o que deixou a família em apuros financeiros. A mãe precisou pegar empréstimos para sustentá-los, e especula-se que Mary Astell tenha ficado noiva de um clérigo em algum momento, mas o casamento não se concretizou por não ter condições de arcar com um dote. Ela ficou solteira e sem filhos durante a vida toda.

Na década de 1680, corajosamente saindo sozinha da casa da família, a moça foi para Londres, mas foi apenas em 1689 que escreveu seu primeiro texto, um poema dedicado ao arcebispo William Sancroft por tê-la ajudado em tempos difíceis. Sua veia filosófica começou a amadurecer a partir de 1693 em cartas para um autor chamado John Norris; nessa correspondência, que durou um ano e depois foi publicada, eles debatiam o uso que Norris fazia da filosofia de Nicolas Malebranche.

A carreira de escritora e filósofa de Astell deslanchou de fato por volta de 1694. Seus dois primeiros textos após as cartas, chamados de *A Serious Proposal to the Ladies for the Advancement of their True and Greatest Interest* (Proposta séria para as damas para o avanço de seu verdadeiro e maior interesse), partes 1 e 2, geraram burburinho e tornaram a autora uma pequena celebridade em Londres, elogiada por sua eloquência e inteligência. A partir de então, pelo menos por uma década, Astell pôde sustentar sua carreira intelectual, já que passou a ser patrocinada por outras mulheres da alta sociedade. Escreveu panfletos políticos, tratados e escritos mais volumosos, como *A religião cristã, conforme proferida por uma filha da igreja da Inglaterra*, em que falava sobre moral. O mais comum na visão cristã desta época era que as mulheres deveriam submeter-se a seus maridos a fim de cumprir sua missão religiosa. Mary Astell, contra a corrente, defendia que tal cumprimento só se daria pelo pleno desenvolvimento da capacidade intelectual das mulheres, já que Deus as havia dotado de razão tanto quanto os homens.

Após 1709, a filósofa deixou de publicar, mas há evidências de que tenha continuado a escrever e a editar suas obras até seu falecimento, em 1731. Nesses anos em que não publicou nada, a pensadora dedicou-se a dirigir uma escola gratuita para garotas pobres em sua vizinhança, em consonância com o que escrevia quando era mais jovem.

O trabalho mais conhecido de Mary Astell chama-se *Algumas reflexões sobre casamento*, publicado em 1700. Em resposta a uma separação que se tornou pública entre uma mulher chamada Hortense Mancini e seu marido abusivo, o duque de Meilleraye, Astell questiona e critica com seu texto o casamento precoce de meninas muito jovens. Apesar de considerar o matrimônio um laço sagrado instituído por Deus, ela entendia que tal instituição se degenerou graças aos vícios dos homens, que se casavam mais por luxúria ou ganância do que por amor. Se usassem a razão em vez de ceder às paixões mundanas (sexo, poder e dinheiro) para construir os casamentos, homens e mulheres seriam muito mais felizes. Ao mesmo tempo que criticava especialmente a conduta dos homens, ela alertava as moças para que fossem cautelosas ao aceitar tal contrato. A solução para tal situação, segundo ela, seria melhorar a educação das meninas, de modo que elas desenvolvessem o intelecto e passassem a pensar de forma mais autônoma e racional, o que as conduziria a uma postura virtuosa. Uma de suas frases mais famosas vem deste texto: "Se todos os homens nascem livres, por que todas as mulheres nascem escravas?".

Outro tema discutido pela escritora foi a mente humana (também chamada de alma ou espírito na época). Nessa discussão, ela concordou com René Descartes e se opôs a John Locke, que sugeriu que a nossa parte pensante poderia ser material. Astell argumentou que a alma seria de natureza diferente do corpo (e, portanto, da matéria), com propriedades e características diversas. Por isso, ela considerava mente e corpo como substâncias distintas e independentes entre si.

Ainda em consonância com a abordagem racionalista cartesiana, na parte 2 da *Proposta*, Astell defende que a razão é o meio mais seguro de obtenção do conhecimento, ao contrário da visão empírica, que estabelecia os sentidos corporais (tato, olfato, paladar, visão e audição) como guias confiáveis para se atingir a verdade. Este foi um debate fortíssimo na filosofia do período e gerou os primeiros métodos científicos modernos. Mary chegou a criar seis regras rigorosas para pensar claramente e chegar a conclusões verdadeiras, inspirada pelo método de Descartes. Eis o passo a passo:

- Primeiro, deve-se ter noção clara e distinta do objeto de estudo ou pensamento e entendimento preciso de quaisquer termos-chave;
- Segundo, deve-se evitar dispersão com assuntos desnecessários ou irrelevantes e conduzir o pensamento em uma ordem natural e lógica;
- Terceiro, deve-se examinar primordialmente os tópicos mais simples e só então estudar os mais complexos;
- Quarto, deve-se investigar de modo cuidadoso o assunto, sem deixar nenhuma parte sem exame;
- Quinto, deve-se manter o foco no assunto em questão;
- Sexto, não se deve concluir nada que não se possa perceber, e não se deve afirmar nada como verdadeiro, a não ser que seja incontestável.

Ainda na *Proposta*, a filósofa argumentou em favor de uma instituição de ensino para as mulheres, uma espécie de retiro em que elas pudessem se dedicar com sossego (longe do barulho e da agitação) a seus estudos e a uma vida acadêmica. Segundo ela, a aquisição de conhecimento era importante para que se atingissem uma felicidade duradoura e estável. Como mulher cristã que era, acreditava que Deus havia dado a razão para os seres humanos como uma "luz natural", a fim de que, por meio da racionalidade, se pudesse alcançar os propósitos divinos. Os estudos elevariam as mulheres a esse lugar de felicidade designado por Deus.

Tal visão da necessidade de um "retiro" seria recuperada mais de dois séculos depois, por Virginia Woolf. No primoroso livro *Um teto todo seu*, publicado pela primeira vez em 1929, Woolf discutiu a falta de destaque que mulheres escritoras de ficção enfrentaram até o século xx — mas é claro que tal dificuldade se estende também às autoras de não ficção, como as próprias filósofas. Segundo Woolf, a falta de espaço no mercado apenas refletia a falta de espaço (físico) e de tempo para que as mulheres pudessem se dedicar à escrita e aos estudos sem serem requisitadas a todo momento pelas demandas domésticas e familiares. Devemos lembrar que, por muito tempo, a maioria dos homens escritores que se notabilizou por suas obras podia se dedicar à escrita como profissão, sem a obrigação de dividir seu tempo e sua atenção com os cuidados da casa e dos filhos, já que as mulheres se encarregariam disso. A autora alega que, para produzir trabalhos e obras de qualidade, as mulheres necessitam de meios financeiros para se sustentar, de tempo para entregar-se à escrita e de "um teto todo seu", ou seja, um espaço em que elas possam se concentrar sem interrupções, assim como na proposta de Astell.

A sugestão de um retiro acadêmico feminino feita por Mary Astell gerou interesse em uma mulher abastada da época, disposta a financiar o empreendimento, mas não chegou a se concretizar, talvez por se parecer demais com um convento católico (a monarquia inglesa vinha se firmando na religião anglicana e buscava, por isso, afastar-se do catolicismo).

A terceira Maria engajada na igualdade de direitos durante o período moderno foi a inglesa **MARY WOLLSTONECRAFT** (1759–1797, Inglaterra). Embora tenha sido reconhecida em vida pela potência de seus escritos, por muito tempo (até o século XX), sua biografia chamou mais atenção do que sua obra. Nascida em Londres, Inglaterra, em 1759, sua família herdou do avô algumas manufaturas. Entretanto, Edward, o pai de Mary, tinha problemas com apostas e alcoolismo, de modo que, quando ela era adolescente, a família estava pobre. Por se mudarem constantemente, fugindo dos credores, a educação formal de Mary foi instável e negligenciada. Mesmo assim, ela foi uma criança curiosa e não deixava passar batida nenhuma biblioteca em seu caminho. Em muitos aspectos, foi autodidata.

Os vícios do pai de Mary o tornavam violento, e ele batia na esposa e mãe da menina, Elizabeth. Há relatos de que a garota chegou a ficar de guarda na porta do quarto da mãe, protegendo-a de uma possível explosão de agressividade de Edward. Com certeza essa experiência terrível foi uma semente no pensamento da filósofa, pois, quando estava mais madura, demonstrou preocupação por as mulheres serem financeiramente dependentes (portanto, potencialmente cativas) dos próprios maridos. Uma das irmãs de Mary, Eliza, também chegou a sofrer violências do próprio esposo. Mary, quando soube, tomou providências para que Eliza se separasse (inclusive legalmente) e ficasse em segurança.

Em 1784, fundou uma escola para meninas com as irmãs e uma grande amiga, Fanny Blood. Fanny casou-se e mudou-se para Portugal. Lá, engravidou e escreveu uma carta pedindo a Mary que fosse ajudá-la com o parto. Infelizmente, Fanny morreu em decorrência do parto na presença de Mary, e o bebê não sobreviveu. Quando voltou para a Inglaterra, a escola estava em uma situação financeira insustentável e foi necessário fechá-la. Mary usou sua experiência como professora para escrever *Thoughts on the Education of Daughters* (Reflexões sobre a educação de filhas), publicado em 1787, e para tentar ganhar algum dinheiro. No livro, a autora argumentou que mulheres deveriam receber uma educação equivalente à dos homens, principalmente em questões que envolviam pensamento abstrato. Outra alegação da pensadora era a de que mulheres deveriam ser estimuladas a viajar o mundo antes de se casar (como muitos homens faziam, o que lhes dava experiência e uma vantagem cultural injusta em relação às esposas). O livro vendeu bem, mas ainda restavam dívidas a serem pagas; Wollstonecraft então aprendeu francês e tornou-se governanta de uma família aristocrática irlandesa. Não gostou muito do trabalho, mas pôde desenvolver ali parte de seu pensamento filosófico —, graças ao acesso à biblioteca da família — e à observação do comportamento aristocrático e da criação de meninas.

Após publicar diversos textos em defesa dos direitos dos homens e das mulheres, Wollstonecraft foi mandada para Paris para escrever sobre a Revolução Francesa em andamento. Ela chegou à França em 1792, quando o julgamento do rei Luís XVI foi iniciado, e a figura do rei sendo conduzida aos tribunais a deixou sensibilizada, mesmo ela sendo favorável aos ideais revolucionários da liberdade, da igualdade e da fraternidade. Conheceu em 1794 um empreendedor norte-americano chamado Gilbert Imlay, com quem teve sua primeira filha, Fanny (em homenagem à amiga que havia falecido anos antes). Neste período, Mary precisou ser cuidadosa, já que poderia ser perseguida por ser uma mulher inglesa e solteira no meio da Revolução Francesa. Por isso, registrou-se falsamente como esposa de Imlay na embaixada americana e mudou-se para o subúrbio parisiense. Escreveu uma série de resenhas sobre textos de autores franceses (Condorcet, Mirabeau, Brissot) e uma retrospectiva dos primeiros acontecimentos da Revolução Francesa.

Enquanto estava ocupada escrevendo e cuidando da bebê recém-nascida, Imlay, o "marido", foi para a Inglaterra viver com uma cantora de ópera. Tal fato mergulhou Mary em desespero, e ela chegou a tentar suicídio. Imlay mandou Wollstonecraft para uma viagem à Escandinávia a fim de ajudá-la (e para que ela deixasse de ser um "peso" para ele). Nesta viagem, em 1796, a filósofa escreveu cartas durante uma breve residência na Suécia, na Noruega e na Dinamarca, com reflexões sobre a política, a sociedade e a estética da região.

Ao retornar à Inglaterra, Wollstonecraft reencontrou o filósofo William Godwin, um conhecido seu de círculos de debates que ela frequentou. Eles se envolveram e se casaram quando ela engravidou. Durante a gestação, escreveu um romance que aborda quanto uma mulher pode ser prejudicada pela dominação masculina, independentemente da classe social à qual ela pertença; a obra chamava-se *Maria: ou, os erros da mulher*, que algumas pessoas consideram uma espécie de continuação de *Reivindicação dos direitos da mulher*, mas só foi publicada após seu falecimento, em 1798. No livro, uma mulher da aristocracia é internada em um hospício por seu marido e impedida de ver seu próprio filho. Essa protagonista acaba por se tornar amiga da "carcereira", uma mulher de classe baixa que, por sua vez, sofreu abusos na infância e submeteu-se à prostituição até conseguir se educar minimamente e ir trabalhar no hospital psiquiátrico. Elas aprendem a confiar uma na outra aos poucos, a partir de suas semelhanças, mas também reconhecendo suas diferenças.

Mary iniciou um texto sobre a criação de filhos e a necessidade da divisão igualitária de tarefas entre o pai e a mãe, mas ambos os escritos ficaram inacabados. Wollstonecraft faleceu em 1797, aos 38 anos, em decorrência de uma febre pós-parto, dez dias após dar à luz sua segunda filha, Mary.

Fanny, a primogênita, cometeu suicídio no início da vida adulta. A segunda filha, Mary Godwin, ficou mais conhecida por seu sobrenome de casada, Mary Shelley. Ela tornou-se uma das maiores escritoras de ficção da Modernidade e pioneira da ficção científica contemporânea. É de sua autoria uma das obras mais impressionantes da literatura de língua inglesa: *Frankenstein, ou o Prometeu moderno* (publicado em 1818), que mistura personagens complexos, um enredo eletrizante e reflexões profundas sobre a natureza humana, epistemologia, ética e moral.

Embora Mary Wollstonecraft tenha ficado conhecida por defender os direitos femininos, um de seus primeiros textos de debate filosófico dava ênfase à defesa das pessoas pobres, chamado *Reivindicação dos direitos dos homens* (publicado em 1790). Alinhada com os ideais iluministas, ela defendia os valores da Revolução Francesa e argumentava que liberdade significa não sofrer dominação. Portanto, ser livre tem a ver com ser capaz de tomar e concretizar suas próprias decisões. Assim como um servo francês não era livre porque não tinha condições de questionar seu senhor (nem tinha uma educação intelectual que possibilitasse autonomia de pensamento ou mesmo consciência da importância do questionamento), mulheres cuja vida material dependessem dos maridos não podiam ser verdadeiramente livres, porque sempre necessitavam da autorização de seus esposos para tomar suas decisões e agir, sob o risco de ficarem desamparadas. Tal texto fez parte de um debate com Edmund Burke e foi respondido por Thomas Paine.

Contudo, entre os cerca de vinte livros que ela legou, a obra mais famosa de Wollstonecraft é certamente *Reivindicação dos direitos da mulher*, publicada em 1792. O livro é praticamente um tratado com sugestões de reformas educacionais que promovessem acesso igualitário ao conhecimento igual para mulheres e homens. Ela considerava que somente por meio de uma educação completa as mulheres poderiam reivindicar seus direitos e ocupar lugares diversos na sociedade. Da mesma maneira que as meninas deveriam poder estudar assuntos filosóficos e políticos, uma educação igualitária deveria ensinar aos meninos a importância e a realização de tarefas domésticas.

Tal visão criticava diretamente a noção do influente pensador Jean-Jacques Rousseau, segundo a qual meninos e meninas deveriam ser educados de maneiras diferentes por serem diferentes em sua essência. Ou seja, para ele, homens e mulheres eram desiguais por natureza, sendo as mulheres frágeis, submissas e inaptas para funções públicas. Wollstonecraft discordava veementemente: meninas e meninos não eram diferentes por natureza; apenas pareciam diferentes porque recebiam oportunidades desproporcionais. Caso uma educação equivalente fosse dada a ambos os sexos, as essências se mostrariam semelhantes em racionalidade e capacidades.

O livro denuncia, ainda, a desigualdade entre homens e mulheres em direitos básicos, como o voto. O tema do casamento igualitário também é tratado com seriedade nesta obra, com relação à responsabilidade da criação dos filhos, aos bens da mulher ou ao direito ao divórcio.

As três Marias — de Gournay, Astell e Wollstonecraft — foram filósofas corajosas por expor suas visões de mundo e, sobretudo, por enfrentar abertamente uma sociedade que barrava direitos básicos das mulheres, tal como o direito à educação. Suas vidas e obras desafiaram diversos costumes da época, uma vez que publicaram suas opiniões sobre igualdade e viveram a vida pessoal como quiseram e puderam: sendo solteiras, casando-se, tendo ou não filhos, se sustentando por meio da produção de textos, dedicando-se a uma vida intelectual que não estava completamente aberta a elas. Os sacrifícios de suas vidas e reputações não foram em vão. É por causa delas e de muitas outras mulheres valentes que hoje várias de nós podemos nos dedicar àquilo que desejamos: à vida acadêmica, ao lar, a uma carreira empresarial, à arte, à política e a tantas outras áreas.

FILOSOFIA NATURAL E CIÊNCIA: ÉMILIE DU CHÂTELET

Uma novidade do período moderno é a ampliação e o barateamento da circulação de ideias em relação a momentos anteriores. A dificuldade que havia de se escrever, publicar e divulgar ideias na Antiguidade ou na Idade Média diminuiu consideravelmente na Europa a partir da popularização da imprensa de tipos móveis de Johannes Gutenberg. Embora houvesse tecnologias de xilografia, e a China e o Japão já tivessem desenvolvido séculos antes sistemas próprios de impressão, foi a partir dos anos 1450 que a imprensa de fato se popularizou na Europa. Imagine que, antes dela, para ter uma versão de algum texto ou livro, era necessário copiá-lo inteiro a mão (na Idade Média, por exemplo, havia pessoas religiosas especializadas nesta tarefa: as monjas e monges copistas). A partir da prensa de tipos móveis, criar cópias de um texto ficou mais eficiente e barato, o que permitiu uma circulação abundante dos livros no continente europeu e, consequentemente, possibilitou que as ideias se espalhassem com maior facilidade. Este é um dos principais motivos para que hoje tenhamos muito mais acesso aos textos modernos que aos medievais.

Algumas das ideias que ganharam ainda mais divulgação foram aquelas relacionadas à ciência, e uma das grandes preocupações dos filósofos e cientistas da época dizia respeito ao tema da epistemologia, ou seja, da teoria do conhecimento. Várias perguntas rondavam as ideias filosóficas do século XV até o século XVIII, por exemplo: como podemos obter o conhecimento mais confiável possível? Será que a observação e análise do mundo por meio dos sentidos é segura? Ou devemos confiar mais na racionalidade para chegar a respostas verdadeiras sobre a realidade? A partir dessas perguntas o método científico moderno foi se construindo. Além disso, importantes debates emergiram a partir dessas reflexões, bem como descobertas científicas magníficas. São desse período Nicolau Copérnico, Galileu Galilei, Johannes Kepler, René Descartes, Francis Bacon, Antoine Lavoisier, entre outros. Apesar de eles serem os mais famosos, a ciência moderna não foi só masculina, pois muitas mulheres desenvolveram teorias e práticas científicas em mineralogia, química, astronomia, botânica, medicina, zoologia e diversas outras áreas. Alguns nomes são: Loredana Marcello, Sophia Brahe, Caterina Vitale, Martine Bertereau, Maria Cunitz, Marguerite de la Sablière, Jeanne Dumée, Elisabetha

Koopman Hevelius, Maria Clara Eimmart, Maria Kirch, Catherine Jérémie, Laura Bassi e a filósofa Émilie du Châtelet.

Gabrielle-Émilie Le Tonnelier de Breteuil, que mais tarde ficou conhecida como **ÉMILIE DU CHÂTELET** (1706-1749, França), era a única filha mulher do barão de Breteuil (seus irmãos eram meninos), e a família fazia parte da corte de Luís XIV, rei da França. Foi criada em Paris como uma mulher iluminista: foi educada por tutores e, aos doze anos, já lia, escrevia e falava em diversas línguas, entre elas inglês, italiano, espanhol e alemão, além do francês. Como se não bastasse, traduziu *Política* e *Estética* de Aristóteles diretamente do grego clássico, e *Eneida* de Virgílio do latim. Além de tantos estudos, chegou a praticar esgrima, cravo, dança, teatro e equitação.

Por volta dos dezenove anos, casou-se com um militar, o marquês du Châtelet-Lomont, que já estava na casa dos trinta anos, e com ele teve três filhos, apesar de o marquês passar bastante tempo ausente. Quando madame du Châtelet completou 26 anos, quis cuidar de sua mente e de seus conhecimentos tanto quanto tinha cuidado dos dentes e do cabelo durante os primeiros anos de casamento, dizia ela.

Apesar da boa instrução de que desfrutou quando criança, Émilie não pôde ter acesso a uma educação de nível superior como os homens de sua classe social, mas contratou professores de matemática e de física da Sorbonne para tutorá-la em seu próprio lar, o Palace du Châtelet-Lomont, algumas vezes por semana. Mesmo impedida oficialmente de cursar a universidade e de participar de círculos intelectuais parisienses, a filósofa passou a simplesmente aparecer no Café Gradot, onde se reuniam intelectuais, e sentava-se à mesa para debater com eles. Determinado dia, ela foi convidada pelo gerente a se retirar do local. A marquesa não desanimou: encomendou um terno e, uma semana depois de ter sido expulsa do estabelecimento, retornou, vestida à maneira masculina. Assim, continuou participando das discussões poético-filosóficas do Café Gradot. Graças a essas duas iniciativas ousadas, a pensadora passou a ser uma estudiosa avançada de física e matemática, atenta às novidades dessas áreas. Para ter uma ideia de quanto era culta, du Châtelet era uma das poucas pessoas na Europa a dominar o cálculo integral.

Iniciou, em 1733, sua análise do livro *Princípios matemáticos da filosofia natural*, de Isaac Newton. Defender a física newtoniana significava ir contra o sistema mecânico cartesiano, que naquele momento era muito mais aceito na França. Madame du Châtelet dedicou-se a popularizar a física de Newton, e foi na década de 1730 que desenvolveu seus primeiros escritos filosóficos e científicos. Nessa mesma época, tornou-se amante de um dos maiores expoentes do Iluminismo francês, Voltaire, e foi com ele para Château de Cirey, uma das propriedades do marido (e com autorização dele; inclusive, o marquês e o filósofo tornaram-se amigos). Ali, Voltaire pagou por uma reforma e, juntos, ele e madame du Châtelet encheram o lugar com mais de 20 mil livros de filosofia, matemática, história, física e literatura. Ela passaria os próximos quinze anos — o resto de sua vida — morando em Cirey com Voltaire. O Château virou um local de reunião de intelectuais e cientistas da época, o que colaborou para o desenvolvimento de diversas ideias filosóficas.

Além de estudar Newton, nesse período a marquesa du Châtelet entrou em contato com a obra de John Locke e Gottfried Leibniz, entre outros. Ainda assim, a física newtoniana permaneceu sendo o assunto de maior interesse de Émilie. Ela colaborou com Voltaire na escrita da obra *Elementos da filosofia newtoniana*, correspondeu-se com muitos intelectuais sobre assuntos científicos e filosóficos (amor, educação das mulheres, descobertas) e escreveu sobre temas como ética e filosofia da linguagem. Além disso, transformou salas e corredores de Cirey em laboratórios, onde conduziu inúmeros experimentos de física e de química, replicando e verificando experiências feitas por Newton. Entre seus escritos científicos, estão *Ensaio sobre a natureza e propagação do fogo*, *Instituições da Física* e uma nova edição e tradução do *Philosophiae naturalis principia mathematica* (Princípios Matemáticos da Filosofia Natural), de Isaac Newton, que incluía comentários e análises feitos por ela mesma. Foi eleita para participar da Academia de Ciências do Instituto de Bolonha em 1746.

Embora tenha vivido com Voltaire até sua morte, a marquesa du Châtelet se envolveu com um amante mais novo e engravidou aos 42 anos. Naquela época, a expectativa de vida era baixa e, para uma mulher, enfrentar uma gestação com mais de quarenta anos era um risco enorme. Émilie intuiu que morreria no parto (o que não era incomum) e, portanto, que estava com os dias contados. Tal pressentimento levou-a a dedicar-se incansavelmente a terminar sua tradução e análise do livro de Newton, seu maior legado científico (ela chegou a trabalhar de dezoito a vinte horas por dia durante a gravidez!). O livro foi concluído e, na versão final, tinha mais de quinhentas páginas — é, até hoje, a única tradução completa para o francês. Havia nele contestações e checagens próprias da cientista, comentários sobre a mecânica newtoniana e, inclusive, um postulado sobre conservação de energia que levou, mais tarde, a conclusões sobre a relação quantitativa entre massa e energia — ela chegou a esse raciocínio a partir de um experimento que envolvia bolas de chumbo caindo em um anteparo de argila. Filosoficamente, a pensadora discutiu a sobrevivência das hipóteses nas ciências, o conceito de verdade, as características do método científico e o papel da matemática para o embasamento da ciência — são reflexões típicas do debate epistemológico moderno. O livro foi publicado apenas em 1759, postumamente, já que, em setembro de 1749, poucos dias após o parto e cumprindo sua própria previsão, Émilie faleceu, aos 43 anos. O bebê tampouco sobreviveu.

As obras de du Châtelet mostram domínio do tema dos vícios e virtudes, bastante valorizado na ética do século XVIII, e algumas das traduções feitas por ela sobre o assunto podem ter influenciado os textos de Voltaire de maneira direta. *Sobre a liberdade*, um texto inicialmente atribuído a ele, foi escrito por ela, por exemplo. É um fato comprovado que Émilie colaborou ativamente em dois textos de Voltaire: *Elementos da filosofia de Newton* (1738), que rendeu à marquesa o apelido de "Lady Newton", e *Tratado de metafísica* (1734), um texto sobre filosofia moral. Neste campo, há certa influência epicurista nas reflexões de madame du Châtelet acerca da felicidade. No *Discurso sobre a felicidade*, ela tece reflexões sobre a condição feminina.

A filosofia da linguagem desenvolvida por ela mergulhou mais uma vez nos debates epistemológicos da época, em especial na relação entre corpo e mente e na natureza da percepção. Para ela, as palavras sempre revelam um julgamento mental, ou seja, a fala expõe a maneira como a mente julga os objetos. Segundo a pensadora, a linguagem e a lógica estariam profundamente interligadas.

Vale lembrar que, hoje, filosofia e física são consideradas disciplinas separadas, mas no século XVIII, tal distinção não era feita. A física, além de ciência, era também chamada de "filosofia da natureza". Sendo assim, até a maior paixão de Châtelet, a física, reforça seu brilhantismo filosófico. O tratado *Instituições da Física*, por exemplo, falava sobre o conhecimento humano, a existência de Deus, o movimento dos corpos (gravitação, força, atração) e a matéria, tudo misturado. Com esta obra, ela procurou popularizar Newton para o público francês, trazendo com a física newtoniana conceitos filosóficos e matemáticos de Leibniz e Descartes. Na década de 1740, o livro gerou grande impacto na Europa: foi traduzido para o italiano e o alemão, comentado em jornais de Florença e Bruxelas e mencionado na dissertação inaugural de Immanuel Kant, tido como um dos maiores filósofos da história.

Por muito tempo, Émilie du Châtelet foi conhecida simplesmente como a amante de Voltaire ou, no máximo, a tradutora de Newton na França. Isso tem a ver com o apagamento da obra intelectual dessas mulheres geniais: quando o foco é suas vidas pessoais ou algum escândalo social em que estiveram envolvidas, seus argumentos, descobertas e críticas ficam esquecidos ou ofuscados. Madame du Châtelet foi inteligentíssima, dedicada, e teve a possibilidade e a ousadia de acessar uma educação completa que era negada à esmagadora maioria das mulheres da época. Foi por causa dessa conjunção de fatores que conseguiu desenvolver plenamente seus talentos. Mas sua ambição e sua liberdade sexual assustaram (e ainda assustam) muita gente, o que faz a filosofia e a ciência desenvolvidas por ela ficarem em segundo plano. Apesar disso, ela jamais permitiu que a rebaixassem. Chegou a afirmar que era a única pessoa responsável por si mesma e por suas ações e palavras e que não era nem se sentia inferior a nenhum filósofo que conheceu.

OLHANDO PARA AS FILÓSOFAS DA IDADE MODERNA

A Modernidade foi repleta de contradições e tensões que muitas vezes nos passam despercebidas, encobertas pelos bonitos ideais iluministas de igualdade e liberdade. Apesar de muitas novidades e avanços, é necessário ter sempre em mente também seus limites. A implantação da igualdade esbarrava em obstáculos impossíveis de ignorar, como a negação de direitos a pessoas negras e a mulheres. Esses mesmos grupos tinham sua liberdade (valor tão essencial para o Iluminismo e para o Liberalismo) extremamente limitada — seja pela falta de acesso à educação, à terra ou ao mercado de trabalho, seja pelo reforço de mentalidades que os inferiorizavam. Esses discursos que defendiam a liberdade dividiam espaço com práticas de opressão e perseguição: a caça às bruxas, a negação de direitos a mulheres e a outros grupos, sob a alegação de existirem diferenças naturais, a atribuição de loucura, a calúnia, o isolamento social, a pena de morte. As filósofas mencionadas neste capítulo sofreram na pele muitas dessas barreiras, mas, ainda assim, em grande medida, superaram-nas.

Além das questões de reivindicação política e reflexão sobre direitos, como se pôde ver, o período moderno foi extremamente fértil nos campos da filosofia e da ciência. Além das filósofas apresentadas, poderíamos fazer uma lista enorme mencionando grandes cientistas e revolucionárias que colaboraram para ampliar nossa compreensão sobre o universo e o ser humano e para garantir alguns dos nossos valores mais essenciais. Entre essas centenas de grandes pensadoras e ativistas, merecem uma menção honrosa Maria Sibylla Merian (1647–1717, Alemanha) e Dandara dos Palmares (faleceu em 1694 e não se sabe ano de nascimento nem local [se brasileiro ou africano]). Maria Sibylla Merian foi uma naturalista e ilustradora científica e fez observações sistemáticas sobre diversos insetos, sendo representativa do "espírito" científico moderno e uma das maiores entomologistas da história. Viajou para o Suriname, e a partir daí produziu ilustrações impressionantes que geraram magníficos registros para estudos posteriores. Como modelo para as revolucionárias, Dandara dos Palmares foi uma guerreira negra e heroína da resistência contra a escravidão colonial. Defendeu seu povo no quilombo dos Palmares, em Pernambuco e Alagoas, e o fim da escravização, de modo que estava em consonância com o ideal de liberdade tão valorizado nos discursos europeus, mas que mal chegava às colônias, menos ainda como direito das pessoas negras ali aprisionadas e exploradas. Que a força, a inteligência e a ousadia de todas essas mulheres modernas admiráveis reverberem em nossas práticas atuais.

> Se os marcianos tomarem os escritos dos filósofos morais como um guia para o que acontece neste planeta, eles terão um choque quando chegarem.
>
> — Philippa Foot

CAPÍTULO 4

Berthas e Fridas
Pensadoras da vida e da sociedade (ética e política)

Somos filhos da época
e a época é política.
Todas as ruas, nossas, vossas coisas
diurnas e noturnas,
são coisas políticas.
Querendo ou não querendo,
teus genes têm um passado político,
tua pele, um matiz político,
teus olhos, um aspecto político.
O que você diz tem ressonância,
o que silencia tem um eco
de um jeito ou de outro político.

Filhos da época, de WISŁAWA SZYMBORSKA

IDADE CONTEMPORÂNEA

Avançamos a partir de agora para um novo período histórico, chamado genericamente de Idade Contemporânea. É uma denominação que pode (e deve) ser questionada, porque a palavra "contemporânea" significa "algo que faz parte do mesmo tempo" — no caso, do mesmo tempo que nós. Na periodização tradicional que utilizamos nas aulas de história da escola (e aqui no livro), a época contemporânea compreende do início da Revolução Francesa, em 1789, até os dias atuais. Mas você já entendeu que esses recortes temporais são apenas marcos simbólicos, e não delimitações rígidas e inquestionáveis, tanto que já tratamos sobre filósofas ligadas às ideias da Revolução Francesa no capítulo anterior.

Além da Revolução Francesa, com a luta por direitos e a mudança de alguns paradigmas políticos, as Revoluções Industriais (principalmente as dos séculos XVIII e XIX) foram cruciais para a consolidação de um novo modelo econômico que se tornou obrigatório em praticamente todos os lugares do mundo: o capitalismo industrial e, posteriormente, o financeiro. É claro que este modelo chegou aos diferentes lugares com diferentes intensidades: beneficiou grandemente a uma pequena elite e prejudicou de forma avassaladora uma imensa maioria, que foi explorada e expropriada de grande parte de seu trabalho e riqueza. Tal riqueza e poder foram distribuídos de forma desigual entre as nações. As potências europeias, depois de já terem quase esgotado as Américas e exterminado grande parte dos seus povos nativos, começaram a praticar o Imperialismo sobre os continentes africano e asiático no século XIX. Tal prática de dominação reforçou as diferenças globais. Enquanto as populações exploradas empobreciam, adoeciam e morriam, os empreendimentos de nações europeias imperialistas, utilizando a mão de obra dessa massa populacional submetida ao Imperialismo, desenvolviam tecnologias fabulosas: o motor a combustão, a eletricidade e o petróleo como fontes de energia, a indústria química, as ferrovias, o telégrafo... Chegou a pairar um clima de otimismo em relação ao progresso da humanidade. Na França, o fim do século XIX e início do XX foi chamado de *Belle Époque* (a "bela época").

Mas, em 1914, explodiu a Grande Guerra, a que hoje chamamos de Primeira Guerra Mundial. Foi um massacre sem precedentes e traumatizante. Na época, ganhou o epíteto de "a guerra para acabar com todas as guerras", de tão terrível que foi em número de mortos e feridos e em grau de destruição. O otimismo europeu foi por água abaixo. As novas tecnologias, sobre as quais se havia depositado tanta confiança para o melhoramento da humanidade, acabaram por ser usadas para a devastação e a aniquilação. Fronteiras do Velho Continente foram redefinidas. Seguiram-se a crise de 1929, a Revolução Russa e o estabelecimento da União Soviética, a ascensão do nazifascismo na Europa e, como consequência, a Segunda Guerra Mundial (1939-1945), com todos os seus horrores. Mais mortes, traumas e ferimentos, e a vergonha de participar de uma humanidade capaz de apoiar atrocidades como o Holocausto (as colonizações e o Imperialismo devem entrar nessa cota de vergonha também).

Após a Segunda Guerra, os Estados Unidos da América e a União Soviética surgiram como candidatos à substituição dos países europeus como potência global. A Guerra Fria (1945-1991) moldou toda uma época pela polarização entre o sistema socialista, defendido pela União Soviética, e o sistema capitalista, pregado pelos Estados Unidos. Muitos países do chamado "Terceiro Mundo" (principalmente América Latina, África e Ásia) envolveram-se diretamente em conflitos em nome da proteção de um desses dois sistemas, o que faz "Guerra Fria" se tornar um nome irônico para batalhas tão inflamadas quanto as que se travaram, entre outras, nas ditaduras que se estabeleceram em vários países da América Latina (décadas de 1960 a 1980), na Guerra da Coreia (1950 a 1953), na crise do canal de Suez (1956) e nas guerras civis perpetradas no continente africano.

Na política (e nas ideias), idas e vindas aconteceram desde o século XIX: como enfrentamento ao sistema capitalista, os socialismos, o comunismo e o anarquismo surgiram como alternativas; o desmoronamento e a tentativa de retomada de monarquias europeias duraram alguns anos até que outros regimes se consolidassem — no Ocidente, destacaram-se as democracias liberais, repletas de imperfeições, e a já mencionada ascensão dos regimes autoritários e racistas nazifascistas. Na América Latina, na Ásia e na África, as descolonizações foram se realizando a partir de muito sangue, suor e lágrimas, e as nações subdesenvolvidas se estruturaram na medida do possível, cheias de contradições e incertezas, lidando com pesadas heranças do passado, um presente labiríntico e perspectivas múltiplas de futuro.

Quanto aos dias atuais, é muito difícil fazer uma lista de principais acontecimentos. Mas podemos mencionar como elementos importantes do fim do século XX e início do século XXI (embora esteja longe de ser uma lista exaustiva) os seguintes acontecimentos: a dissolução da União Soviética e a implantação do neoliberalismo; a globalização, a Internet e a expansão de uma cibercultura cada vez mais indissociável de nossas vidas; as crises de imigrantes e refugiados pelo mundo (algumas delas causadas e intensificadas pela nova potência mundial, os Estados Unidos); a pandemia do coronavírus e a precarização do trabalho; a Quarta Revolução Industrial e a urgência de uma resolução para a crise ecológica e climática global; a reivindicação de identidade por diversas populações que foram silenciadas por séculos e as incertezas quanto à escassez e as desigualdades que só aumentam.

Deu para perceber o quanto a Idade Contemporânea é diversa e complexa? Isso acontece porque passamos a olhar para todos os continentes e temos uma gama imensa de registros que não existiu em outros contextos. Por exemplo, agora é possível, além de ler textos, também analisar fotografias, ilustrações, obras audiovisuais, fóruns virtuais, entre outras fontes documentais, e que são produzidas por vários atores sociais: ricos e pobres, homens e mulheres, orientais e ocidentais (para ficarmos em apenas algumas dualidades). As possibilidades são imensas e geram vertigem, e, por isso, escolhas devem ser feitas.

Até agora, separamos a história por período (Idade Antiga, Idade Média e Idade Moderna). Entretanto, as filósofas subsequentes se enquadram como nossas contemporâneas, pois produziram suas reflexões nos séculos XIX, XX e XXI, numa realidade já próxima da nossa (ou que ajudaram a moldar a atualidade). A partir do século XIX, passamos a ter cada vez mais acesso aos nomes e obras dessas mulheres, ou seja, podemos conhecê-las mais a fundo a partir de suas próprias palavras. Os assuntos filosóficos sobre os quais as mulheres tratam na Idade Contemporânea passam a ser os mais variados possíveis (graças às portas abertas por aquelas pensadoras sobre as quais já falamos e a outras tantas que foram apagadas da história). Por isso, essas grandes intelectuais de nossa época foram reunidas em capítulos diferentes a partir das temáticas sobre as quais pensaram e em que mais se destacaram em suas obras filosóficas: ética e política; gênero, raça, classe e decolonialidade; e filósofas de hoje, mulheres que estão ativas na filosofia, produzindo e propondo novas e excelentes reflexões. Assim como Bertha Lutz, cientista brasileira e militante pelos direitos políticos das mulheres, e Frida Kahlo, artista mexicana que expunha sua vida, opinião política e sede por liberdade, nossas filósofas são mentes brilhantes que foram o tempo todo a expressão de suas vidas. Mulheres frutos de suas vivências, que transpuseram para seu fazer filosófico caminhos para pensar e praticar a política e a ética.

ÉTICA E POLÍTICA

Falar de ética e fazer política não são, necessariamente, coisas que fazemos em espaços específicos (apenas na câmara municipal, num comício eleitoral ou na universidade) como muitas vezes o senso comum pensa. Quando questionamos as normas da escola, os termos de um contrato, as leis aprovadas no nosso país ou as regras de convivência do condomínio lá estão a ética e a política presentes. "Ética", no sentido filosófico, provém da palavra *ethike*, que do grego significa "norma", "costume". Muitas pessoas têm dificuldades de compreender se ética e moral são a mesma coisa, você já pode ter passado por essa dúvida. "Moral", vem do latim *moralis*, que significa "costume". Ou seja, pela tradução da palavra, ética e moral versam sobre a mesma coisa. A diferença é que, filosoficamente, a ética problematiza e reflete sobre a moral, discutindo aspectos que estabelecemos como norma, comportamento, costume e regras para pensar a viabilidade destas, a certificação, a aplicabilidade e se são plausíveis. Você já deve ter visto alguns "códigos de ética", como o "código de ética da medicina". Funciona como um conjunto de elementos que são acordados como regras a serem seguidas, mas, para isso acontecer, foi necessário que previamente pessoas capacitadas discutissem como aquele profissional deveria proceder em diversas situações. Como um médico deve se portar? O que pauta a decisão de um médico em situações conflitantes? Sabemos que muitas decisões são difíceis e que devem levar em consideração critérios específicos e, de preferência, critérios éticos. Retomando a ideia de "moral", os sensos de moralidade também podem se modificar com o tempo, ou seja, o que era visto como um comportamento normal em uma época pode ser modificado nos anos subsequentes, por exemplo. Infelizmente, há alguns anos, era moralmente aceito que as mulheres não tivessem direito ao voto.

No decorrer das discussões políticas e sociais, essa perspectiva se modificou, muito graças à contribuição filosófica para essas questões. A ética tem como principais objetivos elaborar reflexões sobre o que nos leva a almejar justiça e uma vida harmônica e quais os meios para alcançar isso; já a moral prescreve diretamente as normas para uma vida justa e harmônica, por exemplo. De modo geral, também podemos dizer que a moral é mais coletiva e tem a ver com o que determinada sociedade considera aceitável ou condenável; e a ética reflete a respeito da moral e do que consideramos valores corretos ou ações boas em determinadas situações.

Em termos também filosóficos, "política" vem do grego *politikós* (lembra do que falamos no capítulo 1 sobre a política ser uma atividade essencial na *pólis* grega? Ela remete à convivência coletiva). A política, enquanto campo filosófico, analisa as relações dos indivíduos com a sociedade, o poder e os sistemas de governo. Alguns filósofos atrelam a ética e a política como indissociáveis, no sentido de uma complementar a outra. Uma sociedade em que os indivíduos discutem sobre ética é uma sociedade que se preocupa com a qualidade de seus valores e está pronta para pensar e repensar suas leis. Consequentemente, prepara os indivíduos eticamente para a vida pública na política. Se essa afirmação fez sentido para você, certamente exemplos vieram à sua cabeça agora, como os que citamos no início desta introdução. Mais uma vez, a filosofia se mostra como um caminho fascinante e repleto de ideias para desvendarmos acerca do que nos compõe enquanto indivíduos e sociedade. Se analisarmos bem, ética e política estão bem mais ligadas à vida coletiva do que à individual, nos forçando, no bom sentido, a nos preparar para o convívio com as pessoas e para o exercício da cidadania e do senso de coletividade, por exemplo. Tudo pode parecer bem bonito na teoria, mas não só de teorias vive a filosofia (nem as filósofas).

Seja pelas vivências pessoais das autoras, por meio de problemas filosóficos não solucionados ou de questões que impactam a sociedade como um todo, a articulação entre ética e política aparecerá neste capítulo de forma direta ou indireta, a depender da filósofa. As motivações que levaram essas pensadoras a falarem sobre ética e política podem ser as mesmas que nos motivam a discutir, ainda que de maneira mais informal, esses temas. Se eles circundam nossas vidas, farão parte tanto do rigor acadêmico da pesquisa, quanto da conversa despretensiosa entre amigos. Fato é que a experiência filosófica desenvolvida se articula com ideias anteriores e posteriores, mostrando que a filosofia segue mais do que um curso histórico ou temático, ela segue o curso das inquietações humanas acerca daquilo que nos toca.

Há alguns campos da ética que não foram abordados de forma específica, como a ética animal e a ética científica. São temas muito importantes para a filosofia, sobretudo no século xx até os dias atuais, em que a sustentabilidade, as escolhas científicas baseadas em critérios e o direito animal estão cada vez mais urgentes. Apesar disso, há concepções gerais aqui trazidas, e por meio delas podemos fazer o livre exercício de aplicação para outros temas da vida prática. Há também as discussões éticas sobre vida artificial, que criam verdadeiros dilemas acerca do conceito de "vida" e o limite de atuação de inteligência não humana. Podemos, então, entender este capítulo como uma jornada envolvendo dois temas clássicos do pensamento filosófico que foram objeto de reflexão de filósofas, mas que dizem respeito a todos os indivíduos que compõem uma sociedade.

SOBRE DIREITO E LIBERDADE:
HARRIET TAYLOR MILL

O acesso à educação e o direito ao voto e ao divórcio são temas que comumente estudamos como pautas fortes do século XIX e XX nas sociedades ocidentais. Por vezes, ao falar do Oriente, essas temáticas também aparecem. Uma figura forte em defesa do acesso à educação das meninas e mulheres foi a jovem Malala Yousafzai (1997 – até o momento, Paquistão), que, aos quinze anos, foi baleada pelo Talibã por reivindicar seu direito de ir à escola.

Por que até hoje a educação feminina é uma questão de debate, e não um dado óbvio? Quais as implicações dessa defesa? Para essa resposta, certamente a palavra "emancipação" compõe o argumento. O direito à educação leva à emancipação de uma pessoa, à construção de sua liberdade, e fornece os meios necessários para a vida pública e privada, levando à possibilidade de fazer escolhas autônomas. "Liberdade" foi mais do que uma palavra no século XIX, foi um conceito filosófico e político muito frequente em textos, ensaios e discursos de pensadores europeus desse período, herdando debates já feitos anteriormente no século XVIII. No capítulo anterior, vimos a filósofa Mary Wollstonecraft, que muito bem defendeu a educação feminina atrelada à promoção da autonomia, do exercício da liberdade e da garantia de uma ética social. Tal defesa envolveu também uma crítica a textos de filósofos consagrados ainda em vida, como Jean-Jacques Rousseau, o qual defendia a incapacidade feminina para os estudos e sua natural aptidão para a vida doméstica. Infelizmente, muitos filósofos corroboraram com ideias que em nada ajudaram a mudança do *status quo* da sociedade quando falamos de grupos sociais, reforçando ideias que limitavam a posição das mulheres e de pessoas escravizadas, por exemplo. Sabemos que pensadores são frutos de seu tempo, mas se tratando da Modernidade europeia, em que ideais iluministas trouxeram verdadeiros rompimentos, o famoso lema *sapere aude* ("ouse saber"), de Kant, não foi suficiente para impedir a defesa de ideias de desigualdade que hoje são (ou deveriam ser) indefensáveis.

Nesse movimento de debate sobre liberdade e direitos, **HARRIET TAYLOR MILL** (1804-1858, Inglaterra) surge com uma história de vida digna de filme e um clamor por reparação urgente do seu lugar no cânone filosófico. Quando buscamos sobre a vida da pensadora, nos deparamos com o incômodo de ver sua imagem afetada por quem escreveu sobre ela. Diversos pesquisadores que se debruçaram sobre a vida de Harriet e de seu marido mais conhecido, John Stuart Mill, costumam atribuir a ela alguns papéis parecidos com os de pupila, estagiária, revisora, comentadora ou coautora. Outros dizem que, apesar de inteligente, sua intelectualidade jamais se equiparou à de John Mill. Novamente nos deparamos com análises superficiais, enfadonhas e tendenciosas que afetaram (e ainda afetam) negativamente a imagem de uma pensadora importante para a humanidade. Esse tipo de análise apenas reforça o fato de ela ser pouco conhecida e explica o porquê de o seu nome não sair do lugar-comum de coadjuvante. Ela não é a única que sofre com isso, infelizmente. Para esse capítulo, reunimos informações e interpretações que buscam compreender nuances sobre a vida e a obra da filósofa.

Nascida Harriet Hardy, era filha de um cirurgião e de uma dona de casa também chamada Harriet, que teve muitos filhos. Desde cedo, a menina foi educada formalmente, mas aprendeu de forma autodidata muitas línguas, como alemão, francês, latim e grego, que foram úteis para seus estudos e escritos. Ainda jovem, casou-se com o farmacêutico John Taylor, herdando seu sobrenome e passando a se chamar Harriet Taylor. Deste casamento, nasceram três filhos, polêmicas e enfrentamentos. John Taylor frequentava círculos unitaristas radicais, e foi em um desses encontros que Harriet Taylor conheceu o jovem John Stuart Mill, um filósofo expoente, que seguia os passos intelectuais do próprio pai e era orientado pela filosofia utilitarista de Jeremy Bentham. (Sobre o utilitarismo, compreenderemos mais a respeito dessa corrente filosófica e suas implicações práticas ao conhecermos a filósofa Philippa Foot.) Harriet Taylor e John Stuart Mill se apaixonaram perdidamente e, por muitos anos, viveram um romance secreto, mas nem tanto.

O casal viveu em um período da história da Inglaterra chamado de "Era Vitoriana". O período tem este nome por conta do longo reinado da rainha Vitória (que durou de 1837 a 1904), mas as características culturais e sociais da época perduraram por todo o século XIX e início do XX, e influenciaram outros países e até outros continentes nas formas de pensar, na moda e na arte, por exemplo. Em alguns casos, "período vitoriano" é usado até como sinônimo de "século XIX". É claro que na Inglaterra ele foi bem característico, já que marcou o auge do Império Britânico enquanto potência colonial. Isso significou um enorme enriquecimento das elites inglesas, obtido à custa da exploração das classes trabalhadoras e dos territórios e populações de outros continentes. E, ao mesmo tempo que pairava certo otimismo com relação ao desenvolvimento científico e tecnológico da época, também houve uma enorme repressão social relativa a questões de sexo e de gênero. A própria rainha Vitória personificava algumas das contradições do período: era a mulher mais poderosa do mundo em termos políticos, mas defendia papéis sociais bem definidos entre mulheres e homens — mulheres deveriam ser responsáveis pelo lar, submissas aos esposos e limitadas em sua ação na sociedade. Foi, portanto, um momento bastante conservador nos costumes e que produziu um tipo interessantíssimo de literatura apreciado até hoje, pois muitas obras acabaram buscando uma forma de expressar tais opressões (carregadas de dualidades), mas que fossem menos explícitas para um público tão julgador. São livros que jogam com os contrastes entre a "luz" e a "sombra" que convivem dentro de um indivíduo, entre o "público" e o "privado" (a imagem que queremos passar e os vícios que buscamos esconder), tais como *O retrato de Dorian Gray*, de Oscar Wilde, os casos detetivescos de Sherlock Holmes, escritos por Arthur Conan Doyle, *O médico e o monstro*, de Robert Louis Stevenson, e *Drácula*, de Bram Stoker. Também entram na lista o genial *Frankenstein*, de Mary Shelley (filha de Mary Wollstonecraft!), que questiona o otimismo cego em torno do uso da ciência sem responsabilidade (mesmo o livro sendo de 1818, ele se enquadra na provocação da reflexão acerca das essências e aparências), e o nublado *O morro dos ventos uivantes*, de Emily Brontë, com personagens que mostram o lado vil do ser humano disfarçado por baixo de uma aparência polida.

 Considerando que Harriet e John Stuart viveram essa época de grande repressão sexual e vigilância social, embora mantivessem em sigilo sua relação, era de conhecimento notório a ligação entre os dois, o que acarretou escândalos morais naquela sociedade. John Taylor sabia do envolvimento dos dois e não se opôs, e a escolha do sigilo da relação foi em respeito à condição de John Taylor, que sofria de câncer e morreu um tempo depois. Ainda assim, Harriet e John Stuart demoraram dois anos para se casar formalmente. É dessa forma que ela se torna Harriet Taylor Mill. O casal Mill constituiu uma união de mentes intelectuais, já que, ao mesmo tempo, suas ideias se assemelhavam e se distanciavam, mantendo uma sintonia única.

 A problemática das filósofas estarem muitas vezes em segundo plano em relação aos filósofos que foram seus companheiros pessoais é sempre uma questão a ser considerada, pois nos impede de enxergar o que elas produziram de fato ou de reconhecermos que, nas produções escritas dos filósofos, muitas vezes há a presença quase indissociável da influência intelectual das filósofas. Tratando-se do casal Mill, temos essa constatação. Harriet estava diretamente ligada aos textos escritos e às ideias desenvolvidas por John Mill. Apesar de desde cedo John Stuart Mill acreditar na igualdade entre homens e mulheres e na necessidade de proteção contra violências sofridas por elas no ambiente familiar, foi o convívio com Harriet que tornou a teoria da igualdade entre sexos mais consistente e com desdobramentos importantes, como no caso da defesa de Mill ao sufrágio feminino e o direito ao divórcio. Embora John Mill seja mais reconhecido como intelectual do que Harriet, ela apresentava uma postura mais firme, consistente e destemida, o que certamente influenciou no desenvolvimento e na profundidade das teorias dele.

Existem inconsistências entre os estudiosos sobre qual o real grau de influência de Harriet Mill nos textos de John. Uns dizem que ela nada produziu de modo autoral, outros trazem referências de textos que ela produzira antes ou no início desse relacionamento, e outros a colocam como verdadeira coautora dos textos de John Mill. Entre os escritos originais de Harriet, podemos encontrar ensaios, poemas, resenhas e textos inacabados. Há alguns rascunhos de ensaios escritos por ela sobre filosofia social e ética, em que encontramos a defesa aos direitos das mulheres, com críticas à religião, e a necessidade de revermos questões que desfavorecem as mulheres na sociedade. Embora incompletos, e não integralmente iguais aos textos de Mill, é possível compreender a influência de Harriet no pensamento de John Mill, que é um marco da teoria liberal. Sem dúvida, um potente legado foi marcado aqui.

Ainda sobre a influência de Harriet, o próprio John Mill a cita em sua obra autobiográfica, ressaltando suas notáveis capacidades intelectuais. Em uma de suas obras mais conhecidas, *On Liberty* (Sobre a Liberdade, em português) publicado em 1859, ele dedica a obra a

Harriet, mas nos deixa pistas de sua influência nas ideias da obra. *The Principles of Political Economy* (Princípios da Economia Política), de 1848, e *The Subjection of Women* (A Sujeição das Mulheres), de 1869, também foram obras com significativa influência de Harriet, sendo a última de impacto notório nas ideias acerca da condição feminina sobre temas anteriormente mencionados: educação, sufrágio e divórcio. Alguns artigos de jornais escritos por John Mill que comentavam leis da época, embora levassem o nome dele, foram posteriormente creditados pelo próprio John a Harriet, como um que criticava a dura penalidade quando fosse infringida e propriedade de alguém, enquanto as leis de violência doméstica eram extremamente frouxas e negligentes. Muito significativo para um liberal, que, de maneira característica, defende fortemente o direito à propriedade e compreende que esta não é nem deveria ser mais importante que a integridade física de uma mulher no seio familiar. Artigos de jornais, embora não sejam textos acadêmicos, ou seja, não sejam formalmente reconhecidos como rigorosamente filosóficos, não deixam de ser emblemáticos, pois passavam pela livre circulação da população. Ideias sobre a condição feminina e a importância das mudanças que melhorassem a desigualdade passavam a permear a opinião pública.

Existem dois textos que, embora sejam de John Mill em assinatura, passaram pela reconhecida coautoria de Harriet Mill: *Sobre a Liberdade* e *A Sujeição das Mulheres*. Para a teoria liberal, a liberdade individual é um princípio inviolável e fundamental aos indivíduos. Liberdade de pensamento e opinião são as bases das relações sociais e devem ser respeitadas acima de tudo. É também o liberalismo que defende, de maneira geral, a redução da presença regulatória do Estado e o separa em três poderes: o legislativo, o executivo e o judiciário. Na obra *Sobre a Liberdade*, John Mill tinha certeza de que seria o texto mais emblemático de sua carreira e deixou explicitamente escrito que esta era uma obra tão dele quanto de Harriet Mill, que não havia uma só frase que não fosse pensada e revisada por ambos. Podemos aqui questionar, então, por que John Mill não a inseriu como autora no livro? É possível deduzir a problemática que a obra e as ideias nela contida enfrentariam, o descrédito e o rechaço social que o casal e a obra sofreriam caso o nome de Harriet Mill tivesse sido inserido na capa do livro, sobretudo pela vida que levavam a partir de uma união iniciada quando Harriet era ainda Harriet Taylor. Uma das questões mais trabalhadas na obra é quanto a liberdade pode ser afetada quando a opinião pública é opressiva e estabelece uma pressão de pensamento e aceitação de ideias. Ao temer a opinião pública num contexto democrático, o casal Mill partia da própria experiência para tal julgamento, indiretamente; o fato de terem sido julgados por muitos anos pela união deles os fizeram se enxergar como vítimas da opinião pública, que escandalizava a relação tanto na época em que era discreta quanto após o casamento legal. Na obra *A Sujeição das Mulheres*, há um marco significativo sobre a condição feminina no sentido legal. Há uma cautela grande ao tratar do divórcio, numa tentativa de não desagradar tanto a opinião pública e atrair adeptos para as ideias liberais. Na época, as mulheres ainda precisavam de autorização judicial para um divórcio, tornando praticamente impossível concebê-lo como realidade. O casamento deve ser entendido como um contrato voluntário, logo, sua dissolução também deveria ser um acordo entre os envolvidos. Esse argumento não foi escrito explicitamente na obra, mas foi dito que as leis que regem o casamento e o divórcio passariam por significativas mudanças positivas quando as mulheres pudessem votar e, assim, modificarem as leis a seu favor. A liberdade das mulheres também dependeria de outro elemento: o controle de natalidade. Historicamente, sabemos que as mulheres, por diversos motivos, tinham muitos filhos, nem sempre de forma desejada. Os inúmeros descendentes tornavam as mulheres ainda mais dependentes do casamento, seja de maneira emocional ou financeira, principalmente se lembrarmos de quanto as mulheres foram privadas de uma educação formal até pouquíssimo tempo atrás — aliás, ainda hoje acontece; lembra a história de Malala que contamos no início deste capítulo?

    Harriet Taylor Mill explicitava a importância do direito ao divórcio e da educação já em seus rascunhos, e tais ideias certamente se agregaram às obras de John Mill. Para Harriet, como a educação feminina era unicamente destinada para a vida do lar, era imprescindível que as mulheres tivessem acesso à educação e ao trabalho de forma igualitária aos homens, pois a partir do momento em que homens e mulheres usufruem dos mesmos direitos civis e políticos, passam também a se responsabilizar igualmente pelas questões públicas e do lar, como os filhos. Se analisarmos essa questão, ainda hoje é forte a noção de que a educação dos filhos é função exclusiva das mulheres, sejam elas casadas ou não. Ou seja, a complexidade da questão das mulheres na sociedade nos mostra que, ainda que em alguns casos conquistemos o acesso à educação e ao trabalho, esses direitos ainda enfrentam desigualdades internas e não privam as mulheres de responsabilizações desiguais. Em *A Sujeição das Mulheres*, tal posicionamento não fica explícito com esse desenvolvimento, e em alguns momentos John Mill chega inclusive a defender a vida da mulher no lar. Mas as ideias de Harriet Mill aqui descritas estão presentes num texto dela, chamado *The Enfranchisement of Women*, de 1851. Lembra que mencionamos algumas divergências entre eles? Pois bem, talvez as divergências tenham sido não só de ideias, mas sobre publicar ou não determinada concepção, ou publicar de forma mais sutil e menos explícita. Harriet, mais audaciosa e obstinada, manifestou a importância de a mulher trabalhar fora de casa e afirmou que o acesso à educação de mulheres é tão fundamental que, dentre outras coisas, contribui até para o desenvolvimento moral e intelectual do marido. Claramente a vivência de Harriet com John Mill está aqui representada.

O fim da vida de Harriet Taylor Mill foi marcado por uma saúde frágil com problemas respiratórios e no sistema nervoso, agravados pela tuberculose provavelmente contraída de seu companheiro. Ela faleceu em 1858 e, John Stuart Mill, em 1873. Durante muito tempo, John visitava a cidade de Avignon, onde Harriet havia sido enterrada, e ali passava um bom tempo para se sentir mais próximo a ela. Harriet passou uma vida desacreditada de sua capacidade filosófica, além de ser vista como uma mulher ardilosa e que exercia certa manipulação sobre John Mill. A história da filosofia tem sido injusta com ela.

Harriet Taylor Mill viveu num contexto privilegiado, ainda que tenha passado por dificuldades e percalços por conta de sua condição de gênero e sua relação com John Stuart Mill. Ao reivindicar o direito ao voto, à educação, que não se estendiam para todas as mulheres na sociedade, Harriet Mill estava em sintonia com as teorias libertárias de sua época, as quais defendiam sufrágio universal e influenciaram as chamas ondas do feminismo. O próprio John Stuart Mill, quando compôs o parlamento do distrito de Westminter, conseguiu muitos votos pela proposta do direito ao voto feminino até o ano efetivo da aprovação, em 1918. Outras ondas do feminismo vieram posteriormente, junto a outras demandas. A cada onda, novas conquistas eram feitas e o amadurecimento desses debates também se materializou. Muito do status de filósofa de Harriet ser atrelada a John Mill ocorre pelas divergências de estudiosos sobre a vida de ambos. Vamos levar em consideração que poucas pessoas conviviam próximas a eles, certa reclusão que foi adotada pelo casal já que sofria retaliações sociais em razão de suas escolhas e seus posicionamentos. Ainda assim, o envolvimento intelectual dos dois se confunde nos textos, e, mais do que determinar o que Harriet escreveu ou não, creditá-la como coautora dos célebres textos de John Mill é uma questão essencial a ser revista.

Harriet, assim como outras filósofas, foi fundamental para a discussão ética e política, que não dissocia os direitos das mulheres para uma sociedade justa, proporcionando liberdade a seus indivíduos.

AS FACES DO INDIVÍDUO, DA SOCIEDADE E DA POLÍTICA: HANNAH ARENDT

HANNAH ARENDT (1906-1975, Alemanha) é uma das figuras que marcam uma postura forte na filosofia, passando a impressão de uma mulher firme e concreta. Concreta, pois, a força de suas palavras e a defesa de suas ideias foram lançadas num contexto bélico complexo e muito desafiador. Estamos falando de uma filósofa que viveu a Primeira e a Segunda Guerra Mundial na Alemanha. Estamos falando, também, de uma mulher de origem judaica. Certamente é um contexto de aflição, em que as precondições se tornam tensas e estreitas. Mas Arendt nos apresenta uma das primeiras figuras femininas do século xx a levar o nome da filosofia a caminhos até hoje muito discutidos. O campo da política é uma das vertentes mais exploradas na filosofia desde os primórdios que temos ciência, o que já torna essa uma temática atemporal, assim como os conceitos que surgem. A filosofia política de Arendt será muito importante para as discussões de sua época, mas continuam vivas e atuais.

Nascida Johanna Arendt, a filósofa é originária de uma família judaica de classe média, sendo filha única. Uma educação formal laica foi oferecida a ela por seus pais, dentro de um convívio marcante com artistas e com a vida política. A filósofa não relatou ter vivenciado diretamente as dores do antissemitismo na infância ou no ambiente escolar, mas sua criação a preparou para situações de perigo e de preconceito que pudesse enfrentar. A figura da mãe de Hannah foi bastante forte nesse sentido, pois ensinou a filha a se defender de possíveis ataques, sendo estimulada a jamais abaixar a cabeça. A relativa tranquilidade da vida de Hannah terminou com a morte do pai e do avô, que acarretou uma mudança de cidade. Ao mesmo tempo, a aproximação com o mundo político e a participação da mãe em movimentos sociais marcaram de forma decisiva os novos rumos de sua vida. Ainda que as obras escritas por Arendt ao longo de seus anos como acadêmica e filósofa não sejam autobiográficas, conseguimos ver em seu pensamento muito de suas experiências e vivências, como alguém que existiu num tempo conturbado no qual muitas vidas foram ceifadas. As raízes e razões para essas tensões serão alguns pontos centrais de sua obra.

Curiosamente, Hannah Arendt nunca se intitulou filósofa. Na realidade, ela rejeitava este título. Hannah caracterizava sua profissão como teoria política e afirmava não pertencer ao círculo dos filósofos. Ainda na adolescência, começou seus estudos lendo os filósofos Immanuel Kant e Søren Kierkegaard e se interessava por áreas como poesia, literatura grega e alemã. Na juventude, ao aprofundar seu envolvimento com a filosofia, se decepcionou ao ver diversos intelectuais aderindo ao nazismo. A partir disso, ela passou a não ver mais a filosofia como uma ferramenta poderosa de transformação do mundo e, então, dedicou-se à abordagem prática e política. Levou certo tempo para que o pensamento da filósofa passasse a ser estudado nas universidades como uma referência, inclusive no Brasil. Podemos pensar que o espaço hostil que a filosofia culturalmente possui nas academias pode ter levado a ferro e fogo o próprio comentário de Hannah Arendt sobre não ser uma filósofa. Hoje em dia, tem se tornado comum o estudo de pensadoras de outras áreas sendo incorporado à filosofia, afinal, podemos entender que um pensamento filosófico constitui algo que instiga, traz curiosidade, desafia uma questão importante e traz perspectivas interpretativas sobre determinado assunto. Vendo dessa maneira, há intelectuais na literatura, na sociologia e na economia, por exemplo, que podem ser estudados à luz da filosofia. O movimento contrário acontece com filósofas como Hannah Arendt também: ela é uma forte presença nos estudos de direito, relações internacionais e política.

Arendt estudou com célebres filósofos de seu tempo, como Karl Jaspers (com ele, desenvolveu sua tese sobre o amor em Santo Agostinho, filósofo medieval e santo católico) e Edmund Husserl. Ela estudou em diversas universidades enquanto realizava seus estudos e orientações com esses mestres. Mas foi a turbulenta relação com seu professor Martin Heidegger que ganhou notoriedade em sua biografia. Heidegger, um dos maiores nomes da filosofia do século xx, é também um precursor da fenomenologia, uma das áreas mais complexas da filosofia que influencia a psicologia, por exemplo. Os dois cultivaram um romance secreto, sendo ela dezessete anos mais jovem, e ele, um homem casado e com filhos. Essa relação influenciou fortemente a vida intelectual de ambos, além de ser uma passagem inegável de suas biografias. Heidegger estabeleceu uma polêmica relação com o nazismo, o que posteriormente interferiu nessa relação. Há registros de cartas endereçadas à Fritz, irmão de Heidegger, nas quais ele define o movimento nacional-socialista de Hitler como a salvação da Europa e da cultura ocidental.

Muitas biografias adotam um tom sensacionalista ao falar do envolvimento dos dois, retratando como um romance entre uma aluna judia e um professor nazista. A grande questão é que muitas vezes o que circula sobre Hannah Arendt se concentra e se limita a esse fato, ofuscando completamente sua produção intelectual; isso não ocorre com Martin Heidegger. Por que ter dois pesos e duas medidas quando falamos sobre pensadores homens e mulheres? Se a relação entre eles importa para compreender suas contribuições intelectuais, então deveria importar para entender o pensamento de ambos. Ou de nenhum.

Boa parte das produções de Arendt ganharam notoriedade durante seus anos como professora em instituições de Ensino Superior, como a New School for Social Research, em Nova York. Boa parte da sua vida adulta foi vivida nas Américas, até sua morte. Emigrar foi uma atitude de fuga, já que ela havia se mudado para Paris e lá auxiliou no resgate de crianças judias da Áustria e da Tchecoslováquia. Viveu dois casamentos e foi com o segundo marido, ambos vivendo num campo alemão na França, que conseguiu fugir para os Estados Unidos e recebeu a cidadania americana. Já vivendo no novo país, ela realizou alguns trabalhos como correspondente para jornais, como o *The New Yorker*, aliando seu trabalho e experiência acadêmica na análise prática da política. Nessa situação, Hannah Arendt exercitou o que tanto sentia falta na filosofia, a teoria prática com relação à vida real. Ao lançar seu olhar analítico sobre questões da época, uma delas o julgamento de Eichmann (do qual falaremos adiante), a filósofa faz jus ao seu prestígio e notoriedade ao fazer da experiência do que ocorre no mundo o objeto de análise da filosofia. Talvez ela estivesse, à sua maneira, fazendo da filosofia o poder de transformação do mundo que tanto almejava. Não foi necessário esperar que isso acontecesse por parte de algum filósofo canônico ou algum mestre seu. A transformação de seu tempo partiu de suas palavras e análises precisas.

Um destaque interessante da teoria política de Hannah Arendt é a forma como ela analisa os direitos humanos e a situação dos refugiados. Para a filósofa, os direitos humanos são abstratos e muitas vezes defendem aqueles que já possuem direitos ou aqueles que já pertencem a algum lugar. Uma pessoa na situação de refúgio está buscando, antes de qualquer coisa, pertencimento, que muitas vezes é negado. Ela, como uma refugiada, mais uma vez entrelaça sua experiência com sua teoria prática, reforçando novamente quão importante é para ela dar sentido prático à teoria. Entre as obras de autoria de Arendt, destacam-se *As Origens do Totalitarismo* e *Eichmann em Jerusalém* como os livros com maior repercussão dentro e fora da academia.

Um dos pontos que mais caracterizam a filósofa é que ela se constituiu uma grande adversária dos regimes totalitários, irredutivelmente. Em vida e em obra, Hannah Arendt destrinchou o que caracteriza uma sociedade "totalitária", aliado aos estudos sobre imperialismo e antissemitismo. A obra *As Origens do Totalitarismo* é um forte marco quando falamos de Hannah Arendt. No ano de 2016, essa obra se tornou praticamente esgotada nas livrarias nos Estados Unidos, devido às discussões que permearam a eleição presidencial e a futura subida ao poder de Donald Trump. A opressão do totalitarismo, a expansão do imperialismo e o terror do antissemitismo foram pontos centrais de discussões acaloradas nesse período da eleição estadunidense, coincidindo com a temática da obra de Arendt. A filósofa, atualíssima, defendia a impossibilidade de uma neutralidade política. No sentido mais básico, o argumento de Arendt é que o totalitarismo emerge quando as pessoas estão desconectadas umas das outras e começa em um movimento que oferece a explicação do porquê essas pessoas são infelizes, surgindo uma justificativa poderosa que cria um efeito narrativo esmagador, tão forte que as pessoas não conseguem discordar. Assim, a ideologia totalitária se forma e se estende por toda a sociedade.

A influência de Aristóteles é forte no decorrer da explicação sobre as origens de um governo totalitário. Segundo ele, o ser humano é dividido em duas partes: o ser biológico e o ser político — "O homem é um animal político", diz ele. O problema do regime totalitário é reduzir o ser humano ao corpo e tirar dele sua participação cidadã e sua força política. Destrói a espontaneidade, a individualidade, e torna o ser humano supérfluo. Um rebanho caminhando até o moedor de carne, como as crianças no clipe de *Another Brick in the Wall*, da banda inglesa Pink Floyd. Essa destruição do ser humano permite que diversos grupos sejam mortos sem causar consternação ou reação da maior parte da população. É a naturalização do horror, a banalização do mal que estará presente em cada cidadão aparentemente inofensivo. Exatamente o que ocorreu durante a Segunda Guerra Mundial.

Ao longo da obra, Hannah Arendt traça paralelos entre os regimes de Hitler e Stalin, exemplificando, a partir de dois tipos de governo distintos, o que é o totalitarismo, formas de atuação e a consequência dele na vida dos cidadãos. Os campos de concentração nazistas serviriam como uma espécie de laboratório para testar o domínio sobre o homem, para, então, ganhar outras fronteiras. Regimes totalitários são extremamente opressivos, acabam com qualquer pluralidade e diversidade para tentar construir um indivíduo único. A filósofa tecia duras críticas a essa prática já que, dentre outras coisas, é impossível reduzir cada particularidade humana a algo que não muda, estático. O totalitarismo fabrica algo que não existe, um indivíduo sem liberdade que tem como única manifestação de "liberdade" o ato de preservar sua espécie. Esse cenário terrível é divulgado como algo bom pela ideologia totalitária que, na análise da autora, doutrina as elites e faz dos campos de extermínio o local de horríveis experimentações para eliminar a espontaneidade e expressão do comportamento humano. Esse falseamento da realidade tira a criatividade humana e muda suas ações.

A comunicação é uma poderosa ferramenta. Nós, que vivemos o surgimento da era da internet, sabemos disso, ainda que hoje enfrentemos duras consequências dessa ferramenta. Não sabemos ainda como lidar completamente com algo tão novo e impactante, mas sabemos que precisamos dela, sentimos a importância e os progressos que a internet trouxe para nossas vidas em diversos setores. A comunicação foi impulsionada com esse advento, que não foi vivido por Hannah Arendt a tempo. Mas a filósofa era uma grande esperançosa do poder da comunicação, vendo com bons olhos as transformações que esta trouxe desde a Antiguidade. Ela era admiradora de Sócrates, o filósofo grego do diálogo, discípulo de Aspásia e de Diotima, que visava atingir um conhecimento verdadeiro e que advogava em favor do exercício da comunicação trazida pela dialética para o crescimento político da *pólis*. Arendt também afirmava que uma comunidade politicamente bem desenvolvida escuta seus cidadãos e julga corretamente aqueles que cometem erros. O exercício da escuta e a cultura do perdão são importantes para o desenvolvimento e amadurecimento conscientes.

Em 1963, Hannah Arendt viajou até Jerusalém, como correspondente da revista *The New Yorker*, para acompanhar o julgamento de Adolf Eichmann, um oficial nazista. Eichmann trabalhava para o partido nazista, o qual integrou desde a juventude. Sua participação se tornou crucial a partir do momento que foi designado para administrar a logística de transporte e execução dos judeus nos campos de extermínio. Eichmann era um funcionário do governo, um burocrata que seguia as normas e cumpria os afazeres do plano de trabalho em prol dos interesses nazistas. Com o fim da guerra, ele foi preso pelas tropas estadunidenses, mas fugiu para a Argentina. Já na América do Sul, Eichmann adquiriu uma identidade falsa e conseguiu viver assim por um tempo, até ser encontrado. A saga pela busca e captura dele foi representada no filme *Operação Final* (dirigido por Chris Weitz em 2018), retratando todo o plano de captura do ex-funcionário nazista e as imigrações de nazistas fugidos para a América do Sul. Foi feito um plano detalhado para que ele fosse capturado e julgado exatamente em Jerusalém, terra onde o povo judeu se estabeleceu. O impacto desse julgamento já seria, de início, histórico. A sentença, a mais extrema: pena de morte por enforcamento. Até os dias atuais, foi a única vez em que essa pena foi dada a alguém em Israel, desde que o país foi fundado, em 1948.

Mas então, qual foi a descrição da filósofa Hannah Arendt de toda essa história, e como ela analisou a situação de Eichmann? Enquanto correspondente jornalística, seu trabalho deveria ser de análise crítica e relato sobre o julgamento. Porém, é inegável o fato de ser uma mulher judia, refugiada nos Estados Unidos, que sofreu as consequências desse processo no qual Eichmann teve participação significativa. Muito se questionou na época se Hannah Arendt faria uma análise política sem interferências pessoais, mas, como a própria filósofa explicitava em seu trabalho, não há neutralidade política. Podemos dizer também que é inegável uma análise da teoria política sem a vivência, afinal, não era em uma teoria que se espelhasse na prática que ela tanto acreditava? O olhar de Hannah Arendt nesse julgamento foi uma importante análise sobre a situação do Holocausto (ou *Shoá*, como chamam os judeus) e das consequências do totalitarismo.

O nazista Eichmann não se julgava culpado. Isso soa impressionante para nós, mas, para ele, seu trabalho era um mero cumprimento de ordens, uma obediência à burocracia e aos processos do Estado do qual ele era funcionário, sob as normas do governo que estava instaurado na época. Suas assinaturas e carimbos em milhares de papéis, que permitiam o transporte de judeus capturados e suas mortes nas câmaras de gás, não eram a motivação das mortes. Eichmann não se considerava responsável pelas interrupções das vidas de crianças, adultos e idosos. Hannah Arendt não analisa Eichmann como um monstro sociopata e levado pela extrema ideologia. Ela afirma que ele é um homem clichê, mediano, desprovido de pensamento ideológico e crítico, apolítico. Quase comum. Ele era o produto de um projeto totalitário. Foi justamente a lobotomia promovida pelo totalitarismo, ou seja, a perda da individualidade e da profundidade de pensamento de Eichmann e que se entranhou em todos os lugares na sociedade, que gerou a banalização do mal. O totalitarismo tira vantagem de sujeitos já desprovidos de pensamento crítico, inserindo sua ideologia e normalizando determinadas práticas. Atos que consideraríamos impraticáveis e impensáveis se tornam normais e até certos. A prática do mal não é feita só por pessoas que consideramos nocivas, monstruosas, mas se torna cotidiana, capaz de ser praticada até pelos indivíduos mais medianos e comuns. A partir desse relato e dessa análise, a filósofa vai indagar outras questões dentro da teoria política, pensando nas consequências do caso de Eichmann, sendo esta a principal questão: em que medida as consequências do Holocausto servem para repensarmos o conceito de soberania de um Estado?

A banalidade do mal é mais que um conceito teórico, ele se apresenta na realidade presente. É comum vermos na televisão ou na internet casos de ausência de ação de autoridades, ou de atitudes burocráticas, que geram malefício para uma ou mais pessoas — às vezes, para uma população inteira. Seriam esses casos de banalidade do mal? Situações nas quais um indivíduo totalmente desprovido de reflexão e pensamento crítico simplesmente cumpre uma norma que gera um mal profundo, sem se sentir culpado por isso. Até que ponto "apenas" cumprir ordens pode ser algo extremamente perigoso? Qualquer pessoa é, de fato, capaz disso? Na prática, alguns experimentos da psicologia conversam com essa questão que estamos pensando. O experimento feito pelo psicólogo Stanley Milgram, em 1961, buscava entender os limites da consciência e os determinantes do livre-arbítrio. Esse experimento se tornou um filme de Michael Almereyda em 2015, *Experimentos*, que mostra o processo dessa pesquisa e algumas conclusões. Funcionava da seguinte forma: o pesquisador instruía duas pessoas, um voluntário e um ator (o voluntário achando que a outra pessoa também era um voluntário), a sortearem um cartão para saber quem seria o professor e quem seria o aluno. Os dois cartões continham a palavra "professor", mas o ator sempre dizia que sorteava "aluno". As duas pessoas eram então colocadas em cabines diferentes, em que o professor recitava uma lista de pares de palavras, utilizando um aparelho de transmissão, como se fosse um telefone. A aprendizagem da memória seria testada quando o professor lesse os pares de palavras e apresentasse quatro possibilidades de complementos para formar o par. O aluno, então, deveria pressionar um dos botões que indicasse a resposta correta. Em caso de acerto, o professor seguiria, em caso de erro, o professor apertaria um botão que geraria um choque elétrico no aluno. A cada erro, a voltagem do choque aumentava. O ator, passando-se por aluno voluntário, dizia ter problemas cardíacos, mas que não afetariam o experimento. Conforme os erros aconteciam, o professor voluntário apertava o botão e descarregava o choque elétrico. E cada vez mais aumentava, a ponto de o aluno simular gritos, socos na parede e recordar seu problema cardíaco, simulando um desespero insano, até se silenciar completamente. Milgram observava até onde o "professor" (uma pessoa comum) aguentava perpetrar uma situação torturante, literalmente. Na verdade, o botão causador de choque apenas acionava um gravador que emitia som de choque, e os gritos eram encenados, ou seja, não havia choque real algum. Alguns professores voluntários tentavam desistir no início, mas o experimentador fazia uma intervenção afirmando quão essencial e importante era a participação deles naquela situação, afirmando também que os voluntários precisavam prosseguir. Caso não houvesse desistência, o experimento era encerrado em três sucessivas descargas de até 450 volts. Vários resultados e discussões foram feitos, mas vale ressaltar um: ao fim do experimento, 65% dos voluntários chegaram a aplicar a voltagem máxima de choque elétrico. Muitos desses questionaram o método durante a experimentação, hesitaram, mas foram até o fim. Milgram observou a disposição de pessoas adultas a acatarem ordens de uma figura de autoridade, representada ali pelo experimentador, e suas palavras de ordem. Os voluntários eram pessoas comuns, de idades, gêneros, profissões diferentes e que se tornaram agentes de um processo destrutivo. A obediência foi mais forte do que protestar contra e resistir a realizar uma tortura, situação desconfortável e injusta. Trata-se exatamente da questão sobre Eichmann que perdurou durante seu julgamento e para a posteridade: simplesmente cumprir ordens exime alguém de culpa? E mais: seria o mal parte da natureza humana? Essas perguntas, propostas por Arendt, ainda são e serão discutidas amplamente na filosofia.

Na graduação de filosofia, qualquer jovem estudante provavelmente terá um primeiro contato com Hannah Arendt como figura de mulher filósofa, além da também conhecida Simone de Beauvoir. Os dois nomes, imponentes e de grande destaque em suas épocas, são representações de uma época em que as filósofas mulheres passaram a receber um pouco mais de espaço. Muito se deve ao movimento feminista e antirracista, algumas das reivindicações que marcaram o século xx. Arendt tem sido muito resgatada nos últimos tempos, especialmente por suas discussões sobre o que é uma sociedade "totalitária" — um contexto discutido e até vivido atualmente em algumas sociedades. No ano de 2012, foi lançado um filme sobre sua vida, intitulado *Hannah Arendt: ideias que chocaram o mundo* (dirigido por Margarethe von Trotta). À época do filme, muitas discussões políticas estavam emergindo, e as palavras de Hannah Arendt caíram bem para pautar e complementar essas discussões. Esses filmes sobre filósofas, além de outras adaptações artísticas sobre intelectuais diversas, são uma ótima forma não só de conhecer essas pessoas, mas também de humanizá-las, saber onde viveram, com quem se relacionavam, o que gostavam de fazer em seu tempo livre. Muitas vezes, o estereótipo de filósofo vem carregado de elementos bem marcados e simplificados: sábio, solitário, homem, de idade avançada, com uma vida ascética (pois, geralmente, quando se pensa em um filósofo, imagina-se um homem barbudo perdido em pensamentos). Em qualquer tempo da história, ainda que pensadoras e pensadores sejam, em boa medida, frutos de seus tempos, são também pessoas. Enxergá-las dessa forma nos aproxima dos seres humanos por trás da imagem pública. O filme sobre Hannah Arendt traz muitos aspectos de sua filosofia, mas traz também a mulher, filósofa e judia que pensou sobre o totalitarismo e tantas outras coisas, com muitas das complexidades que isso engloba.

A FORÇA E O PROTAGONISMO DAS LATINO-AMERICANAS: GRACIELA HIERRO

A América Latina, mais especificamente a América Hispânica, ainda que tão próxima do Brasil e de outras culturas oriundas de uma latinidade, possui discrepâncias dentro de seu território. Processos de colonização semelhantes, mas ainda assim diversos, modos de conquista da independência e estabelecimento de regimes de governo variados são exemplos dessa multiplicidade dentro da América Latina. Algumas desatenções ao que ocorre nos países vizinhos nos impedem de perceber problemas comumente enfrentados por eles e por nós. Em diversas sociedades e tempos da história, a trajetória das mulheres foi marcada por tensões, e disso já sabemos bem: acusações de bruxaria, impedimento de frequentar a escola, tabus com o próprio corpo, casamento forçado, e muitos outros. Esses problemas podem ser encontrados em relatos da Idade Média, da Idade Moderna ou da atualidade e são praticamente "dores atemporais" da condição feminina. Se esses e outros problemas perpassam a condição das mulheres há tanto tempo, o que impede a mudança dessa condição? Por que diversas sociedades foram e continuam sendo reprodutoras desses comportamentos? Essas indagações são frequentes quando estudamos na escola, na faculdade ou nos estudos pessoais, ao confrontarmos essas questões em contextos diversos.

GRACIELA HIERRO (1928-2003, México) será muito reconhecida pela proposta de transformação do pensamento cultural mexicano; aliás, quão admirável é a trajetória de quem consegue estimular em seu país um impulso de mudança cultural e política? Na linha de Hannah Arendt, a filosofia de Graciela Hierro demonstrou que a teoria, sozinha, não transforma o mundo. É preciso ação. Segundo a ONU Mulheres, a América Latina é o local mais perigoso para mulheres, fora os lugares de zona de guerra. Tal insegurança ocorre porque, nessa região, ocorrem muitos crimes de gênero, como feminicídios. Mas as condições de violência e privações que as mulheres passam muito se dá pela cultura difundida naquela sociedade. Pesquisas têm mostrado quanto a violência de gênero tem crescido nos últimos anos no México, tal crescimento ocasionado por fatores como o narcotráfico do país, mas também pela estrutura omissa e patriarcal que descredibiliza a voz feminina na sociedade. No Brasil, o panorama não é tão distinto, e, se estreitarmos esse olhar para cada país da América Latina, lá estará presente essa questão. Um dos caminhos percorridos para compreender todo esse cenário é o tabu em relação à condição feminina, que inclui o corpo, a sexualidade, a liberdade feminina e a expressão da mulher na sociedade. Graciela Hierro foi uma filósofa que devotou sua vida como pensadora à questão feminina, irradiando consequências para fora dos muros da academia e chegando até a vida prática.

Graciela Hierro Perezcastro teve uma atividade filosófica e acadêmica como autora de diversos textos dentro da questão feminina atrelada aos conceitos de ética e liberdade. Hierro lecionou em universidades no México, foi fundadora e dirigente do Programa Universitario de Estudios de Género (PUEG), que funcionava na Universidad Nacional Autónoma de México. Em sua biografia, existe o marco de também ser fundadora da Asociación Filosófica Feminista no fim dos anos de 1970, pioneira no país e ligada à Society for Women Philosphy, dos Estados Unidos. Hierro é fruto de um lar sem muitas turbulências, com pais presentes e que viveram juntos por muitos anos. A estabilidade em sua juventude se perpetuou na vida adulta: apesar de divórcios, foi casada e mãe de cinco filhos, sendo quatro mulheres. Também avó com muitos netos, Hierro sempre mencionou seu legado familiar em textos mais pessoais.

Um fato muito interessante de sua vida foi a fundação de um grupo de estudos e oficinas criados por ela chamado de Las Reinas, que tinha como objetivo o cuidado da maturidade da vida feminina, a velhice. Nos dias atuais tem se levantado a questão do etarismo, o preconceito contra idosos. Não que essa seja uma questão recente, mas em termos de discussão mais assídua e práticas que façam a diferença nesse cenário, é algo novo. No caso das mulheres, beleza e juventude sempre foram elementos cobrados e cruciais, reflexo disso é a precocidade das cirurgias plásticas estéticas em adolescentes. A velhice da mulher não é lembrada nem celebrada. É como se a velhice feminina fosse sinônimo de incapacidade, depreciação ou morte. Os debates acerca de envelhecimento e etarismo são tão atuais porque mundialmente a expectativa de vida tem aumentado, mas devemos refletir que não basta apenas viver, é necessário pensar na qualidade de vida. Qualidade não inclui somente conforto material, dignidade e uma vida plena em liberdade, em virtude e em expressão. Pensar na condição da velhice inclui, também, discutir a morte. Não de maneira fúnebre, mas, sim, existencial. Hierro, há mais de quarenta anos, criou um grupo de discussões femininas sobre a velhice, pensando na necessidade do bem-estar e do bem-viver dessa etapa de vida. Já parou para pensar que, durante a vida, as mulheres quase sempre cuidam de alguém: filhos, companheiros, sobrinhos, alunos, pais? E em sua maturidade, quem cuida delas?

Portanto, no pensamento filosófico de Hierro, há uma interlocução entre o feminino, a liberdade e a ética. Sabemos que uma das coisas que movem a filosofia são as indagações, as perguntas. A filósofa, então, questionará "Existe uma natureza feminina?". De maneira geral (embora haja vários significados em correntes diversas), numa interpretação conceitual filosófica, o termo "natureza" está ligado à "essência", um conjunto de características próprias e, de certa forma, fixas, que definem determinada coisa. Dentro da ética, "natureza" é um conceito designado aos princípios morais que fundamentam o ser humano em busca de um equilíbrio. Ao trazer essa pergunta, Hierro traz uma provocação sobre o que é o feminino, nos levando a muitíssimos lugares de discussão que certamente culminará na forma em que a sociedade determina lugares sociais e comportamentos das mulheres. É interessante observarmos que o período de atuação mais notório de Hierro, as décadas de 1960 e 1970, a segunda onda do movimento feminista estava em alta com pautas muito decisivas para a questão das mulheres em todo o mundo, como a liberdade, sexualidade, os direitos ao mercado de trabalho igualitário e a educação. A filósofa ressalta quanto a democracia era importante para a vida das mulheres, pois nesse modelo de sociedade temos a possibilidade de equidade, ou seja, igualdade nos diversos espaços. Sobretudo quando falamos do mercado de trabalho, até hoje com problemas relacionados à desigualdade de gênero, o acesso às mulheres a esses meios nunca foi tão essencial de ser melhorado. Inclusive, já percebeu, no seu dia a dia, a quantidade de mulheres que ocupam altos cargos? Já comparou com a quantidade de homens que existem em cargos equivalentes?

Hierro afirmava que a educação não era só um elemento imprescindível para o avanço das mulheres, mas também que ela deveria ser transformada para servi-las. Estudar, informar e debater as questões de gênero é libertador para mulheres e para homens. Esse ponto é interessante, pois, se exercitarmos um olhar crítico, as sociedades que mais reprimem as mulheres costumam ser as mais atrasadas econômica, política e socialmente. No final das contas, as estruturas tradicionais e o conhecimento enraizado em preceitos dominadores e violentos não resultam em nada de bom.

Hierro foi uma grande estudiosa do hedonismo (*hedoné* significa "prazer", em grego), termo muito ligado a doutrinas éticas da Antiguidade, que viam no prazer o princípio fundamental da busca pela felicidade, pautada na busca da satisfação. Para ela, o prazer tem uma ligação intrínseca com a liberdade e proporciona às mulheres um conhecimento sobre o próprio corpo. A sexualidade feminina se torna um direito — para que cada mulher possa se tornar um sujeito com autonomia e formar sua moralidade, é preciso que ela tenha a chance do autoconhecimento sem opressões. Em outras palavras, podemos compreender que Hierro ressalta a nocividade do tabu sobre o corpo, o erotismo e a sexualidade da mulher. Esse é um tema complexo e não é preciso ir longe para constatar tal complexidade. Ainda existe muita dificuldade para implementar programas de educação sexual nas escolas brasileiras, por exemplo, por resistência moral de alguns setores sociais mais conservadores, que consideram que sexualidade não deve ser discutida de maneira pública ou educativa. Desde a puberdade, quando as transformações corporais, emocionais e comportamentais ocorrem, é essencial que o jovem se sinta apoiado, para que essa fase seja atravessada com segurança e autoconhecimento. Na ausência de um processo saudável, o resultado infelizmente comum é o de pessoas adultas que desconhecem seus corpos e, por consequência, sua liberdade. Não formam seu sujeito moral de forma autônoma, além de possivelmente reproduzirem aqueles padrões sociais que violentam. Graciela Hierro não tinha medo de separar a sexualidade para a reprodução e o prazer sexual para a satisfação. O problema é que a sociedade costuma ser tão androcêntrica, ou seja, colocar a figura do homem como central (e a da mulher como marginal), que o que a mulher quer e deseja é repudiado ou não é considerado. É necessário maturidade e enfrentamento ao tratar desse assunto.

Compreender que homens e mulheres são diferentes é relevante, e Hierro não descarta isso. As mulheres têm vivências próprias, e segundo ela, devem registrá-las e expressá-las. As mulheres falam, escrevem e têm impulsos de criação diferentes. A própria Graciela Hierro era um exemplo disso. Sua escrita é objetiva, didática e forte, repleta de vivências e experiências intensas. As mulheres de sua família são sempre aludidas em seus escritos, dando uma característica pessoal aos textos. Imagine quão rico é poder ler um texto filosófico atrelado a vivência de uma filósofa, de forma explícita.

Graciela Hierro foi uma verdadeira base de ferro (com o perdão do trocadilho!) na formação da teoria feminista no México. Dentro da academia e fora dela, sua bravura a levou a formar as primeiras organizações acadêmicas que estudavam e acendiam a visibilidade de uma mudança cultural no país sobre a condição feminina. Um país que tem figuras femininas incríveis como Frida Kahlo ainda percorre um caminho sinuoso no que diz respeito à condição das mulheres. Apesar de reconhecer diferenças em relação ao nosso país e ao tempo histórico, podemos levar Graciela como uma inspiração. Pensar e agir em prol de transformações, que tangenciam diretamente nossas vidas, passa pela importância de ter lideranças e referências próprias. Esse papel Graciela Hierro cumpriu belamente.

A ÉTICA APLICADA À VIDA NA RESOLUÇÃO DE DILEMAS: PHILIPPA FOOT

Na filosofia, algumas pequenas histórias ou metáforas são criadas para sintetizar uma ideia ou ilustrar problemas filosóficos. Muitas delas são criadas por pensadores e pensadoras, outras retiradas de histórias antigas ou mitológicas, adaptadas à discussão filosófica em questão. É o caso da alegoria da caverna de Platão (talvez você conheça pelo nome de "mito da caverna"), do mito do anel de Giges e até do experimento do gato de Schrödinger, este último sendo um experimento da física do século XX, mas que comumente é associado à teoria da causalidade na filosofia de pensadores como David Hume. Uma das metáforas mais conhecidas da filosofia é recente. Trata-se do dilema do bonde, ou, originalmente, *"the trolley problem"*. Falaremos melhor dele a seguir, mas começamos citando aqui esse fato, pois nossa filósofa **PHILIPPA FOOT** (1920-2016, Inglaterra) é a responsável pela criação do dilema e suas implicações na discussão a respeito da filosofia moral. Você seria capaz de tomar uma decisão com base no maior benefício para a maioria das pessoas? Mesmo que isso significasse sobrepor seus interesses pessoais, sentimentos e preferências?

Nascida Philippa Ruth Bosanquet, a filósofa inglesa era filha de um pai ligado à área das grandes indústrias siderúrgicas e de uma mãe filantropa e que era filha de um presidente dos Estados Unidos (mas não temos muitas informações sobre a mãe de Philippa). Philippa foi neta de Grover Cleveland, o único presidente estadunidense a ter dois mandatos não consecutivos. Foot teve uma educação doméstica informal: foi educada por governantas, porém não foi muito estimulada a prosseguir nos estudos ou a buscar uma ocupação externa, não doméstica. Ela também vivenciou um ambiente familiar de atividades ao ar livre, favorecida por viver longe das regiões muito movimentadas do país. Na juventude, ela ingressou em uma faculdade para mulheres, onde estudou economia, política e filosofia. Logo, a vida de Foot foi envolvida por grandes professores e intelectuais da filosofia de sua época, durante seus estudos na Somerville College. O estudo da filosofia de Kant foi um grande marco na carreira da filósofa, que lhe rendeu prêmios e visibilidade. Posteriormente, ela casou-se com um historiador e imigrou para os Estados Unidos, onde lecionou em diversas universidades, dentre elas, a Universidade de Stanford, uma das mais conhecidas e prestigiadas do país. Foot teve uma vida ativa até sua aposentadoria e passou seus anos finais novamente na Europa. Um fato curioso de sua morte é que ela faleceu na data do seu nonagésimo aniversário, 03 de outubro. Além de artigos acadêmicos, as obras de Foot publicadas mais conhecidas são *Natural Goddess, Moral Dilemmas: and Other Topics in Moral Philosophy* e *Virtues and Vices: and Other Essays in Moral Philosophy*.

 Naturalismo, ética, moralidade e racionalismo são conceitos recorrentes quando estudamos Philippa Foot. Ela é uma das filósofas que ainda não fazem parte das matérias das graduações de filosofia, tampouco está nos livros escolares. Grande parte desses fenômenos se dá quando alguma personalidade da filosofia "inaugura" um pensamento filosófico, ou traz um desdobramento inédito de algo já abordado por algum filósofo anterior. Mas o caso de Foot tem uma particularidade interessante. Embora não tenha sido "inédita", ao falar sobre o utilitarismo, uma famosa corrente filosófica moral, ela trouxe um dilema ético, ou seja, traduziu questões éticas para uma imagem bem fácil de compreender e que ilustra os desdobramentos do utilitarismo, nos fazendo botar a cabeça para funcionar em intermináveis discussões sobre o tema.

 Indo por partes, vamos entender o utilitarismo. Essa palavra já remete a outra: "útil" ou "utilidade". Mas será que existem ações que sejam úteis? Se sim, úteis para quem, com qual objetivo? E o que é ser "útil"? É uma ideia unânime? Essas questões foram desenvolvidas por John Stuart Mill, filósofo inglês e marido de Harriet Taylor Mill. Anteriormente, o filósofo Jeremy Bentham já havia iniciado discussões utilitárias, que foram desdobradas por Mill. No utilitarismo, uma ação é vista como verdadeiramente ética, ou moralmente adequada, quando vislumbra a consequência. Ou seja, uma ação é satisfatória quando a consequência dela é competente. Mas o que é, então, essa ação moral para o utilitarismo? Basicamente, uma ação que gere o máximo de bem para o maior número de pessoas possível. Vamos imaginar uma situação hipotética: você tem um amigo que se envolveu em uma discussão no bar. O adversário dele (bem grande e forte) resolveu que queria brigar fisicamente com seu amigo, o qual sem demora veio se esconder na sua casa. O briguento do bar vai até sua casa e pergunta se seu amigo está lá. Sua ação pode ser a de contar a verdade e entregar seu amigo, caso em que a chance de ele apanhar é enorme; ou você pode mentir e protegê-lo. "Mentir" é uma ação que com frequência consideramos ruim, condenável. Mas, do ponto de vista do utilitarismo, a ação não é o que mais importa para ser ética. Note, aqui a consequência é o fator primordial para considerar uma ação como moralmente satisfatória, e não necessariamente a qualidade da ação em si ou os princípios pessoais do agente dessa ação. Isso significa dizer que o utilitarismo desconsidera as intenções do agente; no nosso exemplo, para o utilitarismo, não importa se "mentir" é certo ou errado, o que importa é que a consequência de mentir vai ser boa para seu amigo (e indiferente para você, embora o briguento vá sair um pouco chateado), e a consequência de falar a verdade seria ruim ou indesejável (seu amigo sofreria violência, você se sentiria culpado ou triste, e apenas uma pessoa ficaria satisfeita: o fortão do bar). Neste caso específico, a decisão mais ética, na visão utilitária, seria mentir. Mentir beneficiaria mais pessoas e prejudicaria menos, enquanto dizer a verdade lesaria mais gente do que ajudaria. Apesar desse raciocínio aparentemente simples, o utilitarismo pode cair em algumas questões. Primeira, uma pessoa pode praticar uma ação que beneficie um grupo grande de pessoas não porque acredita que fazer isso é bom, mas, sim, para ganhar algo em troca, por exemplo: reconhecimento, recompensas... ou alguma outra intenção secundária. "Fazer o bem", aqui, não é necessariamente algo genuíno, além de os critérios para o que é "gerar maior bem" serem relativos. Outra questão importante é que, por esse raciocínio, o sacrifício de uma minoria pode ser feito em prol de uma maioria numérica, se seguirmos à risca as regras básicas do utilitarismo. Isso certamente parece problemático se aplicarmos em situações cotidianas e atuais. Eis aqui um dos pontos que nossa filósofa entra em campo, seja para embaralhar ainda mais nossa cabeça, seja para aprofundar a criticidade dessa questão (o que gostamos muito, vamos concordar).

Um dilema filosófico é aquele em que duas decisões são colocadas em questão, para que uma conclusão seja alcançada. Trocando em miúdos, temos um problema colocado com dois pontos de vista diferentes, para que possamos entender, aprofundar, criticar e concluir algo. Normalmente, os dilemas apresentam situações embaraçosas e alternativas extremas, com o intuito de elucidar, de forma opcional e mais prática, os termos da questão. Não se preocupe se você achar difícil tomar uma decisão na que será apresentada. O intuito do exercício é que seja difícil mesmo, e que vejamos com mais clareza a complexidade da realidade e também algumas falhas e benefícios de determinadas correntes filosóficas.

Philippa Foot elaborou um dilema, um dos mais célebres da filosofia: o "dilema do bonde", ou, no original, *"The trolley problem"*. O dilema apareceu num artigo escrito por Foot na década de 1960 e foi amplamente discutido e desdobrado por outra filósofa, a estadunidense Judith Thomson. Mas uma das coisas que tornou esse dilema tão famoso, principalmente fora das universidades, é sua representação na comédia da NBC *The Good Place*. A série a trouxe no quinto episódio da segunda temporada, no qual os personagens Chidi, Eleanor e Michael entram no dilema do bonde de forma "real" para mostrar, na prática, quão difícil é fazer uma escolha do ponto de vista moral.

Imagine que você está diante de um trilho de bonde que se desmembra em outros dois trilhos. Em um deles, há uma pessoa amarrada, no outro, cinco. O bonde está sem freio e percorrendo pelo trilho, mas você, que está do lado de fora, possui uma alavanca que tem como função direcionar o bonde para um trilho ou para o outro. A questão é que há pessoas presas nesses trilhos, e elas morrerão quando o veículo passar. Qual é, então, a escolha adequada a se fazer, dentro da lógica utilitarista? Se uma ação é moral, se proporciona o maior bem para o maior número de pessoas, então temos que salvar as cinco pessoas amarradas juntas em um dos trilhos. Logo, o solitário amarrado no outro trilho morrerá.

Essa parte do dilema lembra também uma famosa cena cinematográfica do início dos anos 2000: *Homem-Aranha*, dirigido por Sam Raimi em 2002, tem um momento clássico no qual Peter Parker, na persona de Homem-Aranha, é colocado num "corredor estreito" pelo inimigo Duende Verde. O Duende captura a amada do herói, Mary Jane, e uma cabine teleférica com várias crianças, suspendendo todos numa grande ponte da cidade de Nova York. O Homem-Aranha chega para o conflito, e o Duende, no seu cruel sarcasmo, solta todos ao mesmo tempo: de um lado, Mary Jane em queda livre; de outro, a cabine teleférica cheia de crianças. Quem o herói salvará? Aqui, ele está claramente enfrentando o dilema do bonde. Pelas premissas do utilitarismo, ele deveria salvar as crianças, gerando maior bem para um maior número de pessoas (uma pessoa morrerá, mas várias serão salvas pelo Homem-Aranha). Simples, mas nem tanto. E Mary Jane? Pela lógica utilitarista, a vida de alguém próximo não vale mais do que a de crianças desconhecidas nem de qualquer outra pessoa. Eis aqui um grande problema do dilema: como já foi dito, ele não considera as intenções do agente moral e demais circunstâncias, há um foco apenas na consequência da ação. É claro que, no filme, nosso herói é maior do que qualquer teoria moral e salva todos no fim, sendo aclamado pelo povo nova-iorquino e fazendo o Duende Verde passar vergonha (leva tomates, latas e garrafas na cabeça, além do som de vaias do povo). Essa cena é realmente maravilhosa.

Philippa Foot, ao elaborar o dilema, quis evidenciar os problemas do consequencialismo moral. Ele não dá conta da imprevisibilidade humana e do fato de o indivíduo estar indiretamente ligado à morte de alguém, pois, pense: ao dizer que você não pilota o bonde, mas possui uma alavanca que o direciona, parece mais ou menos difícil tomar essa decisão? Isso nos lembra um pouco a questão de Eichmann, comentada anteriormente. Obviamente, guardada as devidas diferenças, ser agente de uma ação que será julgada como moral ou imoral é uma grande responsabilidade. Talvez por isso o campo da ética na filosofia seja um dos mais instigantes. Julgar e ser julgado por uma ação que deve se basear em algum critério é um peso de responsabilidade, e, se pensarmos em exemplos práticos do cotidiano, essa questão fica ainda mais forte. Imagine um médico, tendo dois pacientes numa emergência para salvar nas mesmas condições graves, porém com apenas um equipamento, quem ele salva? Quais critérios ele segue para tomar essa decisão? Ele levará em conta fatores pessoais, médicos, éticos? Pensando nos fatores éticos, eles são suficientes, justos a todos e a todas as situações? Puxa! Quantas questões. E, em todas elas, lá está a filosofia para nos ajudar a pensar. Fato é que, dadas as regras do utilitarismo, Foot reforça que o consequencialismo pode pôr em cheque nossos direitos morais. Relembrando o dilema, a pessoa solitária que atropelamos tem seus direitos também "atropelados", dadas as regras do utilitarismo que diz para seguirmos pelo bem da maioria. Parece moralmente aceitável atropelar um único indivíduo desconhecido? Bem, alguns filósofos pensaram na qualidade das ações éticas em vez de focar nas consequências — são as chamadas teorias deontológicas, como a de Immanuel Kant, mas esse é outro papo. Poderíamos considerar esse tipo de análise feita por Foot como um caminho viável para pensar noções de moral e ética ou ele é muito fora da realidade concreta? Essas questões provocativas e necessárias tornam Philippa Foot uma das maiores filósofas de nosso tempo.

Podemos nós, nos dias atuais, pensarmos no que nossas intuições morais nos dizem que é errado tirar a vida de alguém, mas, se fazemos pequenas alterações no dilema, por exemplo, em vez de simplesmente puxar a alavanca, você tivesse que empurrar uma pessoa nos trilhos para frear o bonde e, assim, salvar as cinco pessoas que estão adiante. Parece menos aceitável e mais doído tomar essa decisão, não é? Nosso senso de moralidade se moldou com o tempo, nos tornando, em linhas gerais, bons parceiros morais. No dilema do bonde, temos uma teoria do princípio do "duplo efeito", como Foot chamava (termo utilizado também em artigos da filósofa a respeito de temas como aborto e eutanásia). No duplo efeito, temos consequências positivas e negativas ao mesmo tempo. Quando direcionamos o bonde para o trilho que possui uma pessoa, salvamos outras cinco vidas, embora outra tenha sido perdida. É como colocar na balança os prós e contras de uma ação, percebendo se vale a pena tomar determinadas atitudes ou não, se os efeitos positivos serão maiores que os negativos, ou se os negativos não são desejados, porém previstos. Mas só a teoria do duplo efeito não é suficiente para sustentar a perspectiva de Foot sobre o julgamento de uma atitude moral. A filósofa estava certa de que o utilitarismo não dá conta de resolver e explicar de modo coerente o que é uma atitude ética, assim como ela também enxergava falhas nas doutrinas éticas deontológicas como a de Kant, as quais colocam, no centro de uma ação moralmente boa, aquelas que agem por dever, independentemente das consequências. Às vezes, nossas atitudes geram bens e males; sobre os males, Foot aborda a diferença entre fazer o mal e permitir o mal. Em alguns momentos, permitir algum tipo de mal é para causar um bem. Imagine que você possui um galão de água mineral e, onde você está, há três pessoas desidratadas e uma com muita sede. Seu galão saciará a sede de três pessoas, mas não de quatro. A pessoa com muita sede pode piorar e até morrer, mas as desidratadas você salvará. Um mal será permitido, mas não por sua vontade, ao contrário, você tentou solucionar a situação da melhor maneira possível. É por isso que, ao trazer o dilema do bonde, Philippa Foot mostra que as leis abstratas de teorias como o utilitarismo são insuficientes para pensarmos situações práticas, que envolvem pessoas e situações com características específicas, e é sobre elas que devemos pensar. A ética aplicada de Foot explica, também, como algumas vezes as pessoas iniciam, de maneira indireta, danos muito ruins. Daí mais um exemplo entre fazer o mal e permitir o mal: um comerciante que vende de modo intencional remédios falsificados ou comida vencida está fazendo um mal, pois ainda que sua intenção direta seja o lucro, ele indiretamente causará danos a saúde e a vida dos seus clientes.

Agir de forma racional, segundo a filósofa, inclui buscarmos qualidades e virtudes que nos transformem em um bom representante da nossa espécie. Agir moralmente inclui utilizar a razão e critérios públicos de moralidade que sejam compartilháveis. Ou seja, Foot enfatiza que a racionalidade é importante para explicar quem é uma pessoa verdadeiramente virtuosa e quem não é, quais as motivações da ação de uma pessoa, que obviamente terá consequências. A racionalidade deve ajudar a entender a diferença entre um vizinho que auxilia o outro porque entende suas necessidades e a importância da ajuda e o vizinho que auxilia somente para ficar bem-visto na comunidade ou para obter alguma vantagem. Mesmo assim, às vezes até as boas ações podem causar algum dano, desde que não se faça esse mal de início, de maneira direta e de espontânea vontade. Também não é tolerada a ação somente pelo cumprimento de dever. Com o dilema do bonde, Foot nos mostra a complexidade que envolve pensar a ética aplicada e nos acalma, de certa forma, quando evidencia que nem tudo é tão abstrato, teórico ou pragmático; há de se pensar muito sobre os problemas postos para nós e solucioná-los passando por diversas possibilidades de análise, sendo a racionalidade e as virtudes os caminhos mais seguros para essa via.

Se você encerrou essa leitura com ideias a mil e vontade de falar com alguém sobre esse tema, você está no melhor caminho para a filosofia. E aqui repetimos o que foi dito no início da conversa sobre Philippa Foot: os dilemas na filosofia são representações extremas para pensarmos sobre questões que nos atravessam diretamente. A ética aplicada da filósofa tem muitíssimos desdobramentos. Certamente, numa breve pesquisa, você encontrará algumas refutações e possibilidades de "solucionar" o famoso dilema do bonde. Aqui, Foot deixa uma das lições mais importantes e fundamentais da filosofia: a de que o pensamento filosófico é um organismo vivo, sempre em movimento e em construção. As teorias filosóficas são elementos criados por nós, indivíduos, para melhor pensarmos nossas vidas e suas condições. Cabe a nós, filósofas ou não, usarmos à vontade esses artifícios.

ÉTICA E POLÍTICA FEITA POR MULHERES, MAS PARA TODOS

Neste capítulo, fizemos uma verdadeira viagem no tempo, tendo como guia dois temas: a ética e a política. A história aqui foi nossa ferramenta para situar algumas motivações e circunstâncias nas quais as filósofas se encontraram, para que compreendêssemos quão atemporais podem ser os temas sobre os quais a filosofia se debruça. Harriet Taylor Mill e Graciela Hierro concentraram seus pensamentos um pouco mais na condição feminina, embora Mill também tangenciasse discussões sobre a liberdade individual no sentido amplo. Hannah Arendt e Philippa Foot trazem teoria e prática dentro da ética e da política de forma entrelaçada, apresentando exemplos contemporâneos a elas (e a nós!) para demonstrar como teoria e prática são uma união essencial. Afinal, ética e política podem ser discussões femininas, feministas e para toda a sociedade.

Quando observamos o desdobramento dessas teorias, percebemos que elas atravessam o campo filosófico, sociológico, histórico, econômico, jurídico, até chegar ao cotidiano. O despertar social sobre a condição feminina no México, feito por Graciela Hierro, impactou todo o desenvolvimento da academia mexicana, chegando até as movimentações políticas que discutem como viabilizar uma melhor condição para as mulheres mexicanas. Philippa Foot propôs uma investigação riquíssima sobre o comportamento moral humano, que leva em conta o indivíduo — pode ser você, seu vizinho, sua mãe. O dilema ético, que desvenda para que lado levamos a alavanca, implica nas nossas questões humanas mais essenciais; por exemplo, quem o médico vai salvar numa emergência, se precisar fazer uma escolha? Hannah Arendt aperta a ferida ao evidenciar o mal banal, que pode emergir em qualquer indivíduo numa sociedade totalitária, e este não se mostrará perverso, monstruoso ou sanguinário — é na passividade, na alienação e na mediocridade que as cicatrizes cruéis do totalitarismo se firmam. Ao levantar temas sobre casamento e divórcio, como Harriet Taylor Mill fez, toda a sociedade é convidada a pensar sobre a própria condição. Mulheres e homens se beneficiam de uma discussão que passa por questões de gênero, sociedade patriarcal, moralidade e chega até os direitos civis. Essas e outras questões abordam temáticas que podem partir de pontos específicos, mas se desdobram em questões que atingem o entendimento e a vivência de todos.

Eu não estou mais aceitando as coisas que não posso mudar, eu estou mudando as coisas que não posso aceitar.

Angela Davis

CAPÍTULO 5
Carolinas e Emmas
Gênero, raça, classe e decolonialidade

Na avenida deixei lá
A minha fala, minha opinião
A minha casa, minha solidão
Joguei do alto do terceiro andar
Quebrei a cara e me livrei do resto dessa vida
Na avenida dura até o fim
Mulher do fim do mundo
Eu sou e vou até o fim cantar

Mulher do fim do mundo, de ELZA SOARES

INTERSECCIONALIDADE

O século xx foi um período emblemático para os movimentos sociais. Diversos grupos, chamados de "minorias" (embora sejam muitas vezes maiorias numéricas), ecoaram pautas que ganharam a esfera pública e culminaram em protestos e reivindicações, marcando a história com acontecimentos que aparecem em destaque nos livros, nos filmes e séries e em diversas produções culturais. E onde entram nossas filósofas nesse cenário? Elas tiveram uma participação fundamental nas lutas políticas (algumas foram até mesmo perseguidas por grupos contrários ou resistentes às pautas dessas minorias) e são, inclusive, base teórica para debates acadêmicos e populares atuais, pois suas ideias são utilizadas como ponto de partida para o avanço de novas proposições. As filósofas do século XX estão mais vivas do que nunca.

Gênero, raça e classe são três pilares que estruturam o conceito de "interseccionalidade", uma concepção das ciências humanas e sociais que coloca uma espécie de lupa para enxergarmos as questões específicas de pessoas marginalizadas na sociedade no que diz respeito a esses três critérios. Por exemplo, podemos analisar uma sociedade, enquanto registro histórico, a partir de um fator de gênero: como as mulheres viviam quando o Brasil ainda era colônia de Portugal? Perceba que já de início falar apenas em "mulheres" é muito geral, pois mulheres brancas e mulheres negras da mesma época tiveram experiências muito diversas, assim como mulheres ricas e mulheres pobres. A interseccionalidade propõe que prestemos atenção a esses recortes de raça, de classe e de gênero para formar um panorama mais detalhado e preciso das análises sociais.

Nesse sentido, as filósofas do século XX apresentarão essa perspectiva, algo até então não visto nas discussões filosóficas anteriores. O século XX também marcou uma maior fusão entre as ciências humanas e sociais, e muitos aspectos da sociologia, da antropologia, da história e da economia foram incorporados aos estudos e às formações conceituais das pensadoras.

A decolonialidade é mais um ponto que, apesar de não ser novo, foi fortemente explorado a partir do século XX no pensamento filosófico. Trata-se de uma perspectiva epistemológica que denuncia quanto nosso conhecimento formal parte de um ponto de vista único, em grande maioria branco europeu. Nossa educação (no Brasil, no Ocidente e nos países que foram colonizados) é pautada na centralidade de conhecimentos, de valores e de cultura única. O grande problema disso é quanto ficamos afastados de outras perspectivas epistemológicas que nos formam, como se essas não nos pertencessem também. Os saberes indígenas e africanos serão, então, o principal resgate do pensamento decolonial, que trará para o centro do conhecimento os saberes ancestrais, as origens do conhecimento filosófico de fora da Europa, o resgate da cultura e busca pela formação de uma identidade verdadeiramente nossa e plural. O abalo de algumas ideias já estabelecidas foi uma consequência do pensamento decolonial, como pensar que o conhecimento passado pela oralidade é tão valioso quanto o conhecimento formal escrito. Desconstruir padrões que determinam certos tipos de ideias, pensamentos ou culturas como inferiores ou primitivos é um dos desafios da decolonialidade.

Além da interseccionalidade e da decolonialidade, o século XX deixou para o século XXI como herança o feminismo. Enquanto reivindicação de direitos, já sabemos que não é nada novo: desde a Antiguidade, o lugar da mulher na sociedade, sua moralidade e virtudes foram pensadas e questionadas por diversas filósofas. Vimos que na Idade Moderna o tema ganhou força, discussões e ações muito calorosas (e alguns finais trágicos), mas tudo isso foi importante para os séculos de avanços (e de muita luta) que viriam depois.

É incerto o momento exato em que o termo "feminismo" foi criado, mas sabemos que foi a partir da Revolução Industrial que as primeiras organizações politizadas femininas começaram a surgir, sobretudo com a reivindicação do direito ao voto das sufragistas (mulheres que lutaram pelo sufrágio feminino, ou seja, o direito ao voto; para conhecer bem esse período e essas mulheres, vale a pena assistir ao filme *As Sufragistas* [2015, direção de Sarah Gavron]). No Brasil, o direito ao voto feminino ganhou força por volta de 1930, liderado por Bertha Lutz, bióloga de formação com forte atuação no campo político em prol da reivindicação feminina. O direito ao voto deu às mulheres visibilidade na esfera pública e permitiu que fossem vistas como indivíduos que portam direitos. Essa foi uma luta árdua e que levou bastante tempo para ser alcançada mundo afora — o mais recente país a permitir o voto feminino foi a Arábia Saudita, em 2015.

Logo, ainda que o feminismo seja separado em "ondas" para demarcar os principais acontecimentos e as principais pautas da época, essas reivindicações continuaram a ser pleiteadas, discutidas e zeladas nos anos subsequentes. Harriet Tubman, mulher negra e abolicionista, é um nome muito conhecido na luta estadunidense nesse período, assim como a brasileira Nísia Floresta, educadora e pensadora fortemente engajada na discussão sobre a formação da mulher a partir da educação feminina até então entendida na época, a qual ela fazia questão de questionar. Floresta foi, inclusive, uma grande leitora de Mary Wollstonecraft, filósofa mencionada no capítulo anterior.

A segunda onda do feminismo ocorreu por volta dos anos 1960 a 1980, e as pautas se embasaram muito no amadurecimento teórico do pensamento intelectual a respeito da condição feminina. A obra *O segundo sexo* (1949), de Simone de Beauvoir, foi importantíssima para esse processo, assim como a atuação política e os textos de Angela Davis sobre a questão da mulher negra. Nessa onda, pautas sobre controle de natalidade, aborto, métodos contraceptivos e emancipação da mulher nos espaços do mercado de trabalho foram fortes e decisivas para vários avanços na condição feminina no sentido legal e social. Em 1968, ocorreu a emblemática queima de sutiãs em Atlantic City, em frente ao local onde se realizava o Miss America daquele ano; sutiãs e outros objetos ligados ao padrão de beleza da mulher foram queimados no chão por diversas ativistas, num protesto à exploração comercial das mulheres. Dos espartilhos ao Photoshop, mais de cinquenta anos depois, talvez podemos pensar que pouco mudou, mas certamente seria mais complexo sem as mulheres que nos antecederam.

Já a terceira onda do feminismo marcou o início dos anos 1980 e se estende aos anos 2020, trazendo reivindicações que ainda não foram atendidas em diversos lugares do mundo, como questões relativas ao corpo, à sexualidade, ao acesso à educação e ao espaço no mercado de trabalho. Desdobramentos acerca das mulheres lésbicas, travestis e transgêneros vêm com muita força, expondo violências específicas com as quais esses grupos lidam, além de privações na esfera pública. Nessa onda também conhecemos uma diversificação de feminismos, trazendo vertentes mais alinhadas a determinadas concepções ideológicas e políticas.

Há algumas análises que consideram que estamos vivendo uma quarta onda feminista, marcada pela internet e pelo poder dos movimentos sociais e políticos que se ambientam no mundo virtual, especialmente com o uso de *hashtags* que levantam debates em tempo real sobre acontecimentos, pessoas, lugares e temas. A internet se torna uma verdadeira Ágora, o lugar de debate democrático na Grécia Antiga. Polêmicas e cancelamentos são instantâneos, histórias são revisitadas à luz de uma visão aguçada e jovem sobre a condição feminina, se tornando intoleráveis e inaceitáveis. Aliás, vale enfatizar que a quarta onda do feminismo tem sido protagonizada por mulheres jovens. Muitas adolescentes, que conhecem o movimento e diversas pensadoras da atualidade, assim como filósofas de ontem e de hoje, agregam teorias e debates ao pensamento crítico e político do feminismo. Nesse circuito, podemos incluir o entretenimento (como filmes, séries, livros) que, para o bem e para o mal, carrega nas narrativas elementos de discussão sobre a condição feminina. O ciberativismo tem sido o propulsor de temas como assédio sexual, violência doméstica, feminicídio, desigualdade salarial entre homens e mulheres, sexualização precoce, objetificação da mulher, violência psicológica, mutilação genital, casamento infantil, entre outros temas que surgem em *hashtags* como #MeToo, #PeloFimdaCulturadoEstupro, #MeuPrimeiroAssédio.

O que as músicas *Mulher do fim do mundo*, de Elza Soares, *Can't Hold Us Down*, de Christina Aguilera, e *Flawless*, de Beyoncé, têm em comum? Elas falam da vivência feminina num mundo complexo e hostil para as mulheres, mas elas têm o poder de dominá-lo. "Feminista: a pessoa que acredita na igualdade social, política e econômica dos sexos", disse a escritora Chimamanda Ngozi Adichie na palestra Ted, cujo trecho foi inserido na música de Beyoncé. O pensamento feminista e sua busca pela igualdade almejam repensar um mundo estruturalmente desafiador e violento para as mulheres, mas que pode ser transformado a partir da busca pela equidade. As filósofas do século xx ecoaram esse pensamento através de seus textos que, mais do que palavras presas em um papel empoeirado na estante, ganham ruas, casas, escolas, shows, mentes, comportamentos e leis. A partir delas, percebemos que as mulheres se unem por sua condição, mas ainda assim é importante atentar-se para as diferentes vivências de raça e classe, histórias que precisam ser reconhecidas e reparadas. O pensamento feminista está presente enquanto teoria, mas também se faz presente quando falamos de mulheres filósofas, mesmo daquelas que não tratam o feminismo como tema de sua pesquisa. Se há a ênfase "mulher filósofa", é porque falar de filósofas é, e será por um bom tempo, uma questão de gênero.

NINGUÉM NASCE MULHER: SIMONE DE BEAUVOIR

"Rosa para meninas, azul para meninos. Boneca para meninas, bola para meninos. As mulheres são emotivas, competem umas contra as outras e têm inveja entre si; homens são racionais, aventureiros e solucionadores de problemas complexos." Você certamente já se deparou com esses estereótipos sociais, talvez tenham feito parte da sua criação. Mas já parou para pensar de onde eles vêm e o quanto influenciam na construção da personalidade e caráter de meninas e meninos, mulheres e homens? Essa é uma análise extensa e complexa que tem sido feita há anos por especialistas de várias áreas.

Provavelmente o nome mais conhecido entre as filósofas que discutem esse tema seja o de SIMONE DE BEAUVOIR (1908-1986, França). Sua fama se deve a vários motivos, desde o fato de ser uma das primeiras mulheres a desbravar o meio acadêmico de filosofia na França e se destacar por seu trabalho, até polêmicas envolvendo relacionamentos com alunas e com seu principal parceiro filosófico e de vida, Jean-Paul Sartre. Há também o fato de Beauvoir ter sido uma grande escritora, autora de célebres romances como *A convidada* (1943) e *Os mandarins* (1954), muitos deles conhecidos pelo público em geral e por especialistas da literatura.

Aliás, é comum que o título de "escritora" surja mais forte que o de "filósofa" ao falar de Beauvoir. Uma injustiça por estar incompleto — afinal, os dois "ofícios" são notórios e complementares. Toda vez que se nega o título de uma filósofa e se substitui por outros, como "escritora", o empenho dela em indagar questões reconhecidamente filosóficas acaba se apagando com o tempo, e, como resultado, temos o que se constata hoje em dia: poucas mulheres que comumente intitulamos por filósofas. Não é à toa que o algoritmo do Google de muitos usuários tem dificuldade de reconhecer a palavra "filósofa".

Simone Lucie-Ernestine-Marie Bertrand de Beauvoir nasceu em uma família burguesa, com estável situação social e financeira, em Paris. Desde a infância, se destacou por sua boa memória e sucessos nos estudos, muito elogiados por seu pai. Sobre seus pais, em textos biográficos, ela os descreve com características distintas e peculiares: enquanto seu pai era um homem equilibrado entre a seriedade e os prazeres moderados, sua mãe era uma mulher austera e reprodutora de atitudes severas demais com outras mulheres e amena demais com os homens. Aos poucos, o perfil contestador de Beauvoir começou a ser revelado, o que a tornou um pouco mais fechada no ambiente familiar, pois o desabrochar de sua juventude gerou conflitos contra o cerceamento causado pela austeridade dos pais.

O início da juventude de Beauvoir coincide com as transformações vividas na Europa no Período Entreguerras (1918–1939), que permitiram o surgimento de novos perfis de mulheres, em geral jovens que vivenciaram algum conflito interno do qual queriam se libertar. Mais uma vez, o contexto da filósofa diz bastante sobre sua persona, seus dilemas, seus atravessamentos. A inteligência com pitadas de audácia fez de Beauvoir não apenas alguém à frente de seu tempo — já que seu tempo começava a despertar, de fato, novos rumos —, mas uma mulher que foi além das barreiras visíveis e invisíveis. A condição da pensadora era mais propícia para tal atitude, e ser de uma família burguesa (ainda que um pouco "mal das pernas") era um status social menos escandaloso para tais escolhas.

No início de sua juventude adulta, Beauvoir cursou licenciatura em filosofia na Universidade de Sorbonne, uma das mais conhecidas e prestigiadas universidades francesas. Foi nesse período que conheceu Jean-Paul Sartre, com quem firmou uma das mais famosas parcerias filosóficas e de vida. Apesar disso, seu desempenho e o de Sartre na filosofia sempre foram comparados, com o intuito de questionar a capacidade intelectual de Beauvoir, por vezes até duvidar de sua autoria e de seu superior desempenho em relação a Sartre em exames acadêmicos.

Nos anos seguintes, mesmo com as turbulências e separações causadas pela Segunda Guerra Mundial, o relacionamento de ambos tornou-se muito forte e um exercício de força mútua. A relação de Beauvoir e Sartre era movida pela ânsia de transcender; eram duas mentes intelectuais e combativas, fortemente engajadas, e foi nesse fluxo que Sartre formou um grupo com outros amigos, o *Socialisme et Libertè* (Socialismo e Liberdade) em prol da luta contra o capitalismo. Beauvoir ingressou na militância em termos práticos por meio de seus posicionamentos públicos e seus escritos. O alinhamento político de ambos culminou em alianças e amizades ao longo de suas vidas (e, claro, desafetos, ameaças e retaliações também), como a amizade com o escritor brasileiro Jorge Amado. Beauvoir e Sartre eram grandes admiradores do Brasil e vieram para cá várias vezes; os dois deram entrevistas (uma bem interessante, na qual são abordados enquanto descem do avião, está disponível na internet), palestraram em grandes universidades do país e conheceram diversos estados e culturas, incluindo centros de candomblé no Nordeste e na Baixada Fluminense. Beauvoir relatou em textos sua experiência catártica de conhecer o candomblé, uma mistura de elementos religiosos e culturais muito diferente do que ela conhecia até então.

A vida de Beauvoir, assim como a de Sartre, foi repleta de relacionamentos paralelos. Embora não fossem formalmente casados e ocupassem quartos separados na maioria das casas em que viviam, os dois tinham uma vida pública e privada consolidada, o que não os afastava de polêmicas devido a esse modo de vida, tanto pela bissexualidade e pelo relacionamento aberto em comum acordo, quanto pelos envolvimentos com estudantes mais jovens. São muitas histórias, e algumas ainda passam pela margem do boato, mas nenhuma deveria ser maior que seu trabalho filosófico. O que vale destacar como grande marco da vida de ambos, especialmente da de Beauvoir, é sua filosofia que pensa a existência humana. Existência marcada por escolhas e enfrentamentos; uma vida vivida intensamente desde as descobertas da juventude até seu falecimento por complicações de uma pneumonia. Um brilhante desenvolvimento intelectual filosófico, obras literárias de sucesso, a maior obra feminista da história, uma parceria de vida e de filosofia, um grande amor na maturidade, uma filha adotiva e um legado que se estende por, até o momento, quase quarenta anos após sua morte. Essa é Simone de Beauvoir.

    Uma das passagens mais interessantes da carreira de Beauvoir foi o período em que lecionou filosofia nos liceus franceses, onde os estudantes cursavam os anos finais do ciclo básico de estudos (semelhante ao Ensino Médio no Brasil). As experiências da filósofa durante esses anos renderam ótimos relatos em suas memórias escritas, como em *Balanço final*, em que ela critica a sociedade que exige e valoriza muito mais uma formação técnica e pouco reflexiva. Com o tempo, Beauvoir analisou que os estudantes mais velhos reforçavam tal condicionamento da sociedade ultra técnica e pouco reflexiva, questionando o valor do que era estudado e desafiando a fala dos professores. Afinal, por que refletir? Essa era a pergunta dos estudantes e uma indagação que a própria Beauvoir se fazia enquanto professora. Apatia e pouca participação acabaram se tornando características frequentes nos estudantes, que se interessavam menos pela escola e mais por coisas além dela. A escola, que deveria ser um espaço de desenvolvimento de forma mais prazerosa, era exaustiva e opressora. Beauvoir não via muita esperança nesse cenário, ainda que os currículos de ensino mudassem, e apenas uma verdadeira revolução educativa poderia corrigir a situação.

Essa é uma passagem interessante da vida da filósofa. Primeiro pelo fato de ter sido professora do ciclo básico, algo raríssimo entre os filósofos canônicos: ela vivenciou a educação da raiz, de base. Segundo, por perceber que as gerações distintas e de países distintos apresentam desinteresses, condicionamentos e questionamentos muito parecidos. Estamos separados por mais de quarenta anos dessa passagem da vida de Beauvoir, mas poderíamos ter lido esse relato na rede social de alguma professora de nosso país hoje.

O campo filosófico nem sempre foi aberto para as mulheres; ainda no século XX, barreiras de gênero eram frequentes, vide as vezes em que as produções de Beauvoir foram colocadas em dúvida. O fato de a pensadora ser frequentemente chamada de autora, ou até mesmo mais reconhecida no campo literário, pode ser interpretado de uma forma bem direta: se o campo filosófico ainda se encontrava estreito para o ingresso das mulheres, a literatura era um campo mais propício para se expressarem. Fato é que, por meio da literatura, a filosofia também pode ser expressa, e aqui podemos pensar em outras autoras mundo afora que têm obras potencialmente filosóficas, como *A Hora da Estrela*, de Clarice Lispector. A personagem principal, Macabéa, pode ser analisada filosoficamente como uma representação do sentido do Ser, uma ideia explorada por filósofos da corrente denominada fenomenologia. Mas esse é apenas um dos milhares de exemplos.

Escrever era uma motivação para Beauvoir, uma prática imprescindível à sua existência desde muito jovem. Escrever era eternizar suas ideias, mas também dialogar com ideias contemporâneas a ela e resgatar outras mais antigas, traçar novas perspectivas e, além de tudo, defender suas concepções filosóficas — a pensadora sabia que se tornar mais conhecida primeiramente por suas obras literárias faria suas obras filosóficas serem reconhecidas e levadas a sério. A produção intelectual de Beauvoir tem estilos diversos, englobando memórias, diários, artigos, obras completas, ensaios e romances. Desses, destacamos alguns do mais conhecidos: os romances *A convidada* (1943), *Os mandarins* (1954) e *A mulher desiludida* (1967); suas memórias contadas na autobiografia *Balanço final* (1972); o ensaio *Por uma moral da ambiguidade* (1947) e a ilustre obra *O segundo sexo* (1949). Não é à toa que muitos romances escritos de Beauvoir contêm a filosofia existencialista como pano de fundo nas vidas das personagens. A corrente filosófica conhecida como existencialismo foi a grande veia por onde correu a filosofia de Beauvoir. Para entendermos essa vertente, é importante saber em que contexto surgiu. Jean-Paul Sartre é o filósofo que aborda o existencialismo como o conhecemos hoje, mas ele se inspirou em filósofos como Edmund Husserl e Martin Heidegger, na corrente denominada fenomenologia e até mesmo em questões filosóficas que remontam à Antiguidade, como: o que é o ser humano? Existe uma natureza humana comum a todos os seres humanos? Possuímos essência? Qual é a razão de nossa existência? Qual é, então, nossa relação com a vida? Essas são algumas perguntas que norteiam o existencialismo sartreano, que logo se espalhou em diversos grupos intelectuais.

O existencialismo teve muita visibilidade em seu próprio tempo, e intelectuais franceses formavam verdadeiros grupos para produzir textos filosóficos e literários. Muitos foram os influenciados por essa corrente, que atravessou fronteiras geográficas. O escritor argelino naturalizado francês Albert Camus, por exemplo, escreveu obras famosas, sendo a mais conhecida o livro *O Estrangeiro*, em que o personagem principal se encontra num vazio angustiante. Camus foi um escritor conhecido por abordar o "absurdismo" em suas obras, mas é inegável a influência do existencialismo em suas ficções. Ele também escreveu *A Peste*, ficção que retrata uma praga de ratos repentina na Argélia que gera muitas mortes. Essa obra bateu recorde de vendas em diversos países durante o primeiro ano da pandemia da Covid-19, em 2020. Curiosamente, Camus esteve no Brasil em 1949 e visitou muitos lugares que relatou na obra *Diário de Viagem* (1978), com célebres passagens pelo Rio de Janeiro e terreiros de religiões de matrizes africanas em Duque de Caxias. As existências distintas das culturas europeias eram algo que chamava atenção dos intelectuais franceses dessa época.

Mas afinal, o que é o existencialismo e qual o impacto dessa corrente na obra de Beauvoir? "A existência precede a essência" é a máxima mais famosa que caracteriza o que é essa corrente de pensamento. Parece confusa, à primeira vista, mas é uma forma simples e direta de expor que a essência humana não é pré-determinada, definida, mas, sim, que nossa existência vem antes de qualquer coisa. Primeiro existimos, depois nos tornamos algo. Nossa essência, o que somos, o que nos constitui, será desenvolvido e determinado por nós mesmos a partir de nossas vivências e escolhas. Escolher ser — esse é o impacto. Mas escolher é um ato de liberdade, que pode ser também angustiante; a partir do momento que o indivíduo tem o poder de ação plena, de escolher desde a cor de sua camisa até as atitudes morais que irá seguir, deve arcar com essa liberdade. "O homem é condenado a ser livre", diz outra máxima do existencialismo. Afinal, se a liberdade é uma responsabilidade, os impactos da ação de uma pessoa impactam tanto a si mesma quanto a humanidade.

Sempre somos reflexos dos outros e seremos o reflexo de alguém. Podemos pensar nas diversas vezes que colocamos a culpa em algo ou alguém sobre nossas atitudes (ou falta delas), não é verdade? Mas será que, ainda assim, mesmo que em uma situação de encurralamento, você não optou por agir de uma forma "X" em vez de "Y"? São essas as indagações que o existencialismo causa em nossa mente, e por isso ele é fascinante. O existencialismo não pressupõe uma natureza humana, porque, se assim fosse, já nasceríamos com uma essência.

É importante lembrar que Sartre, responsável por introduzir o existencialismo, era ateu; logo, a ideia de uma criação humana com finalidade determinada ou específica é rejeitada. Podemos assumir a forma do que queremos nos tornar, e isso diferencia os seres humanos de outros seres — optamos ser o que escolhemos para nós. Liberdade é, também, encarar as consequências da ideia de um mundo onde nada é determinado, ou seja, encararmos as nossas ações sem reproduzir padrões comportamentais. Forte, não é?

Se essa corrente foi forte entre intelectuais e se expandiu para além da França, imagine entre a juventude. Muitos protestos estudantis contra o autoritarismo ocorreram na década de 1960 na França sob a influência do existencialismo. Aquilo que cerca a sociedade é um reflexo dela, por isso a política foi um espaço muito profícuo para o existencialismo, e Beauvoir e os demais intelectuais de seu ciclo foram fortemente engajados nela.

Beauvoir foi, sim, uma filósofa existencialista. O grande marco dessa ligação é sua inovação ao atrelar essa corrente à teoria de gênero. Em outras palavras, enquanto o existencialismo trata do indivíduo de modo geral, Beauvoir trouxe uma nova abordagem ao refletir a existência e a essência feminina. Em sua análise, a mulher não era considerada um sujeito na sociedade, era o "Outro", ou seja, aquilo que não é essencial, alguém secundário. Algumas teorias políticas de autoras já haviam problematizado essa questão, especialmente no que diz respeito à opressão feminina dentro do seio familiar. Esse é um ponto interessante de lembrarmos, já que a chamada segunda onda feminista, que ocorreu entre as décadas de 1960 e 1980, teve como uma de suas pautas a crítica ao condicionamento da mulher ao lar. Com esses antecedentes e as mudanças que estavam ocorrendo, como a conquista do voto feminino na França em 1944, Beauvoir marcou seu nome na história ao lançar, em 1949, a obra *O segundo sexo*, na qual o existencialismo feminista será o legado mais sólido para a filosofia e para os debates sobre gênero e feminismo que se têm até hoje.

Algumas coisas que nos soariam estranhíssimas hoje eram comuns no século XIX. Na Inglaterra do século XIX, por exemplo, animais e mulheres eram vistos como seres irracionais, porém discutia-se leis contra os maus tratos de chimpanzés, o que rendeu proteção legal a esse e outros animais em 1824. Na mesma época, era moralmente aceito, inclusive com anuência da legislação, que os maridos repreendessem suas esposas com agressões físicas. As mulheres eram vistas como intelectualmente inferiores e incapazes, e era de responsabilidade dos maridos "educar" e "corrigir" suas esposas. Muito disso se deve à cultura e à própria educação da época, que reforçava papéis de submissão às mulheres e de controle aos homens. Essa situação de desigualdade e as consequências violentas foram analisadas e criticadas pela filósofa Mary Wollstonecraft em seus textos. Animais merecem proteção tanto quanto os seres humanos, disso não duvidamos, mas esse é um exemplo para percebermos quanto as mulheres, até pouco tempo atrás, eram desumanizadas. Infelizmente, na nossa realidade encontramos exemplos como esse — e não precisamos de leis para que ocorram, basta um pensamento coletivo social condescender com uma cultura de violência de gênero.

Beauvoir está inserida na segunda onda do feminismo, durante o auge das reivindicações pelos direitos reprodutivos, pela liberdade, pelo acesso à educação e ao mercado de trabalho. Muito influenciado por outros movimentos sociais da época e pela chamada contracultura, o movimento feminista já vinha ganhando força especialmente na França, e, com a publicação de *O segundo sexo*, os desdobramentos foram ainda mais intensos. O desejo pela libertação e o entendimento do que é ser mulher foram a grande virada de chave para o feminismo e a condição das mulheres. Beauvoir conseguiu, com essa obra, trazer a principal contribuição tanto para a teoria quanto para a prática dessa segunda onda, reforçando a legitimidade do movimento.

O segundo sexo se divide originalmente em dois volumes que se completam: o primeiro, *Fatos e mitos*, analisa as perspectivas da psicologia, da biologia e da história acerca da condição feminina. O segundo volume, *A experiência vivida*, traz uma análise das fases da vida de uma mulher, da infância à velhice, pontuando discussões importantes como a sexualidade, a maternidade e o casamento. Em linhas gerais, nesta obra, Beauvoir traça um percurso que parte dos primórdios da história, com o intuito de mostrar qual é a condição feminina na sociedade e a origem das opressões. Os próprios filósofos da Antiguidade grega definiam as mulheres com características e atribuições negativas, como a figura que detém o mal, com atitudes capciosas, um ser incompleto. A figura do homem é a referência de indivíduo, o chamado Absoluto, porque é o sujeito reconhecidamente predominante. Um homem é um homem, não requer explicações descritivas, ao contrário da mulher. A mulher é o Outro, uma categoria que não é essencial, inferior, oposto ao sujeito Absoluto. O Outro não é o principal na sociedade, é o secundário.

Mas a mulher nasce com essa condição de inferioridade? A resposta é: não. Beauvoir aponta que a mulher se torna inferior pois é colocada nesse lugar pela privação de oportunidades, pelas humilhações sofridas e pela perda de chances. Ela não nasceu incapaz de ser algo, ou condicionada a ser o Outro — a ela é atribuído esse lugar pelo sujeito Absoluto, o homem. Não ser mulher se traduz um privilégio para o homem, pois até mesmo os medíocres se sentem confiantes e superiores. Que tal um exemplo: na sua escola, faculdade ou trabalho, quantos homens poucos experientes, de rendimento intelectual mediano ou com formação profissional aquém alcançam visibilidade, bons pontos de carreira, são elogiados, menos cobrados ou menos criticados? Por isso, os ambientes democráticos podem parecer exercer uma (falsa) igualdade, dado que muitas vezes as atitudes dos homens não condizem com a igualdade que dizem defender.

Ao revisitar as perspectivas da ciência a respeito da mulher, uma das críticas mais severas feitas pela filósofa é a limitação que a própria biologia determinou ao corpo feminino (lembrando que nesse período a discussão ainda ocorria em termos binários, ou seja, homem e mulher, no sentido biológico ligado a genitália). É como se a natureza biológica reduzisse a potência da mulher por ter um corpo limitado. Mas a crítica também se estende às questões inegáveis do corpo feminino, que podem subordinar a mulher, por exemplo o sistema reprodutivo, a menstruação e as mudanças hormonais que impactam todo o corpo. É como se a vida da mulher estivesse diretamente ligada à sua circunstância reprodutiva, algo que lhe é determinado e causa crises e instabilidades. O corpo exerce um controle sobre a mulher, que só será livre na menopausa; daí uma das abordagens mais interessantes de Beauvoir: na maturidade, a mulher não é mais cobrada ou julgada pela sua função como reprodutora. Sabemos que outras cobranças e questões aparecem na velhice, mas o ofício reprodutivo cessa apenas nesse estágio maduro da vida. A crítica da filósofa está em dizer que a biologia é sempre um elemento crucial para compreender a mulher e suas situações, mas ela deseja enfatizar, ou melhor, negar que as características biológicas determinem um destino implacável. As diferenças entre mulheres e homens podem existir, mas a filósofa afirma que muitas dessas condições de fraqueza são contextuais, que podem perder o sentido de comparação em situações em que a questão física, por exemplo, seja absolutamente desnecessária. Logo, a biologia não deveria ser um determinante.

Se, na análise de Beauvoir, o homem é colocado como sujeito Absoluto e a mulher como o Outro, então quando se começa a diferenciar homem e mulher e a atribuir comportamentos, papéis, expectativas e privações às mulheres? Beauvoir alega que na infância não há distinções, mas as coisas mudam quando os meninos se dão conta do heroísmo atribuído a eles e de suas vantagens em relação às meninas, ou seja, que são vistos como superiores. As diferenças corporais e a maneira de lidar com o corpo começam a se evidenciar quando às meninas é incutida uma vergonha por seu corpo até mesmo durante uma intimidade, como urinar, enquanto para os meninos isso passa ileso. Beauvoir pensa por um viés da psicanálise para explicar a formação dos papéis de gênero que culminam na vida adulta. As meninas são, por exemplo, condicionadas a serem mães por meio da brincadeira de boneca; por isso, o conhecido "instinto maternal" não existe, segundo a perspectiva da filósofa. Quando meninas e meninos chegam à maturidade, a sexualidade dos meninos é dominadora, e a das meninas passa pelo choque de dar-se conta de que o futuro como mãe não tem o mesmo prestígio que o amplo futuro dos homens. Por isso, as meninas se tornam passivas, castas, visam agradar o homem renunciando a seu lugar no mundo e sua independência para estar à espera e a serviço.

"Ninguém nasce mulher, torna-se mulher", a célebre frase de Beauvoir contida em O *segundo sexo* é uma das mais conhecidas e repercutidas da obra da filósofa. Porém, ela está incompleta. O contexto da frase encontra-se num parágrafo mais amplo, no qual fica mais evidente para nós o que a pensadora propôs: "Ninguém nasce mulher, torna-se mulher. Nenhum destino biológico, psíquico, econômico, define a forma que a fêmea humana assume no seio da sociedade; é o conjunto da civilização que elabora esse produto intermediário entre o macho e o castrado, que qualificam de feminino."

Beauvoir inicia o segundo volume de sua obra com essa afirmação, já que dedica os próximos capítulos para destrinchar todas as fases da vida da mulher. Ela inicia, então, no tom crítico aos determinismos biológicos e ao fato de as mulheres serem rotuladas e definidas unicamente pela condição de seu sexo biológico. A construção do "tornar-se mulher" vai além disso, o "ser mulher" na sociedade significa ser determinada por uma construção, um padrão comportamental no qual as mulheres são doutrinadas a seguir o papel esperado. Aos poucos, desde a tenra idade até a maturidade, a mulher precisa abandonar quem é, seus desejos, gostos e opiniões e regredir a um papel passivo para que os homens sejam os protagonistas — mais uma vez, o homem é o Absoluto, a mulher é o Outro. O Outro é o "segundo sexo", o secundário, o que não é essencial. A filósofa também provoca — a fim de chamar à atenção para a reflexão — pensamentos sobre qual é o papel das mulheres nessa história. Se no existencialismo nós primeiro existimos para depois formarmos nossa essência, as mulheres têm responsabilidade sobre sua condição de submissão, que pode ser uma zona de conforto e de condescendência, já que tomar as rédeas da própria vida, lutar pela liberdade e assumir suas escolhas é difícil. É preciso ser bravia. Por isso, é fundamental que as mulheres lutem por sua independência e saiam da submissão, pois uma sociedade mais justa só assim será quando as mulheres tiverem condições e oportunidade de trabalhar, agir e pensar em pé de igualdade com os homens. A emancipação das mulheres está ligada à sua vida em sociedade, e é importante que haja um rompimento da obrigatoriedade do espaço privado para que elas atuem na vida econômica e no trabalho, façam parte da vida política que possibilitará sua plena condição de vida, em vez de estarem excluídas desse espaço.

A filosofia de Beauvoir provoca um turbilhão de pensamentos. Para as mulheres, é inegável a provocação, pois ela nos faz pensar em nossas condições de existência e na maneira como fomos constituídas e rotuladas. Para os homens, a atenção é sobre o seu papel na sociedade, também moldado, e sobre sua responsabilidade na promoção da igualdade. Beauvoir nunca foi do lar, nem mãe, nem casada, papéis que rejeitou justamente para que vivesse sua liberdade de forma que considerava plena. Certamente *O segundo sexo*, ainda que algumas passagens já tenham sido superadas, é uma obra que nos mostra que, quanto mais dominarmos os conhecimentos sobre nosso corpo e nossa mente, menos a biologia será o fator que determina majoritariamente nossa vida. A obra também traz à luz a importância de a educação feminina ser mais voltada à autonomia e à emancipação, em vez de aprisionar em bolhas e não auxiliar na construção de possibilidades sem etiquetas que nos aprisionam. Essa educação precisa acontecer desde cedo, para que a vida jovem, adulta e madura não seja repleta de opressões, como as submissões forçadas em alguns casamentos. Somos culturalmente formados a naturalizar essa hierarquia de gênero, que era até então estabelecida unicamente pela biologia. Se a cultura endossa diferenças entre o que se denomina "feminino" e "masculino", significa que é possível repensar essa estrutura para modificá-la.

Ser mulher não é apenas nascer mulher, mas cumprir o papel que lhe é atribuído, cumprir os requisitos de uma feminilidade. Para Beauvoir, é assim que se instituiu a mulher, esse Outro, na sociedade. Tão cruel pensarmos quantas possibilidades são retiradas das mulheres ao determinar para elas um comportamento, restringir suas escolhas e impedir sua emancipação. Aquelas que conseguiram romper um pouco com esse roteiro foram duramente criticadas e perseguidas. Até mesmo as que foram brilhantes em suas carreiras, promissoras em seus ofícios e notáveis por sua atuação pública foram reduzidas a escárnios e críticas sobre seu comportamento não condizente com a passividade.

Um bom exemplo é a física e química vencedora de dois Prêmios Nobel, Marie Curie. Após a trágica morte de seu marido, Pierre Curie,

Marie não teve uma vida fácil dentro da pesquisa e das universidades, por ser rara a presença feminina em laboratórios e centros de pesquisa, e essa dificuldade foi agravada pelas ostensivas fofocas e repulsas vindas da sociedade após a viuvez. Hoje sabemos quem é Marie Curie e reconhecemos sua contribuição científica sem nos prendermos à sua vida pessoal; mas, em vida, ela infelizmente passou por alguns maus bocados. Embora esse seja um caso superado, quantas artistas, intelectuais e até mesmo anônimas são reduzidas às suas vidas pessoais ou aos seus comportamentos que se caracterizam como fora do esperado para seu gênero? Por isso, Simone de Beauvoir é reconhecidamente uma das maiores intelectuais de todos os tempos. Uma das lições que ela nos deixa é de que os direitos das mulheres precisam estar em constante vigia: cuidados, protegidos e garantidos. Turbulências sociais, econômicas e políticas acontecem a todo momento em diversas escalas de magnitude; logo, não é porque conquistamos direitos que eles estão eternamente garantidos.

AMEFRICANIDADE E PRETUGUÊS: LÉLIA GONZALEZ

Uma exímia acadêmica, mulher conhecida por seu estilo, irmã de um famoso jogador de futebol e um dos nomes mais buscados no Google em 2018 após Angela Davis mencioná-la em uma palestra no Brasil. Todos esses títulos pertencem a **LÉLIA GONZALEZ** (1935-1994, Brasil), um fenômeno da intelectualidade e da academia brasileira, injustiçadamente esquecida por anos, mas que tem sido muito resgatada. Como não se encantar com o sorriso de Lélia? Como não sentir um arrebate ao ler seus textos? Essa é uma das figuras brasileiras e da filosofia que todos deveriam conhecer.

Lélia Gonzalez foi filósofa, antropóloga e militante do movimento negro e feminista do século XX. As principais defesas intelectuais e políticas de Gonzalez estão centradas na luta contra o racismo estrutural e a desigualdade de gênero articulada à questão racial, ou seja, o feminismo negro. Ela conseguiu transitar em diversos espaços, do acadêmico ao popular, dos artigos científicos aos de jornal. Sem papas na língua, Lélia, com muita clareza, conseguia expor e explicar os problemas do Brasil para todos os públicos, e sua linguagem mais acessível é um dos motivos que impressiona nessa figura. Falar para o público amplo é uma das principais formas de transformação de uma sociedade, que precisa se instrumentalizar e modificar as estruturas de violência, preconceito e exclusões.

Lélia nasceu na cidade de Belo Horizonte, Minas Gerais, mas viveu a maior parte de sua vida no Rio de Janeiro, para onde ela e sua família se mudaram em busca de mais oportunidades e estabilidade, o que aconteceu muito graças ao irmão mais velho, Jaime de Almeida, que se tornou um conhecido jogador do Flamengo. Oriundos de um lar humilde, o pai de Lélia era operário, e a mãe, empregada doméstica. Seu pai era negro e a mãe de origem indígena, e a pensadora ressaltava com frequência em seus textos a presença de etnias que formaram seu ser.

Assim como diversas mulheres negras que vivenciam as estruturas desiguais do país, ela trabalhou desde muito jovem como empregada doméstica e relatou essa vivência em entrevistas, ressaltando como se dava a relação com suas patroas brancas e a diferença de tratamento que ela recebia em relação aos filhos das famílias, crianças brancas.

Com muita luta, Gonzalez conseguiu concluir os estudos básicos no Colégio Pedro II, tradicional escola da rede pública do Rio de Janeiro, conhecida pela excelência de ensino. Posteriormente, graduou-se em história e geografia, além de obter um bacharelado em filosofia na Universidade do Estado do Rio de Janeiro, a UERJ. Ao longo da vida acadêmica, lecionou em diversas instituições de Ensino Superior, como Pontifícia Universidade Católica do Rio de Janeiro (PUC-RJ) e na própria UERJ.

Foi durante os tempos de estudante no Ensino Superior que ela conheceu Luiz Carlos Gonzalez, que se tornaria seu marido e cujo sobrenome adotou. A relação dos dois foi marcada por muitas pressões e rejeições por parte da tradicional família espanhola de Luiz, pois ela não aceitava que ele, um homem branco, se casasse com uma jovem negra. Lélia relatou em diversos momentos os conflitos internos que viveu e as tensões pela questão racial. Foi aí que ela viveu de perto a falsidade da "democracia racial", termo cunhado pelo sociólogo Gilberto Freyre, que alegava o fim dos conflitos raciais no Brasil dado o advento da miscigenação, como se a "mistura" entre pessoas pretas e brancas tivesse gerado uma harmonia social. Posteriormente, Gonzalez fez duras críticas ao racismo velado no Brasil e denunciou quanto a ideia de "democracia racial" é um pensamento nocivo que mascara a sordidez da discriminação racial. Infelizmente, pouco tempo depois do casamento, em decorrência dos desgastes da situação, Luiz Carlos Gonzalez cometeu suicídio. O choque de Lélia Gonzalez foi o divisor de águas de sua vida. Ela buscou referências, apoio e entendimento na psicanálise e no candomblé.

Como missão de vida, Gonzalez se engajou fortemente na militância e nos estudos das questões raciais e de gênero. Ao longo de sua vida, colecionou diversas atuações importantes, como ser uma das fundadoras do Movimento Negro Unificado (um dos grandes marcos do movimento negro no Brasil) e fazer parte do Conselho Nacional dos Direitos da Mulher. Em sua produção intelectual, uniu história, geografia, antropologia e filosofia para tratar das questões raciais e de gênero, tendo como especificidade a situação do Brasil e da América Latina.

No Brasil e no exterior, Gonzalez solidificou sua trajetória acadêmica com vastas produções de ensaios e artigos e algumas entrevistas dadas a diversos veículos. Sua vasta produção textual foi reunida em obras, sendo as mais conhecidas *Lélia Gonzalez — retratos do*

Brasil negro (2010), *Primavera para as rosas negras* (2018) e *Por um feminismo afro-latino-americano* (2020), além da obra escrita com Carlos Hasenbalg, *Lugar do negro* (1982), e *Festas populares no Brasil* (1987). Essas obras transitam entre os temas centrais de Gonzalez, raça e gênero, sobretudo enfatizando a situação de mulheres negras no Brasil. Em veemente conflito com a ideia de "democracia racial", Gonzalez traz discussões que atualmente seguem muito fortes, inclusive nas novas gerações, muito em decorrência do ativismo pelas redes sociais. Lélia identificou, por exemplo, quanto a língua reflete e reforça as estruturas desiguais, apontando as violências simbólicas (e reais) da cultura brasileira que envolvem o uso da palavra "mulata" e o imaginário da mulher negra como a "doméstica", entre outros. Um ponto fundamental da obra de Gonzalez é restituir a identidade e a força de homens negros e mulheres negras, fornecendo instrumentos a essas pessoas na luta contra a violência de raça e gênero — o que chamamos atualmente de "empoderamento".

Como dito anteriormente, Lélia Gonzalez sabia da importância da comunicação e o poder da palavra chegar aos grupos aos quais pertencia. A figura dela tornou-se emblemática por tratar-se de alguém que vivenciou mazelas e que superou obstáculos para chegar a lugares que são difíceis para pessoas como ela. Ter voz acadêmica e ser conhecida popularmente é uma luz na conscientização, mostrando quão significativo é fazer com que pessoas excluídas da sociedade ou marginalizadas percebam a desigualdade que estão envolvidas e, principalmente, percebam que essas estruturas precisam desabar para surgir uma nova sociedade restaurada na afirmação da identidade negra.

Quais são, então, os conceitos desenvolvidos por Lélia Gonzalez? Podemos destacar as ideias de "amefricanidade" e "pretuguês", além das suas considerações sobre o feminismo negro. Em linhas gerais, parte do trabalho de Lélia é focado nas críticas ao termo "democracia racial" e ao colonialismo, que gerou um apagamento da cultura e das identidades negras e indígenas no Brasil. Em sua análise, o povo brasileiro, por muito tempo, teve uma identidade organizada e esquematizada pelo homem branco, desprezando e tentando esconder qualquer vestígio das outras etnias que formam o Brasil.

Faça um exercício simples: lembre-se de amigos, familiares ou conhecidos que têm ascendência portuguesa, italiana, espanhola, entre outras ascendências europeias. Com certeza um número significativo deles conhece os nomes dos avós, talvez até dos bisavós, e tem fotos, relatos familiares, costumes repassados, o sobrenome originário. Esse tipo de cenário não ocorre exatamente igual para os negros no Brasil. Praticamente todos os sobrenomes originários de países e etnias do continente africano foram extintos — muitos escravizados eram, inclusive, rebatizados com nomes cristãos e referidos pelos sobrenomes de seus proprietários. Os descendentes não têm fotos de avós, bisavós, e, por vezes, apenas alguns relatos familiares sobreviveram, fragmentados ou com escassas referências.

Hoje em dia, em portais da internet, é possível pesquisar por nomes de antepassados e encontrar até mesmo cópias de certidões de casamento de séculos atrás — isso se seu antepassado for europeu. Onde estão as identidades africanas? Os registros, a construção dessa origem? Vivemos um problema sério, que intelectuais como Gonzalez nos chamam a atenção há tempos. A filósofa ressalta, inclusive, que o racismo brasileiro, por ser velado e se fundar na ideia falaciosa de democracia racial, produz e reproduz o mito da igualdade e respalda o dominador a perpetuar suas práticas excludentes, e o dominado a manter-se na alienação. Ela traça alguns paralelos com os Estados Unidos e diz que o racismo estadunidense é escancarado, e por isso, lá, os negros avançam em suas conquistas de forma mais visível, pois a mobilização consegue ser mais incisiva, já que a estrutura social determina nitidamente o lugar de cada grupo. Não há negação do racismo ou uma suavização desse processo.

Gonzalez ressalta também que o movimento feminista não contempla as questões das mulheres negras e indígenas. Da mesma forma, ela afirma que a questão de classe social influencia em uma hierarquização de mulheres, ou seja, brancas e de classes superiores não vivenciam as exclusões de raça e classe que negras e pobres vivem. As mulheres da América Latina não foram bem contempladas no movimento feminista tradicional, já que o sistema dessa sociedade é fundado em um patriarcalismo branco europeu, que arrasta as consequências da escravidão e da subordinação dessas etnias. Gonzalez recorre a algumas definições da psicanálise de Lacan para abordar uma dominação que infantiliza a mulher, enquanto parte de um sistema ideológico. A biologia define a mulher, e a ela é negado o direito de ser sujeito de sua própria história. O feminismo branco também é colonizador, na medida em que ele esquece e exclui a questão racial e aliena práticas libertadoras que deveriam ser incentivadas às mulheres negras e indígenas.

Na linha da crítica, Gonzalez apontou discordância com a teoria de Simone de Beauvoir, embora a tenha estudado e até traduzido. A filósofa brasileira não defende a ideia de uma mulher universal e ressalta que a submissão e a abdicação da liberdade pode ser uma realidade em sociedades brancas, mas não em sociedades não brancas. Ou seja, ela mais uma vez evidencia que o feminismo até então estruturado não contempla as mulheres negras e indígenas, universaliza algo que não é universal e ignora outras culturas e sociedades pautadas em valores diferentes dos de sociedades brancas. Cabe lembrar aqui que etnias e grupos de sociedades matriarcais existiram em países do continente africano e no Oriente, porém nossa história ainda é abordada por um olhar eurocêntrico que mal conhece outras vivências para além da Europa.

"Amefricanidade", talvez o conceito mais conhecido de Lélia Gonzalez, nada mais é do que a constituição de uma identidade afro-latino-americana. Ela teceu duras críticas aos Estados Unidos e à maneira com que se apossaram da América (já notou que os estadunidenses se referem ao país deles como *"America"*, ignorando os vários países que compõem, de fato, a América?). Além disso, Gonzalez evidenciou as identidades africanas e indígenas que formam a ideia de latino-americano, reforçando as origens que constituem verdadeiramente todos que fazem parte dessa região, no intuito de as restabelecer e de valorizar nossa história, cultura e modo de vida. A ideia é, também, contribuir para desfazer a relação estrutural de dominador e dominado que, de forma cruel e eficaz, aliena a maior parte da população com o apagamento de suas origens em séculos de história. A amefricanidade é o resgate das bases identitárias de etnias que foram espalhadas e apagadas à força, numa diáspora. E, nesse resgate, ela cunha o termo "pretuguês", que nada mais é do que a africanização da língua portuguesa.

Com auxílio da antropologia, Lélia Gonzalez analisa que o português falado no Brasil com palavras e entonações de origem africana, inicialmente presente em senzalas e quilombos, integra a cultura, a comunicação e a linguagem brasileira. Além disso, a filósofa ressalta que essa expressão informal é uma maneira de integrar pessoas negras ao mundo acadêmico ou a uma educação formal para que compreendam temas ligados ao racismo, à questão de classe e ao feminismo (em diversas entrevistas, Lélia usa uma linguagem cheia de gírias, como "saca?", mostrando que praticava aquilo que teorizava).

A amefricanidade será mais efetiva quando o pretuguês também fizer parte desse reconhecimento e da disseminação do conhecimento, sem ignorar sua existência e quanto constitui a identidade do Brasil. Nesse sentido, as contribuições da intelectual brasileira foram significativas para se pensar novas bases da epistemologia, ou seja, do conhecimento a partir das etnias marginalizadas. Perceber a profunda presença da colonização é se instrumentalizar para decolonizar nossos saberes e identidades.

Lélia Gonzalez conheceu o mundo por meio do seu trabalho, esteve em diversos lugares, especialmente na América Latina e no Caribe, e a partir daí as vivências canalizaram para uma produção riquíssima. Conheceu pessoas fundamentais para a intelectualidade e para a história, como a filósofa Angela Davis. Das inúmeras passagens interessantíssimas de sua vida, há uma que vale muito ser contada.

Em 1966, no dia 21 de março, Dia Internacional pela Eliminação da Discriminação Racial, o famoso apresentador de TV Chacrinha concedeu uma entrevista a um programa de rádio no Rio de Janeiro, assim como outras personalidades, para falar da importância da luta contra a discriminação racial. Em sua fala, Chacrinha se colocou veementemente contra o racismo e expressou seu descontentamento com algumas situações vivenciadas dentro dos estúdios de televisão, citando o exemplo de algumas determinações de emissoras e estúdios em que trabalhou. Segundo ele, o *close* em negros no auditório era proibido, e eles só podiam ser filmados de relance. O curioso é que Chacrinha apresentava um programa de TV muito popular, logo, grande parte de seu público era de pessoas negras. Em sua fala, ele continuou a denunciar o racismo e enunciou que somos todos negros.

Lélia Gonzalez então escreveu uma carta a Chacrinha, expondo diversas situações e articulações da televisão brasileira que reforçavam o racismo velado. A carta dialogava de forma simples e muito rica com a fala do apresentador, enquanto ela relembrava programas de TV da época que colocavam negros em seu elenco ou como convidados, simulando um enaltecimento da cultura negra e passando uma ideia de um cenário amistoso, pacífico, além de reproduzir estereótipos da "mulata", o samba como produto de exportação e por aí vai. Gonzalez criticou duramente a comercialização da cultura, a mulher negra como produto e até das escolas de samba. O mito da democracia racial ainda se mantém no discurso e nessa falsa aceitação das origens africanas no Brasil, utilizadas como via de lucro. Enquanto isso, boa parte da população negra continua marginalizada. Lélia Gonzalez concluiu a carta com firmeza e lançou um desafio: "Mas nem por isso vamos ficar passivamente calados assistindo à decadência desse império romano de hoje que é a chamada civilização ocidental. Afinal, somos os bárbaros que o derrubarão. Por isso mesmo temos que assumir nossos bárbaros valores, lutar por eles e anunciar uma nova era. Nova era que somos os construtores. Aquele abraço e muito axé pra ti, Velho Guerreiro". A pensadora compreende a exposição feita pelo apresentador, mas cobra uma ação em relação ao que notoriamente é sabido. O império da colonização não pode perpetuar; é necessário assumir e lutar contra nossos valores "bárbaros", a fim de constituir um novo Brasil.

SABEDORIA ANCESTRAL: SOPHIE OLUWOLE

Pitágoras foi o primeiro pensador a cunhar a palavra "filosofia", "amigo da sabedoria". Essa é uma clássica passagem da história que alguns estudiosos usam para reforçar a ideia de origem da filosofia no mundo grego: se a palavra surgiu entre os gregos, a própria filosofia também. Mas será que outros povos não tinham atividade de pensamento? Não questionavam a realidade, não refletiam, não buscavam respostas? Filosofar se dá, somente, nos moldes gregos? Essas são questões que permeiam há tempos fortes debates no campo da história da filosofia e nos estudos da filosofia africana.

No senso comum, conhecemos a filosofia como produtora de textos clássicos e da ideia de filósofos que se devotaram ao ofício de serem pensadores de maneira bem formal, desenvolvendo investigações e produzindo grandes obras. Porém, a tradição oral também pode ser vista como produtora de conhecimento filosófico — inclusive, a filosofia começou por aí. Se remontamos à Antiguidade, encontramos povos cuja cultura transmitida pela oralidade produziu reflexões e pensamentos filosóficos. Ou então, partindo da filosofia canônica, temos a clássica figura de Sócrates, que nada produziu textualmente, mas estabeleceu o legado da dialética, aquele desenvolvido a partir de Diotima. Mas se a figura socrática é tão conhecida por esse método que não tinha escrita, por que existe resistência para aceitar as filosofias orais, produzidas coletivamente e transmitidas culturalmente pela oralidade? Existem algumas explicações para isso.

Se a tradição grega é mais aceita e outras não, alguns estudiosos defendem que existe algo chamado de "racismo epistêmico", que inclui a negação de que um povo produziu conhecimento ou foi pioneiro nele. No caso da filosofia, essa negação ocorre pelo fato de esse saber não ter exercitado a filosofia de forma escrita, a partir de determinada pessoa, de forma datada e seguindo uma estrutura argumentativa tal qual vemos na filosofia grega. É o que ocorre com a filosofia africana, por exemplo. Embora haja avanços na discussão sobre ela ser filosofia ou não, ainda não encontramos em manuais clássicos e livros didáticos de Ensino Médio referências a elas (ou sequer à sua existência) incorporadas no entendimento do surgimento da filosofia como um todo, ou seja, como algo que faz parte da dimensão humana. Muitas vezes essas filosofias são vistas como mescladas à cultura religiosa de um povo ou são muito atreladas a um pensamento mitológico, o que não valoriza o potencial filosófico que elas têm.

Pode-se compreender por filosofia africana, em linhas gerais, o conhecimento desenvolvido a partir da cultura, das práticas e da religiosidade que envolvem as diversas tradições presentes em povos do continente africano. Sabe-se que, ao longo da história, alguns filósofos de países como Argélia e Egito são estudados pela tradição ocidental. Estes têm um pensamento ligado ao modo ocidental da filosofia, em síntese. Por filosofia africana entende-se as reflexões feitas anteriormente ao tempo grego clássico ou, em alguns casos, num período muito próximo a eles.

Nos dias atuais, pensadores e pensadoras de países do continente africano têm sido cada vez mais trazidos ao grande público, e esse importante movimento vem justamente do debate sobre as filosofias existentes e suas relevâncias. **SOPHIE OLUWOLE** (1935–2018, Nigéria) é um bom exemplo disso.

Sophie Bosede Oluwole, nascida Abosede Oluwole, é conhecida por ser a primeira mulher doutora em filosofia na Nigéria, obtendo o título na Universidade de Ibadan. Nasceu em uma família de muitos irmãos e de pais comerciantes. Na infância, estudou em uma escola para meninas e foi "rebatizada", recebendo o nome de Sophie. Acessou uma faculdade para mulheres onde se graduou, e posteriormente viajou a alguns países da Europa até retornar a Nigéria, onde iniciou os estudos em filosofia na Universidade de Lagos. Algum tempo depois, ela tornou-se professora na mesma universidade e chefiou o Departamento de Filosofia, inicialmente lecionando Egiptologia. Os estudos do Egito Antigo também são interpretados como estudos da filosofia antiga, em uma vertente que defende que esse é um pensamento filosófico e anterior aos gregos. Sophie relata uma infância sem a presença da filosofia na escola, algo que persistiu por muito tempo no sistema educacional da Nigéria. Foi a Universidade de Lagos que a apresentou à filosofia, área à qual se dedicaria até o fim da vida. Na infância, ela pensava em ser enfermeira, mas os planos mudaram quando Sophie visitou um hospital missionário católico junto a sua escola. Lá, se deparou com pessoas muito doentes, o que lhe causou medo e fez com que a vontade de ser professora fosse, então, uma possibilidade futura. Já na universidade, iniciou estudos em história e geografia, mas acabou migrando para a filosofia por não ter tanta afinidade com as outras áreas, além de se tornar uma aluna disputada entre professores devido à assiduidade nas aulas. Oluwole percebeu que na filosofia haveria muitas coisas as quais ela poderia descobrir e resolveu seguir esse caminho acadêmico. A filosofia africana não foi um contato imediato, pelo contrário, Oluwole encontrou resistências ao longo da trajetória universitária para provar a existência do pensamento africano, em seus anos de pós-graduação ela se debruçou sobre a tradição iorubá, rica em fontes de pesquisa. Francês e inglês são idiomas ensinados na educação nigeriana, mas o iorubá, não. Por que tornar obrigatório o ensino de línguas estrangeiras e deixar de lado o estudo de uma língua tradicional africana? Esse foi um dos questionamentos feitos pela filósofa. Essa crítica ao sistema educacional não é exclusiva da Nigéria; quantos países da América Latina, por exemplo, também silenciam os saberes dos povos originários nos currículos escolares? A filosofia africana e seus estudos nos abrem provocações fundamentais sobre a colonização do conhecimento e como diversas gerações têm suas identidades moldadas com base em um forte apagamento.

Oluwole foi uma das grandes defensoras das tradições orais africanas e de suas filosofias, chegando até a compará-las às ideias filosóficas vindas da Antiguidade grega. Tal concepção evidencia quanto a filosofia é uma dimensão humana, exercitada por povos diversos, e não somente por alguns entendidos como "superiores" ou "eleitos".

Percebendo a filosofia existente nas tradições orais africanas, Oluwole se concentrou nos estudos da tradição Ifá e em como ela desenvolve uma linguagem própria que pode ser sistematizada e interpretada sob a ótica do pensamento racional. Ifá é um oráculo, um sistema de interpretação e orientação da vida baseado em textos mito-poéticos muito antigos da tradição iorubá, etnia presente em algumas regiões do continente africano, como a Nigéria. Ifá é uma espécie de porta-voz de um orixá, uma divindade africana, que comumente é Orunmilá, o orixá da sabedoria.

A partir do uso de determinados objetos, como búzios ou tábuas de madeira talhadas com símbolos específicos, um babalawo, que é um sacerdote, utiliza o oráculo Ifá para buscar interpretações e orientações para uma pessoa sobre o momento de vida em que ela está. Na tradição, existem os chamados odus, que são diversos textos míticos e poéticos que funcionam como guia de resposta para a pessoa que está em busca de orientação. Há muita complexidade nesse sistema riquíssimo, repleto de filosofia, literatura e até matemática. Numa comparação para elucidar melhor, lembre-se das pitonisas, sacerdotisas que proferiram oráculos na Grécia, como a do Oráculo de Delfos. O Ifá é um marco cultural tão importante que, em 2005, foi reconhecido pela UNESCO como Patrimônio Imaterial da Humanidade.

Nesse sentido, Sophie Oluwole caminha em um dos debates mais emblemáticos da filosofia, que é a suposta oposição entre mitologia e filosofia. Na história da filosofia que normalmente conhecemos, fala-se de um início da filosofia na Grécia a partir do rompimento com o pensamento mitológico, dando lugar a um pensamento sistemático e racional para compreender e justificar a natureza a partir de uma origem que não seja sobrenatural. Nas tradições antigas, na própria Grécia e em outros povos, os próprios mitos e suas alegorias impulsionam ideias e reflexões que são, em síntese, também filosóficas, e é nessa abordagem que Oluwole justifica sua investigação. A filósofa compreende que os textos filosóficos e os mitos não estão em lados opostos; mitos podem ser, sim, fonte de pensamento, e ela evidencia na tradição Ifá elementos que são filosóficos.

Em 2017, Sophie Oluwole publicou um livro pioneiro, intitulado *Socrates and Orunmila: two patron saint of classical philosophy* (Sócrates e Orunmilá: dois patronos da filosofia clássica). Aqui, a filósofa utiliza duas figuras importantes para elaborar aproximações e diferenciações entre o pensamento socrático e de Orunmilá, ambos afirmados por ela como filosóficos. Ela traz três "versões" de Orunmilá, explicando as abordagens possíveis quando nos referimos a esse nome.

A primeira é o Orunmilá ligado à crença e sua tradição mítica, que ecoa seus ensinamentos através de Ifá, o oráculo. A segunda é a versão relacionada à referência sociocultural, como se o nome simbolizasse o conjunto de conhecimentos e crenças ligadas à tradição de Ifá e das histórias que servem de guia para a sabedoria de vida, os odus. Orunmilá reflete a sabedoria, as práticas que levam a uma vida de conhecimento e de busca. Já a terceira versão de Orunmilá é ligada a um filósofo antigo que teria vivido no século VI a.C., cujos discípulos levaram adiante seus ensinamentos, organizados num sistema chamado de Odu Ifá, ou seja, a busca pelo autoconhecimento. Oluwole faz um resgate de Orunmilá como uma figura que representa o autoconhecimento, uma filosofia pela "arte de viver" (a ética) tal qual antigos gregos e romanos faziam —, mas, nesse caso, a filosofia africana de Orunmilá antecede a dos filósofos ocidentais. O simbolismo dessa figura representa um conjunto de ensinamentos, e, aquele que os pratica, desenvolve um conjunto de aprendizados possíveis.

A filosofia de Orunmilá tem dois caminhos que devem ser conhecidos e exercitados: o autoconhecimento do sujeito (chamado de "ciência da cabeça") e o conhecimento dos caminhos possíveis que podem ser percorridos em diferentes situações. Ocupar-se de si mesmo, ou seja, fazer uma autoleitura, é um exercício fundamental para existir de forma plena. Aliado a esse exercício, a paciência é um meio de aprender consigo mesmo e de exercitar o autoconhecimento com atenção e observação, para que não haja pressa, reações precipitadas ou algum tipo de ansiedade nas ações. Na prática desse autoconhecimento, trilhar os caminhos da vida se torna mais fácil, e as escolhas são feitas com mais sabedoria, pois aquele que é paciente consigo mesmo se torna mais sábio, observador e seguro das escolhas que tomará. O impaciente não traça os melhores caminhos, podendo "meter os pés pelas mãos" e incompreender a si mesmo, "perder-se de si". Essa paciência tão valiosa não significa uma passividade diante da vida e de si mesmo, mas de saber compreender as circunstâncias, agir quando se deve e aceitar o que vem do acaso ou o que foge diretamente da atitude.

"Quem eu sou?" Essa é uma pergunta que levamos toda uma vida para responder — se é que conseguimos um dia —, e, mesmo que possamos respondê-la, será que a resposta se manterá a mesma para sempre? A *Metamorfose ambulante*, do cantor Raul Seixas, talvez seja uma boa analogia para o autoconhecimento de Orunmilá; conhecer-se sempre é observar as circunstâncias, como reagimos, como lemos o mundo. O caminho da existência é uma jornada desconhecida, mas que deve ser desvelada por nós com sabedoria, exercitando um autoconhecimento paciente e observador. A vida muitas vezes se apresenta a nós como algo instável, imprevisível, surpreendente, e essas possibilidades nos causam angústia e medo — o que nos espera? O que virá a seguir? Logo, mesmo não desvendando completamente nosso futuro e nosso eu, o exercício do autoconhecimento potencializa nossas escolhas, nos deixa mais confortáveis para pisar no solo e encarar a realidade. Nesse sentido, Sophie Oluwole foi uma filósofa fundamental para resgatar um saber ancestral e elevá-lo ao patamar de filosófico, além da religiosidade e da cultura que a figura de Orunmilá representa.

Em linhas gerais, a perspectiva africana desenvolvida por Oluwole trata da busca pelo autoconhecimento, mas esse é um sistema extremamente complexo e completo. Sócrates e Orunmilá têm afinidade nesse aspecto, a começar pela oralidade. Com essa prerrogativa, a filósofa aproxima Sócrates da sabedoria de Orunmilá, que, através do oráculo Ifá e seus sistemas de adivinhação e das histórias mitopoéticas cheias de diversos ensinamentos, guia as pessoas para virtudes, autoconhecimento, sabedoria e paciência. A filosofia socrática tem semelhanças com essas diretrizes, já que máximas conhecidas como "conhece-te a ti mesmo" foram ecoadas pela sabedoria de Sócrates e passadas a gerações posteriores, sendo até hoje bases para indagações filosóficas. Mas, se considerarmos a diferença temporal, a sabedoria Orunmilá é ancestral, muito anterior à existência das ideias socráticas e do próprio Sócrates.

Por que, então, a oralidade das filosofias gregas antigas é ouvida, mas a sabedoria dos povos africanos e de outros não ocidentais é silenciada e não se inclui no cânone? Por isso o trabalho de Oluwole é tão importante: ela foi um dos principais nomes da filosofia a resgatar esse conhecimento e incluí-lo como um sistema filosófico, além do reconhecimento cultural e religioso. Boa parte da negação da produção de conhecimento por parte dos povos africanos é um resquício de uma tradição de pesquisadores e antropólogos no início do século xx, que reforçaram a ideia negativa de inferioridade intelectual de diversas etnias africanas, ignorando seus saberes originais por, certamente, não serem construídos e divulgados nos mesmos moldes do conhecimento formal e tradicional europeu. O racismo se dá também na negação da produção de conhecimento e dos saberes africanos.

Oluwole enfrentou as academias filosóficas tradicionais ao realizar um trabalho de décadas em prol do reconhecimento da filosofia de Ifá, mas também de toda a africanidade. Abrindo um parêntese, existem consistentes estudos que resgatam nomes de filósofos egípcios anteriores à tradição grega, como Ptahhotep e Amenemope, com textos que abordam ensinamentos de vida. Logo, é possível conceber a existência de um saber filosófico no continente africano, mas é necessário analisar de dentro do contexto cultural local, e não importar moldes gregos ou europeus, embora seja possível traçar paralelos.

Sophie Oluwole foi uma das pesquisadoras que começou a analisar o pensamento africano a partir da língua, da cultura, do modo de vida, dos costumes dos povos, sobretudo da etnia iorubá. Antes de afirmar categoricamente que "não há filosofia africana", é importante conhecer, imergir nas construções desses povos e reconhecer seus sistemas. Se a filosofia é uma dimensão humana, como muito bem ressaltado por Oluwole, encontraremos essa atividade em povos diversos para além da Grécia, e da Europa, em suas estruturas e moldes. Quando a filósofa elenca proximidades e afastamentos entre a filosofia de Sócrates e de Orunmilá em seu livro, é exatamente esse exercício que busca fazer para encontrar essa conclusão.

Sophie Oluwole é uma figura que simboliza dedicação à filosofia e ao resgate de saberes originários. Em sua longeva vida, esteve no Brasil em 2018 para um evento acadêmico na Fundação Oswaldo Cruz, poucos meses antes de falecer. A filósofa representa a importância de termos mais acadêmicas na área de filosofia, tão ocupada por figuras que reproduzem os mesmos saberes clássicos — que são importantíssimos, porém não os únicos. Ela também nos lembra de quão fundamental é resgatar nossas raízes, aquelas anteriores ao conceito de "civilização", que são igualmente ou mais ricas em espiritualidade, mas também em conhecimentos sólidos que estruturam um povo e sua forma de pensar o autoconhecimento, as virtudes e a vida para si e para o grupo. Essas lições antigas são mais importantes que nunca em um mundo contemporâneo fragmentado e individualista.

INTERSECCIONALIDADE E ANTIRRACISMO: ANGELA DAVIS

No século xx, o sul dos Estados Unidos viveu um dos momentos mais tensos da história: a segregação racial. A legislação proibia negros de frequentarem os mesmos espaços que os brancos. Em escolas, por exemplo, havia banheiros e bebedouros específicos para negros, assim como nos ônibus, em que eles só podiam se sentar nos bancos do fundo. Foi nessa época que surgiram organizações racistas que perseguiam, violentavam e assassinavam negros, como a Ku Klux Klan. Viver nessa época teve um peso enorme para uma intelectual que foi muito além da simples teoria. **ANGELA YVONNE DAVIS** (1944–hoje, Estados Unidos) vivenciou a segregação racial na pele por meio de longas batalhas.

Davis nasceu e passou os primeiros anos de vida no Alabama. Seus pais eram educadores, o que garantiu uma vida estável financeiramente — aliás, a estabilidade financeira em uma família negra era algo raro em tempos de segregação. Sua vida acadêmica começou na graduação de literatura francesa na Universidade de Brandeis e seguiu até o seu doutorado em filosofia na Universidade Frankfurt. A trajetória de Davis inicia com o rompimento de barreiras, afinal, uma jovem mulher negra que completa o Ensino Superior e alcança um doutoramento no exterior é algo extremamente importante e expressivo para a época.

Quando ainda era adolescente, Davis conheceu a teoria de Karl Marx ao ler *O Manifesto Comunista* (1848) na escola particular onde era bolsista, além de integrar um grupo de jovens que possuía associação com o Partido Comunista. Mas foi apenas anos mais tarde que a relação de Davis com o marxismo se aprofundou, quando viajou para a Alemanha para estudar filosofia e se tornou aluna de dois grandes filósofos que a influenciaram em sua formação e obra: Herbert Marcuse e Theodor Adorno.

Marcuse e Adorno foram membros da conhecida Escola de Frankfurt, que não era necessariamente uma escola física, mas, sim, uma teoria crítica do conhecimento que buscava analisar e criticar, sob a forte influência do pensamento marxista, a massificação dos indivíduos. Em outras palavras, esses pensadores analisaram, por exemplo, como a cultura se tornava um meio de massificação e alienação do sistema capitalista. Marcuse, Adorno e outros nomes conhecidos, como Max Horkheimer e Walter Benjamin, saíram da Alemanha nazista devido a sua ascendência judaica e, ao retornarem ao país, construíram um pensamento filosófico que pretendia compreender esses processos típicos de regimes totalitários, como o nazismo. Portanto, a proposta da Escola de Frankfurt é importante para que possamos perceber as influências que atravessaram a trajetória de Davis e formaram bases críticas, teóricas e práticas para a criação de seu próprio pensamento.

Após concluir seu doutorado, Davis lecionou em diversas instituições de Ensino Superior, como a Universidade da Califórnia. Foi durante seu período como docente que Davis se aproximou das discussões a respeito de gênero, raça e classe social, começando pelo tema racial. O envolvimento de Davis com o comunismo também ganhou força em seus anos de estudo e docência, o que acarretou uma série de perseguições e passagens emblemáticas em sua vida.

Davis, por exemplo, já foi considerada uma das dez criminosas mais perigosas dos Estados Unidos, sob acusações de conspiração, sequestro e homicídio — logo depois, inocentada de todas. Nos anos de 1970, foi presa após defender três prisioneiros negros, acusada de tentativa de fuga e sequestro; o caso gerou revolta, pois sua prisão era obviamente por motivos políticos, e não por crimes cometidos, e a campanha "Libertem Angela Davis" foi um marco na luta contra o racismo. Figuras públicas e artistas como Aretha Franklin explicitaram apoio à ativista e filósofa. Alguns compuseram músicas, fazendo coro ao pedido de liberdade. *Angela*, de John Lennon e Yoko Ono, e *Sweet Black Angel*, da banda The Rolling Stones, foram lançadas em 1972 com esse objetivo.

O fato é que Davis sempre demonstrou uma tremenda força na luta pelas causas que defendia e jamais se intimidou com as represálias que sofreu por parte do FBI.

Sem dúvida, a militância e a defesa dos direitos da população negra são os marcos principais da vida e da obra de Angela Davis. A trajetória da pensadora é tanto acadêmica quanto ativista, atuante na intelectualidade, no chão das ruas e nos megafones. Sua teoria crítica compreende que gênero, raça e classe social se entrelaçam e devem ser levados em consideração em uma análise sobre as desigualdades que estruturam uma sociedade capitalista — a interseccionalidade, que mencionamos no começo do capítulo. Já pelos títulos de suas obras — *Mulheres, raça e classe* (1981), *Mulheres, cultura e política* (1989) e *Estarão as prisões obsoletas?* (2003) — podemos perceber a recorrência da interseccionalidade em sua produção intelectual.

No início de sua carreira na Universidade da Califórnia, Davis ofereceu um curso de filosofia onde abordava a literatura negra em consonância com temas filosóficos, desconstruindo a imagem da população negra como submissa e servil. A filósofa enfatizava a escravidão como um fator fundamental para analisar a situação da população negra, o que inclui perceber quanto as pessoas escravizadas resistiram às hostilidades e violências. A liberdade é uma condição intrínseca ao ser humano, ninguém tem como desejo ser oprimido e violentado. Portanto, é ilógico pensar que não houve resistência e luta da população negra escravizada. Apesar de Davis falar no contexto estadunidense, essa reflexão vale para pensarmos sobre as condições de populações escravizadas em outros países, inclusive do Brasil. Já parou para pensar em quantos heróis e heroínas negros temos na nossa história? Com certeza, milhares, porém poucas dessas pessoas são conhecidas de fato. Felizmente, nos últimos tempos, essa é uma temática que tem sido retomada, discutida e muito estudada, para cada vez mais recuperarmos nossa história com personalidades que recontam uma trajetória de resistência no que diz respeito à nossa identidade. É nesse movimento de resgate que Davis acabou se tornando uma figura de resistência e um símbolo de luta. As prisões e perseguições que sofreu tinham forte cunho político — afinal, trata-se de uma mulher negra declaradamente contra o sistema capitalista e suas desigualdades, que está disposta a empregar todas as suas forças na luta contra as diversas formas de opressão.

Angela Davis tem muitas publicações conhecidas, e certamente a mais notória é o livro *Mulheres, raça e classe*. Aqui, Davis constrói seu legado na história do pensamento ao tratar do feminismo na perspectiva de raça e classe. Esse passo foi extremamente importante para a visibilidade de um debate até então insuficiente, que era a diferença de mulheres brancas e negras na sociedade, pensando nas origens e consequências dessa diferenciação. Para isso, é importante recorrermos à história do movimento feminista para compreender por que Davis parte desses pressupostos.

Na primeira e segunda onda do feminismo, o protagonismo de mulheres brancas era notório no movimento, ainda que uma boa parte delas fosse oriunda de classes trabalhadoras em busca de reconhecimento como cidadãs ao pleitear o direito ao voto. Nesse tempo, também surgiram nomes de mulheres negras que integraram lutas significativas no século XIX, como Harriet Tubman e Sojourner Truth, que lideraram movimentos abolicionistas nos Estados Unidos. Entretanto, apesar de brancas e negras se movimentarem em prol dos direitos das mulheres no século XIX e início do XX, havia uma diferença entre esses grupos, mesmo quando textos, manifestações ou quaisquer outros tipos de exposição pública tentassem englobar na categoria "mulher" todas as raças e classes.

É a partir dessa análise que Angela Davis desenvolve em seu livro um olhar específico para a situação das mulheres negras. O feminismo, ressalta a filósofa, não é um movimento plenamente de irmandade e igualdade, mas de diferenças explícitas, que dificulta a condição das mulheres negras. As mulheres brancas, ainda que vivessem opressões e desigualdades, iniciaram um movimento político reivindicando pautas que eram distantes das mulheres negras. Enquanto as brancas de classe média e alta pleiteavam igualdade de direitos e viam no casamento e na negação ao mercado de trabalho duas maneiras de opressão às suas existências, as negras sequer eram entendidas como seres humanos dignos de direitos. Davis evidencia que essa diferença começa na escravidão, acontecimento que categorizou como sub-humanas as mulheres negras, que existiam para satisfazer as vontades e ambições de quem as tinha, como quem possui um objeto. A filósofa aborda o tema a partir do contexto estadunidense, porém é possível notar que há semelhanças com o processo de escravidão no Brasil e as marcas deixadas por um passado tão violento.

O feminismo, na perspectiva da mulher negra, também abarca a luta pelo lugar do homem negro na sociedade, afirma Davis. Nos processos punitivos e violentos da escravidão, construiu-se uma imagem do homem negro violento e "selvagem" que representa o perigo iminente para a mulher branca. Por isso, o feminismo negro também enxerga a importância de defender o lugar do homem negro na sociedade, em uma luta constante contra a imagem do selvagem. Davis relembra que sufragistas brancas foram contra a permissão para que homens negros pudessem votar antes delas, após a aprovação da

15ª Emenda em 1870 nos Estados Unidos. Para a filósofa, essa posição contrária demonstra um posicionamento racista das sufragistas, por não levarem em consideração que essa conquista fosse muito significativa e importante para os homens negros, até então oriundos de uma parcela considerável da população sem qualquer acesso ao exercício cidadão — na realidade, sem qualquer possibilidade de ter sua existência assegurada.

Davis também aborda a hipersexualização dos corpos pretos. A objetificação do corpo da mulher negra, tão falada hoje em dia, se origina do uso violento do corpo das escravizadas para reprodução de escravos e da violência sexual praticada por homens brancos. Era nesse momento que as experiências das mulheres negras se diferenciavam das dos homens: na relação privada da escravidão, homens e mulheres exerciam trabalhos de força e eram propriedades de alguém, mas o gênero aparece quando elas eram violentadas, mutiladas, punidas. Daí surgem muitas outras concepções, como a mulher negra não ser "feminina" ou "delicada", mas, sim, forte. A força e a perseverança da mulher negra historicamente remontam a um passado de dor, em que a sobrevivência se faz em um contexto perverso. Davis critica essa exaltação de força das mulheres negras, alegando que esta não é uma construção feita em cima de glória, mas de sofrimento.

Enquanto as mulheres brancas lutavam por direitos trabalhistas, controle de natalidade e liberdade, as mulheres negras mal podiam ser mães. Havia aquelas que eram obrigadas a servir como reprodutoras, outras que tinham seus filhos retirados à força e usados como mão de obra, além das que eram esterilizadas sem consentimento. Nesse sentido, fica cada vez mais evidente quanto o feminismo, de forma geral, não abarca as vivências tão distintas entre mulheres brancas e negras, e qualquer tentativa de incorporar todas como um único tipo de mulher é ignorar esses significativos contrastes. Por isso, é extremamente necessário que o feminismo negro (assim como os recortes feministas indígenas, com deficiência etc.) esteja presente, pois a diversidade de vozes e lideranças traz novas estratégias e pensamentos na sociedade. Se há uma sociedade diversa com experiências a serem respeitadas e notadas, elas precisam ser visíveis e ouvidas.

Em *Mulheres, raça e classe*, Davis traça paralelos entre passado e presente evidenciando como os processos de violência e opressão provocados pela sociedade racista e machista acontecem de forma muito similar, ressaltando mais uma vez quanto essa estrutura de preconceito é antiga e tem sido duradoura. Um exemplo é a dificuldade da emancipação das mulheres negras. Com o fim da escravidão, outros mecanismos de aprisionamento e trabalho forçado foram criados para explorar a mão de obra de pessoas pretas. Muitos foram trabalhar no campo, outros em indústria, a maioria em condições péssimas. No século XIX, aponta Davis, homens e mulheres eram detidos por motivos torpes e pretextos insignificantes, com o objetivo de transformá-los em mão de obra carcerária. Assim, eles poderiam pagar suas penas ou multas em forma de trabalho. A falha no sistema de justiça criminal criava um cenário de horror para os negros, que executavam funções de trabalho sem distinção de gênero, ou seja, mulheres poderiam fazer o mesmo trabalho que os homens. Mas, novamente, a condição de gênero das mulheres as colocava em maior vulnerabilidade de abusos e violências sexuais.

Além de tudo isso, Davis ainda aponta para fatos e dados já do século XX em relação ao trabalho doméstico. A maioria das mulheres que trabalhava como empregadas domésticas em lares era (e ainda é) negra, e muitos relatos da época denunciavam tentativas de abusos sexuais dos patrões brancos, evidenciando a vulnerabilidade e o risco desse ofício, além de ser um trabalho desvalorizado social e financeiramente. Outros postos de trabalho e o desenvolvimento de novas profissões não eram tão simples de ser alcançados para pessoas negras; logo, o trabalho doméstico manteve-se como um destino quase forçado. O temor do que poderia acontecer dentro das casas das famílias brancas era constante. Desse cenário, muitos mitos a respeito da "imoralidade" e "promiscuidade" da mulher negra surgiram, analisa Davis. No Brasil, o cenário não foi tão diferente.

O contexto dos negros nos Estados Unidos passa por outras questões, como o encarceramento em massa da população negra como mecanismo de controle, dominação e punição, reforçando a ideia de perseguição do Estado. Novamente, vemos uma lógica escravocrata em uma sociedade capitalista. Esses pontos serão comentados por Davis em *Mulheres, raça e classe*, mas bem desenvolvidos na obra *Estarão as prisões obsoletas?*, na qual a autora discute a grande população carcerária e o fato de a maioria desse grupo ser composta por negros. Ela também traz à discussão a criminalização de outras minorias étnicas e de pessoas pobres, o que evidencia o racismo do Estado e a desigualdade social. Por isso, Davis aponta paralelos entre o movimento abolicionista e o movimento antiprisional, daí a provocação no título do livro.

Por fim, embora Angela Davis não tenha cunhado o termo "empoderamento", é possível perceber quanto sua obra, publicada há mais de trinta anos, continua fazendo sentido para as novas gerações que buscam algo para guiar suas lutas. A palavra tem ganhado cada vez mais força atualmente, sobretudo em redes sociais. Hoje, o engajamento ativo na internet em pautas políticas, que chamamos de "ciberativismo", tem se tornado muito forte em diversos movimento sociais, entre eles, o negro e o feminista.

É interessante observar quanto cada vez mais jovens têm se engajado nas questões de gênero e raça, levando para dentro de casa e das escolas as discussões e vivências desses temas. Empoderar nada mais é do que incorporar poder, se instrumentalizar, se fortalecer diante dos desafios da vida social que aparecem de acordo com características de um sujeito. Recentemente algumas produções da cultura pop e do entretenimento têm reforçado o engajamento dos jovens e adultos, como os filmes *Pantera Negra* (2018, direção de Ryan Coogler) e *Infiltrado na Klan* (2018, direção de Spike Lee), que trazem temas como identitarismo e representatividade, além de lembrar fatos da história que jamais devem ser repetidos.

No primeiro, temos um super-herói negro que carrega todas as características de um herói ligado a suas raízes e sua identidade que incorpora o afrofuturismo — a união de tecnologia, ciência, cultura, arte e filosofia com a ancestralidade e identidade africana. O filme foi responsável por incentivar as discussões sobre o resgate da identidade negra e as consequências da representatividade de um homem negro como super-herói. T'Challa, interpretado pelo saudoso Chadwick Boseman, tem entre suas lutas a preservação de sua ancestralidade e a longevidade do seu legado.

Infiltrado na Klan conta a história verídica de policiais que se infiltraram na Ku Klux Klan. Um policial negro, Ron Stallworth (interpretado por John David Washinton), se passa por um supremacista branco se comunicando com a organização via telefone e cartas e, nos encontros presenciais, envia seu colega branco para representar o papel. O filme também mostra a história do grupo militante Panteras Negras, do qual a filósofa Angela Davis fez parte em sua juventude. Inicialmente, este grupo é vigiado por Ron por representar uma possível ameaça, mas no decorrer da trama vemos que os integrantes evidenciam a luta contra um sistema que assolava a população negra nas mais diversas formas de opressão. Angela Davis não é retratada literalmente no filme, mas a personagem Patrice Dumas (interpretada por Laura Harrier) representa as mulheres negras que integravam a organização.

Entretanto, Angela Davis está muito presente nas telas, nas multidões, nos palanques, nos livros, nas inspirações a personagens, nas letras de música e nas palestras em universidades, o que revela uma filósofa emblemática e uma voz que ecoa por outras vozes. Davis nos ensina sobre as estruturas do racismo, do machismo e da desigualdade social nos Estados Unidos, mas joga luz no passado e na construção de um novo futuro para outras sociedades. Ela nos lembra de que todas as nações com tristes e revoltantes estruturas escravocratas também têm figuras que representam a luta e a resistência. Como dito antes, Davis foi convidada a participar de ciclos de palestras promovidos em universidades brasileiras em 2018 e resgatou o nome de Lélia Gonzalez, intelectual que dedicou a vida a compreender a experiência da população no contexto do nosso país. Riqueza é a nossa pela experiência de fusão intelectual e afetuosa entre duas grandes pensadoras de uma era.

UM OLHAR SOBRE AS FILÓSOFAS DE GÊNERO, RAÇA E CLASSE

"Eu sou toda mulher, está tudo em mim", dizia Whitney Houston em *I'm Every Woman*. A cantora, que viveu o auge da carreira entre os anos 1980 e o começo dos anos 2000, reflete nessa música o poder das mulheres de ecoar sua potência. As filósofas do século XX também promoveram essa força que repercutiu em mudanças intelectuais e sociais. "Ser toda mulher" talvez seja uma forma de compreender que na diversidade desse grupo, há conexões, enfrentamentos e vitórias que compartilhamos. Entre as mulheres que exerciam a busca pela liberdade e atuaram em prol dos grupos a que pertenciam e denunciavam as mazelas de suas origens, merecem menção honrosa Carolina Maria de Jesus, escritora brasileira negra de origem pobre, autora de *Quarto de Despejo*, e Emma Goldman, ativista e escritora que lutou, entre várias pautas, pela liberdade feminina. As palavras dessas filósofas do século xx habitam a mente e o pensamento de forma catártica, desde a primeira vez que as conhecemos. Elas evidenciaram pluralidades femininas, criaram um vínculo de força e ação que tem atravessado décadas e gerações, em uma promoção da igualdade e da força coletiva. Instrumentalizaram meninas, jovens e mulheres maduras com seus textos, palestras, entrevistas, palavras e conceitos que aumentaram a consciência, a reflexão e a ação contra estruturas opressivas. Possibilitaram que pudéssemos reconhecer erros da história, reparássemos injustiças e nos atentássemos para as interpretações puramente biológicas que limitavam o entendimento do feminino, além do masculino e de outros gêneros. São nomes de um passado recente que inspiraram novas gerações a também protagonizarem o espaço intelectual e o engajamento popular de uma sociedade mais justa. Foram pensadoras que resgataram a ancestralidade, seja do feminino, seja do masculino, para devolver a história e resgatar a identidade. Intelectuais que nos atentam que o conhecimento não parte de um só lugar, mas de vários, e que existem saberes tão ricos quanto os já estabelecidos anteriormente, que conhecemos como o "início" da "civilização". A conexão das filósofas com a atualidade, seja de mulheres comuns, escritoras, ativistas, entre outras, não se dá apenas nas dores, mas também nas conquistas que foram alcançadas. É a evidência de que o pensamento crítico promove uma transcendência da humanidade ao resgatar virtudes de coragem, inteligência e justiça.

> O feminismo é uma prática política, não apenas um conjunto de ideias.
>
> — Amia Srinivasan

CAPÍTULO 6

Malalas e Ninas
Pensadoras e filósofas hoje

As histórias importam. Muitas histórias importam. As histórias foram usadas para espoliar e caluniar, mas também podem ser usadas para empoderar e humanizar. Elas podem despedaçar a dignidade de um povo, mas também podem reparar essa dignidade despedaçada.

O *Perigo da Historia Única*, de CHIMAMANDA NGOZI ADICHIE

A JORNADA ATÉ AQUI E COMO ELA CONTINUA

Se há filosofia desde que nos entendemos enquanto sociedade, também hoje existem filósofas pensando, produzindo e partilhando suas ideias. E elas são muitas, espalhadas pelo mundo, focadas em temas e áreas específicas da filosofia. Inclusive, "atualidade" é um conceito que poderia ser discutido em filosofia. Será que Diotima de Mantineia, Hildegarda de Bingen e Mary Wollstonecraft não seriam atuais, embora historicamente de tempos passados? O pensamento filosófico, uma vez elaborado, sempre fará parte da história, de sua própria época, mas também tem pretensão de ser universal, buscando responder a perguntas dificílimas, de forma que as respostas perdurem no tempo e ultrapassem especificidades de determinada sociedade. Talvez por isso a filosofia seja tão fascinante: sua atemporalidade e riqueza de recursos possibilita que pensemos as mesmas questões ou outras totalmente novas a partir de ideias clássicas, ou de repensar conceitos já estabelecidos.

É importante falar sobre filósofas de hoje, pois é fundamental que encontremos pares que estejam próximas temporalmente de nós para dialogar e nos inspirar. Com certeza é um incentivo para a busca pela filosofia e pelo que ela tem a dizer. É uma maneira de identificarmos sobre quais questionamentos as filósofas atuais estão se debruçando, quais temas as movem e quais formulações estão produzindo acerca de questões cotidianas; como elas têm pensado, à sua maneira, temáticas vigentes no meio em que estão inseridas ou tópicos discutidos mais globalmente.

Nesse exercício de buscar filósofas de hoje, mais do que em qualquer época, identifica-se uma pluralidade de idades, etnias, vertentes e formações. Essa percepção reforça quanto as mulheres sempre foram e sempre serão presentes na filosofia, trazendo suas vivências e experiências múltiplas, que contribuem para o fazer filosófico de maneira valiosa.

É indissociável falar de filósofas e de gênero. Ainda que não devamos nos limitar a pensar específica e exclusivamente no feminismo ou nas desigualdades, a partir do momento que se destacam "mulheres filósofas" na história do pensamento, o próprio recorte já mostra um desequilíbrio latente. A questão da desigualdade de gêneros na filosofia é, inclusive, pauta de pesquisa. Nas universidades brasileiras, cerca de 72% dos estudantes de filosofia são homens, assim como

88% dos professores que atuam no Ensino Superior. As mulheres são minoria numérica e social no cenário filosófico acadêmico do Brasil, o que influencia diretamente na dinâmica social sobre quem ocupa ou representa a filosofia no país. Tal problema incide nas escolas, nas novas gerações que se formam com esse referencial e, claro, nas produções filosóficas que o Brasil desenvolve — e assim se perpetua um estudo com poucas filósofas no currículo e no repertório. Pode-se dizer que esse cenário já melhorou, mas ainda está longe de ser ideal. Buscar filósofas da "atualidade" faz sentido quando entendemos que essa diferença ocorre estruturalmente e remonta a séculos de exclusão.

Neste breve resgate, alguns nomes memoráveis são apresentados, o que não significa que não existam (muitas) outras. Além das que serão desenvolvidas a seguir, merecem destaque Nísia Floresta (1810-1885, Brasil), educadora e pensadora brasileira, ávida leitora de Mary Wollstonecraft; Simone Weil (1909-1943, França), filósofa francesa que se tornou operária para relatar o cotidiano como trabalhadora de uma fábrica; Edith Stein (1891-1942, Polônia), filósofa polonesa de origem judaica e estudiosa da fenomenologia, que foi morta no campo de concentração de Auschwitz e se tornou uma santa católica; e Maria Lugones (1944-2020, Argentina), filósofa argentina que desenvolveu um rico pensamento sobre colonialidade e questão de gênero.

Algumas pensadoras de academias mundo afora têm produzido textos e livros que auxiliam no resgate da memória, da biografia e do trabalho dessas filósofas. Lisa Whiting e Rebecca Buxton, por exemplo, produziram o livro *The Philosopher Queens* (As rainhas filósofas), que resgata para o grande público filósofas da história. No Brasil, algumas iniciativas como a escola online "As Pensadoras" e "Rede Brasileira de Mulheres Filósofas" reúnem acadêmicas de todo o país para oferecer cursos e formações sobre filósofas e suas principais ideias — um movimento muito enriquecedor para a formação filosófica a partir das grandes pensadoras da história. O projeto "Uma filósofa por mês" tem feito uma divulgação científica esplêndida sobre filósofas de todo o mundo, trabalhando, inclusive, em traduções inéditas de fragmentos e textos de pensadoras diversas. Essas iniciativas podem ser encontradas gratuitamente na internet.

Sabe-se também que a caminhada é lenta. Muitas produções intelectuais de pensadoras de outras etnias e de regiões não europeias ou estadunidenses não estão plenamente disponíveis ou acessíveis para estudos e traduções; porém, a insistência nessa busca e o fomento à pesquisa são movimentos importantes de toda a sociedade para se resgatar e preservar a riqueza de ideias elaboradas por essas intelectuais.

Alguns nomes bem conhecidos foram escolhidos para estarem na lista a seguir, com comentários que as apresentam em linhas gerais. Todas elas estão representando questões com relevância no tempo presente, dentro e fora de suas fronteiras geográficas. Duas delas faleceram recentemente, mas continuam vivíssimas, afinal, pensamentos não morrem, sobretudo quando seu legado intelectual é deixado para a sociedade por escrito, saberes orais, produções audiovisuais e outros meios. Felizmente esses recursos existem para que as filósofas continuem vivendo em nós, de alguma maneira.

MARY MIDGLEY

MARY BEATRICE MIDGLEY (1919–2018, Inglaterra) foi uma filósofa britânica, professora na Universidade de Newcastle e autora de obras sobre ciência, direito dos animais e ética. Midgley foi crítica ao cientificismo e à redução da natureza humana à pura biologia e à ideia de evolução, pois a concepção de ser humano deve ser mais completa e complexa que o que determina a ciência de forma "biologizante". Uma grande contribuição da filósofa foi não tratar natureza e cultura como coisas opostas e diferentes, como se a cultura não fosse algo natural do ser humano. Mary Midgley ressalta o oposto, afirmando a cultura como algo tão natural quanto o que chamamos de "natureza" ou "biologia". Entender que a cultura é tão importante para os seres humanos quanto qualquer outra questão natural nos coloca como seres específicos, pois ela nos diz respeito diretamente. Assim, nossa evolução, e até nosso passado, vai além de só crescer e se desenvolver. Os aspectos comportamentais da cultura foram essenciais para a dita "natureza humana". A linguagem desenvolvida por Midgley e as questões provocadas em seus textos são marcantes para quem a lê, o que a torna uma pensadora importante para o exercício filosófico. Das suas diversas obras, apenas uma está disponível em português, A *presença dos mitos em nossas vidas* (2003), em que a filósofa traça ligações entre os simbolismos da mitologia e o pensamento humano, e discorre sobre quanto a imaginação e o lúdico da mitologia ainda são presentes. Assim, desmonta a intensa ideia de racionalidade pura proveniente do cientificismo.

bell hooks

Um dos principais nomes da educação, GLORIA JEAN WATKINS (1952–2021, Estados Unidos) vivenciou a segregação racial no país, assim como Angela Davis. De um lar simples e com muitos filhos, Watkins resgatou e adotou o nome da bisavó, bell hooks, conhecida na história familiar como uma mulher forte nas ações e nas palavras. hooks opta por escrever seu nome em letras minúsculas para priorizar suas ideias, não sua pessoa, além de romper com convenções linguísticas e a formalidade acadêmica. A inspiração ancestral levou a jovem menina do Kentucky a se apoiar em suas professoras de escola, mulheres negras, que eram suas grandes incentivadoras nos estudos e no hábito da escrita. A escrita era um dos refúgios de bell hooks, mas infelizmente era pouco estimulada em casa. A educadora estudou inglês e literatura até o doutorado, sendo muito influenciada no campo da filosofia da educação pelo educador brasileiro Paulo Freire. hooks lecionou em escolas do ciclo básico e por diversas vezes se deparou com mazelas sociais e problemas da estrutura educacional vigente, tal como Freire apontava em suas obras, sobretudo a chamada "educação bancária", que nada mais é do que a educação que só "despeja" conteúdos nos estudantes, como se tivessem uma mente vazia, e ignora os saberes, vivências e possibilidades de conhecimento a partir do que eles mesmos podem trazer. Nesse percurso, hooks aponta a importância de uma educação que seja uma prática da liberdade, respeitando e integrando os saberes e vivências dos estudantes. Também defende o feminismo negro como uma via fundamental de luta, além da interseccionalidade na educação. A educação, para ela, é uma via de afeto e pensamento crítico, de entrega e compromisso total de todos que participam desse processo, estudantes e professores. Entre diversas obras de bell hooks, destacam-se *Teoria feminista: da margem ao centro* (1984), *Ensinando a transgredir: a educação como prática da liberdade* (1994), *Ensinando pensamento crítico: sabedoria prática* (2010) e *O feminismo é para todo mundo: políticas arrebatadoras* (2015).

MARILENA CHAUI

MARILENA DE SOUZA CHAUI (1941 até o momento, Brasil) é doutora em Filosofia pela Universidade de São Paulo (USP) e pós-doutora pela Bibliotèque Nationale de Paris, muito conhecida por ser uma das grandes especialistas em Baruch Espinoza, filósofo holandês do período moderno que dissertou sobre filosofia política. Chaui também é notória no campo didático da filosofia, já que é autora de diversos e completos livros didáticos de filosofia para a educação básica, tendo sido uma das pioneiras a escrever livros voltados para o Ensino Médio no Brasil. Além de filósofa, Chaui é um dos principais nomes da política brasileira; mesmo que nunca tenha se candidatado, já atuou como secretária de cultura na cidade de São Paulo e sempre foi ativa politicamente no país, em prol da democracia, e presente nos debates sobre as questões de desigualdade e classe brasileiras. É doutora *honoris causa* em universidades brasileiras e estrangeiras e professora emérita da USP. A pesquisa acadêmica de Chaui tem foco nos estudos sobre Espinoza nos temas da liberdade e da ética, além de estudos em geral sobre filosofia moderna e política. Um grande êxito de Chaui está na escrita de textos consistentes e, ao mesmo tempo, acessíveis para o público no que se refere à filosofia; nesse sentido, notabilizam-se obras como *O que é ideologia* (2001); sua coletânea de história da filosofia, *Nervura do Real II* (2016), e os didáticos *Convite à filosofia* (1994) e *Iniciação à filosofia* (2016).

SILVIA FEDERICI

SILVIA FEDERICI (1942 até o momento, Itália) é um dos nomes atuais mais fortes no campo dos estudos de gênero, surgimento do capitalismo e mundo do trabalho. A filósofa italiana estudou nos Estados Unidos e se tornou professora emérita da Universidade de Hofstra, em Nova York. A influência do pensamento marxista levou Federici a desenvolver um trabalho filosófico que analisa como o mercado de trabalho impactou a vida das mulheres desde o início do modo de produção capitalista, por volta do século XIV. Um dos pontos altos da teoria da filósofa é a ideia de que o trabalho doméstico foi e é uma exploração feminina. Segundo Federici, além de submeter a mulher quase exclusivamente à vida do lar, e, portanto, longe dos estudos e do desenvolvimento intelectual para sua emancipação, o trabalho doméstico foi fundamental para que o capitalismo existisse e se mantivesse. Trabalho pesado, sem remuneração e que possibilitava (e ainda possibilita) que os homens saíssem, trabalhassem, fossem a guerras e produzissem. Além dessa ideia, a filósofa estuda profundamente a caça às bruxas perpetrada na Idade Moderna. Para ela, esse movimento foi um desdobramento da moral capitalista nascente, que criminalizou práticas religiosas, medicinais e sociais das mulheres, porque precisava de pessoas dóceis e obedientes para o funcionamento do sistema e para a acumulação primitiva de capital. Destacam-se entre as obras de Federici: *Calibã e a bruxa: mulheres, corpos e acumulação primitiva* (2004), *O ponto zero da revolução: trabalho doméstico, reprodução e luta feminista* (2012) e *Mulheres e a caça às bruxas* (2019).

MARTHA NUSSBAUM

MARTHA CRAVEN NUSSBAUM (1947 até o momento, Estados Unidos) é uma das mais importantes filósofas estadunidenses da atualidade. Autora de mais de vinte livros e muitos artigos acadêmicos, Nussbaum desenvolveu seus estudos sobre as filosofias grega e romana clássicas. Mas são seus estudos sobre política e ética que mais ganharam notoriedade mundial. Muito ligada ao Direito, Nussbaum trouxe contribuições para o pensamento acerca dos direitos dos animais, justiça, ética, educação e as emoções humanas. É professora de ética nos cursos de Direito e Filosofia na Universidade de Chicago, nos quais ministra aulas e cursos sobre variados temas dentro de seu campo de atuação. Através das obras *A Fragilidade da Bondade* (1986), *Sem Fins Lucrativos: por que a democracia precisa das Humanidades* (2010) e *Fronteiras da Justiça* (2006) são algumas das obras que possibilitam conhecer mais sobre a filósofa.

NANCY FRASER

NANCY FRASER (1947 até o momento, Estados Unidos) é professora de filosofia política na New School for Social Research, em Nova York, e desenvolve há anos uma teoria crítica sobre o feminismo, englobando outros temas como democracia, justiça e política. Ao longo de sua trajetória, ressalta a dificuldade da existência das mulheres nos departamentos de filosofia nas universidades, citando exemplos de colegas contemporâneas renomadas, como Judith Butler e Seyla Benhabib, que atuam em departamentos de áreas correlatas, como letras, retórica, política e economia, mas não no de filosofia, especificamente. Em *Feminismo para os 99%: um manifesto* (2019), Fraser se une a filósofa Cinzia Arruzza e a historiadora Tithi Bhattacharya para discutir temas públicos como saúde, mudanças climáticas, precarização de moradia e salários, no intuito de apontar como essas questões atingem as mulheres. Nancy Fraser é um dos nomes mais influentes do século XX e XXI no pensamento político, sobretudo por sua intensa participação intelectual e ativista nos debates sobre feminismo e capitalismo.

SUELI CARNEIRO

APARECIDA SUELI CARNEIRO (1950 até o momento, Brasil) é uma das principais intelectuais negras do Brasil. É doutora em Filosofia pela USP, escritora, ativista antirracista e fundadora do Geledés — Instituto da Mulher Negra. A obra de Carneiro dialoga com filósofos como Michel Foucault e Achille Mbembe, buscando detalhar a cultura e as estruturas raciais do Brasil. Carnaval e candomblé são alguns dos elementos analisados pela filósofa, em termos culturais e intelectuais — afinal, o resgate da ancestralidade é um dos pilares do movimento negro, o qual ela integra ativamente há décadas. Carneiro se consagrou como uma grande filósofa brasileira ao aprofundar o conceito de "epistemicídio", que é, em linhas gerais, o apagamento de conhecimentos e saberes originários de determinadas culturas e povos, reforçando um conhecimento único que exclui outros saberes no sistema educacional. O exemplo mais clássico disso é o nosso sistema de ensino, que institui como grega a origem do conhecimento filosófico, apagando ou ignorando a existência de um exercício filosófico entre os egípcios ou os chineses. Carneiro mostra que o racismo e as estruturas de biopoder estão presentes no epistemicídio, o que acarreta a construção de determinados indivíduos como um "não ser", ou seja, alguém que não "é" pois não tem identidade nem conhecimento originário. A obra de Sueli Carneiro é destacada em publicações como *A mulher negra brasileira na década da mulher* (1985), *A cor do preconceito* (2006) e *Racismo, sexismo e desigualdade no Brasil* (2011).

SEYLA BENHABIB

Professora de ciência política da Universidade de Yale, SEYLA BENHABIB (1950 até o momento, Turquia) é uma renomada autora em diversos centros de pesquisa dos quais integra como membra ou professora visitante. Benhabib escreveu sobre Hannah Arendt e Jürgen Habermas, duas importantes figuras da filosofia do século xx que discutem política e migração. A filósofa turca tem um vasto trabalho sobre ética comunicativa, democracia e identidade, traduzido para diversas línguas. Entre suas obras, há uma traduzida para o português, coproduzida por ela e mais três autoras, as filósofas Judith Butler, Nancy Fraser e Drucilla Cornell. *Debates Feministas: Um Intercâmbio Filosófico* (1994) é um diálogo entre quatro grandes pensadoras que abordam o feminismo atual. O interessante da obra é reunir grandes intelectuais do tema, mas que abordam perspectivas diferentes, promovendo um diálogo filosófico acerca do feminismo.

JUDITH BUTLER

JUDITH BUTLER (1956 até o momento, Estados Unidos) é uma das principais teóricas da atualidade dentro dos temas gênero, teoria queer e filosofia política. A doutora em filosofia pela Universidade de Yale hoje leciona na Universidade da Califórnia. Premiada, lida, contestada e estudada em vários lugares do mundo, a filósofa é ativista pelos direitos das pessoas LGBTQIA+. A ideia de "performatividade" é um dos conceitos-chave da obra de Butler, que desenvolve a ideia de que nascer homem ou mulher não é um determinante de comportamento, mas os indivíduos aprendem a "performar" um gênero, se comportando de formas determinadas para se inserirem na sociedade, em uma busca por encaixe nos padrões normativos já estabelecidos. A teoria de gênero de Butler apresenta um desmonte da necessária conexão entre sexo, gênero e sexualidade — afinal, as estruturas sociais sempre atribuem um sexo biológico exclusivamente a um gênero e a uma sexualidade. Mas se tudo está no âmbito da performance, e não da natureza, essa ordem não deve ser determinada, imutável ou inquestionável. Outras ideias desenvolvidas por Judith Butler discutem as concepções de família, parentesco e Estado a partir do âmbito político e ético. É possível conhecer a filósofa por meio de algumas de suas obras, como *Problemas de Gênero: Feminismo e Subversão da Identidade* (1990) e *A Vida Psíquica do Poder: Teorias da Sujeição* (1997).

VANDANA SHIVA

Doutora em Física pela Universidade de Western Ontario e mestra em Filosofia da Ciência pela Universidade de Guelph, VANDANA SHIVA (1952 até o momento, Índia) é reconhecida e premiada por seus estudos e práticas dentro da ecologia, sobretudo por seus projetos sobre agricultura orgânica e preservação ambiental. A intelectual indiana colabora para a defesa do conhecimento indígena e da biodiversidade e rejeita a chamada biopirataria e a patenteação de sementes de espécies indígenas. A modificação genética dos alimentos é uma pauta criticada por Shiva, tanto pelos danos ambientais e à saúde quanto pelo crescimento de empresas e da averiguação de terras e agricultores, retirando o meio de vida e o sustento de uma população vulnerável, fomentando a sua exploração. Uma das denúncias feitas por Shiva a esse sistema é a quantidade de mortes de pequenos agricultores devido às enormes dívidas que criam, muito em virtude do aumento do preço das sementes. O ecofeminismo de Vandana Shiva é uma defesa de que os seres humanos integram a natureza, sendo as mulheres parte dessa cosmovisão. É fundadora da Navdanya, uma organização de agricultores que protege a diversidade biológica e cultural através da construção de bancos de sementes e do cultivo de alimentos livres de toxicidade.

KATIÚSCIA RIBEIRO

KATIÚSCIA RIBEIRO PONTES (1979 até o momento, Brasil) é doutora em filosofia pela Universidade Federal do Rio de Janeiro (UFRJ) e especialista em filosofia africana. Ribeiro já ministrou uma palestra no Ted Talks sobre filosofia africana e ancestralidade e, atualmente, tem um programa de TV chamado *O Futuro é Ancestral*, do canal GNT, disponível no *streaming* Globoplay. O programa trata sobre filosofia africana, buscando ligar o cotidiano a questões filosóficas elaboradas historicamente por pensadores negros e negras. Ribeiro é também uma das principais filósofas da atualidade que estabelece uma ponte entre o conhecimento formal acadêmico e o grande público, com um intuito não de fortalecer o cânone, mas, sim, reconstruir a história do pensamento filosófico incluindo a filosofia africana como berço do exercício do filosofar. Ribeiro também integra o mulherismo africano, ou seja, a ideia de luta e construção da força da mulher negra a partir dos valores de igualdade, união e antirracismo sem o predomínio do tradicional feminismo branco. A obra da filósofa se concentra nos estudos do kemetismo, um campo que busca resgatar o pensamento do Antigo Egito que aborda diversas temáticas como autoconhecimento, ética e virtude. O trabalho da filósofa brasileira, além da intelectualidade e da produção acadêmica, é a união e o resgate das pessoas negras por meio da conexão com a filosofia africana.

DJAMILA RIBEIRO

DJAMILA TAÍS RIBEIRO DOS SANTOS (1980 até o momento, Brasil) é uma filósofa brasileira, mestra em filosofia política pela Universidade Federal de São Paulo (UNIFESP), escritora e colunista. Como feminista negra e atuante no antirracismo, Ribeiro é uma das intelectuais mais presentes na mídia de massa no Brasil e atuante na divulgação científica do pensamento filosófico feminista e antirracista por meio da comunicação. É autora de obras populares: *Lugar de fala — Coleção Feminismos Plurais* (2017), *Quem tem medo do feminismo negro?* (2018), *Pequeno manual antirracista* (2019) e *Cartaz para minha avó* (2021). Ribeiro, por meio de suas obras, busca popularizar o conhecimento produzido na academia e leva ao grande público debates como a representatividade negra, a importância do antirracismo, a mulher negra na sociedade e o conceito de lugar de fala, que entende a importância do protagonismo das pessoas negras e das mulheres nas suas vivências.

AMIA SRINIVASAN

AMIA SRINIVASAN (1984 até o momento, Inglaterra) é uma filósofa britânica com origem no Bahrein, professora de teoria social e política na All Souls College, da Universidade de Oxford. Ela também já assinou textos publicados em jornais como *The New York Times* e *The New Yorker*. Em 2021, lançou seu primeiro livro, *O direito ao sexo: feminismo no século vinte e um*, e trouxe indagações importantes acerca do feminismo enquanto teoria e prática. A obra, extremamente provocativa, suscita debates fortes sobre estruturas e relações de poder, violência contra mulheres, a influência da pornografia, entre outros. Um dos pontos levantados por Srinivasan é como o feminismo tenta unir as mulheres por sofrerem uma "opressão comum" em prol da busca pela igualdade, mas que essa união não mostra as desigualdades entre as mulheres, ou seja, mascara vivências de pobreza, racismo e outras diferenças existentes dentro do próprio movimento, e quanto isso é ruim para a construção de uma sociedade verdadeiramente igualitária. Críticas sobre o encarceramento também foram feitas pela filósofa ao evidenciar que as prisões são um perigo constante para as mulheres: abusos, espancamentos, perda da guarda dos filhos, esterilização forçada, entre outras coisas podem acometer mulheres nesse sistema. Além disso, as próprias leis que punem a violência doméstica muitas vezes não auxiliam inteiramente as mulheres, pois muitas dependem financeiramente de seus companheiros agressores. Ela acredita ser necessário pensar além da opressão comum, mudando esse *status quo*.

O FUTURO SERÁ COM MAIS FILÓSOFAS

A jornada até aqui foi intensa, mas muito prazerosa. Quantas filósofas você descobriu após a leitura e quantas instigaram sua curiosidade para conhecer mais? Agora, em alguma conversa sobre filosofia, você certamente terá nomes de mulheres para mencionar. Isso não é incrível? A filosofia é ainda mais rica quando feita a partir da existência de múltiplas pessoas. Temas já consolidados da filosofia ganham muitas perspectivas quando abordados por mulheres de diversos lugares e tempos da história. E a filosofia, como uma atividade humana que não se esgota, está mais viva do que nunca nas mãos de mulheres que se engajam em promover pensamento crítico em seu próprio tempo, seja nos livros, nas colunas de jornal, em vídeos para o Youtube ou programas de TV. É interessante notar que essa dimensão humana da filosofia, ao atravessar o tempo, mostra que ela não precisa ser feita apenas formalmente e pode muito bem dialogar de maneira fluida e comunicativa, abordando temas relevantes para a sociedade atual. Assim como Malala Yousafzai, a jovem paquistanesa defensora dos direitos da liberdade e da educação, especialmente para meninas paquistanesas, e Nina Simone (1993–2003, Estados Unidos), cantora afro-americana ativista pelos direitos dos negros nos Estados Unidos, as mulheres pensadoras, intelectuais e artistas engajam uma sociedade para a promoção de novas ideias e perspectivas.

Se o futuro será com a filosofia, sempre nos auxiliando na dureza e leveza dessa trajetória misteriosa que é a vida, as pensadoras farão parte desse processo, mas que só será efetivo na presença das filósofas. Ancestralidade, lutas políticas, dilemas éticos e direitos dos indivíduos são alguns dos debates que as filósofas nos apresentam há bastante tempo. Não há sociedade e história do pensamento que se sustente sem a presença de pensadoras nesses debates; as novas gerações têm mostrado que a busca por referências plurais é a base para o fortalecimento das ideias que guiam suas atitudes e convicções. E se você chegou até aqui, já pode afirmar que nada será como antes.

Agradecimentos

Este livro é um sonho: a ideia surgiu de repente, o texto foi gestado em alguns meses de dedicação e publicado com entusiasmo. Nasceu! É resultado do trabalho de muita gente incrível que colaborou para que ele se realizasse. Obrigada a Daniel Gomes de Carvalho, que fez o primeiro contato com a editora. Obrigada a Renata Sturm, Gabriela Castro e a toda a equipe da Maquinaria, pela paciência, confiança e generosidade. Obrigada a vocês, leitores, por aceitarem viajar conosco pela história dessas filósofas magníficas.

Obrigada a todas aquelas que abriram caminho para que pudéssemos hoje publicar um livro: mulheres que lutaram para nos deixar um mundo mais justo. Às professoras e professores que, apesar de tudo, mantêm-se firmes no trabalho de educar. Aos estudantes por nos fazerem acreditar que um futuro melhor é possível. Aos amigos, pela leveza.

Agradeço profundamente aos meus pais, Paula e Fábio, por apoiarem incondicionalmente meus sonhos e serem minha força. Ao Diogo, meu companheiro de vida, que sonha e vibra junto com cada conquista. Agnes, minha companheirinha felina de escrita. Às minhas avós, Fiorina, Jeanete e Ana (*in memoriam*), por serem minha força ancestral. Aos meus estudantes, pela força, pelo carinho e pela amizade. À minha amiga Natasha Hennemann, que me deu a honra de partilhar esse projeto belíssimo que me orgulha e marca significativamente nossa história.

FABIANA LESSA

Agradecimentos sinceros e cheios de amor a Mylene e Francisco, mãe e pai, por todo suporte, carinho e pelas oportunidades que me proporcionaram. Aos meus irmãos Tatiana e Francisco, por me ensinarem tanto e por serem as melhores companhias de vida. Aos meus avós, Myriam, Wolney, Salete e Francisco, sempre presentes, fisicamente ou nas mais doces memórias. Obrigada, Ian e Fred, por todo o amor do mundo — de ontem, de hoje e de sempre. Agradeço à querida Fabiana Lessa pela grande aventura filosófica que enfrentamos e por toda força e ternura.

NATASHA HENNEMANN

Filósofas

MYIA DE CROTONA	(c. século VI A.C.)
ARIGNOTE DE CROTONA	(c. século VI A.C.)
OKKELO DE LUCÂNIA	(c. século VI A.C.)
EKKELO DE LUCÂNIA	(c. século VI A.C)
TYRSENIS DE SYBARIS	(c. V-VI A.C.)
ABROTÉLIA DE TARENTO	(c. século V A.C.)
TEMISTOCLEIA DE DELFOS	(c. 600 A.C.)
TEANO DE CROTONA	(c. 546–séc. VI A.C.)
DAMO DE CROTONA	(c. 535–475 A.C.)
PISÍRRODE DE TARENTO	(sem informação)
TEADUSA DE ESPARTA	(sem informação)
BOIÔ DE ARGOS	(sem informação)
BABELYCA DE ARGOS	(sem informação)
CLEACMA DA LACÔNIA	(sem informação)
DIOTIMA DE MANTINEIA	(c. 440 A.C.)
ASPÁSIA DE MILETO	(c. 470 A.C.)
LASTÊNIA DE MANTINEIA	(c. século IV A.C.)
ECHECRATEIA DE PHLIUS	(c. século IV A.C.)
TIMICA DE ESPARTA	(c. século IV A.C.)

PHILTIS	(c. século IV A.C.)
QUILÔNIDES DE ESPARTA	(c. século IV A.C.)
AXIOTEIA DE FILOS	(c. 350 A.C.)
HIPÁRQUIA DE MARONEIA	(350–280 A.C.)
CRATESICLEIA DA LACÔNIA	(c. século III a.C.)
PÓRCIA CATÃO	(96–40 A.C.)
HIPÁTIA DE ALEXANDRIA	(c. século III)
BAN ZHAO	(45–116)
RÁBIA DE BAÇORÁ	(717–801)
LUBNA DE CÓRDOBA	(c. séc. X)
HELOÍSA DE ARGENTEUIL	(1101–1164)
HILDEGARDA DE BINGEN	(1098–1179)
FÁTIMA DE CÓRDOBA	(c. séc. XII)
SHAMS DE MARCHENA	(c. séc. XII)
LAL DED	(1320–1392)
CHRISTINE DE PIZAN	(1364–1431)
MARIE DE GOURNAY	(1565–1645)
MARIA SYBILLA MERIAN	(1647–1717)
JUANA INÉS DE LA CRUZ	(1648 ou 1651–1695)
MARY ASTELL	(1666–1731)
DANDARA DOS PALMARES	(c. séc. XVII)
ÉMILIE DU CHÂTELET	(1706–1749)
ETTA PALM D'AELDERS	(1743–1799)
OLYMPE DE GOUGES	(1748–1793)
MARY WOLLSTONECRAFT	(1759–1797)
THÉROIGNE DE MÉRICOURT	(1762–1817)
CHARLOTTE CORDAY	(1768–1793)
HARRIET TAYLOR MILL	(1804–1858)

NÍSIA FLORESTA	(1810–1885)
HARRIET TUBMAN	(1822–1913)
EDITH STEIN	(1891–1942)
BERTHA LUTZ	(1894–1976)
HANNAH ARENDT	(1906–1975)
SIMONE DE BEAUVOIR	(1908–1986)
SIMONE WEIL	(1909–1943)
MARY MIDGLEY	(1919–2018)
PHILIPPA FOOT	(1920–2016)
GRACIELA HIERRO	(1928–2003)
JUDITH THOMSON	(1929-2020)
LÉLIA GONZALEZ	(1935–1994)
SOPHIE OLUWOLE	(1935–2018)
MARILENA CHAUI	(1941 até o momento)
SILVIA FEDERICI	1942 até o momento)
MARIA LUGONES	(1944–2020)
ANGELA DAVIS	(1944 até o momento)
MARTHA NUSSBAUM	(1947 até o momento)
NANCY FRASER	(1947 até o momento)
SUELI CARNEIRO	(1950 até o momento)
SEYLA BENHABIB	(1950 até o momento)
BELL HOOKS	(1952–2021)
VANDANA SHIVA	(1952 até o momento)
JUDITH BUTLER	(1956 até o momento)
KATIÚSCIA RIBEIRO	(1979 até o momento)
DJAMILA RIBEIRO	(1980 até o momento)
AMIA SRINIVASAN	(1984 até o momento)
MALALA YOUSAFZAI	(1997 até o momento)

FRIDA KAHLO	(1907–1954)
JUDITH THOMSON	(1929–2020)
CHIMAMANDA NGOZI ADICHIE	(1977 até o momento)
SOJOURNER TRUTH	(c. 1797–1883)
CAROLINA DE JESUS	(1914–1977)
EMMA GOLDMAN	(1869–1940)
MARILENA CHAUI	(1941 até o momento)
SHEYLA BENHABIB	(1950 até o momento)
CINZIA ARRUZZA	(1976 até o momento)
TITHI BHATTACHARIJA	(1971 até o momento)
DRUCILLA CORNELL	(1950 até o momento)
NINA SIMONE	(1933–2003)

Referências

INTRODUÇÃO

ADICHIE, Chimamanda Ngozie. *O perigo da história única*. São Paulo: Companhia das Letras, 2019.

ARISTÓTELES. *A Política*. São Paulo: Martins Fontes, 2006.

CAVENDISH, Margaret. *O Mundo Resplandecente*. Pontes Gestal, SP: Plutão Livros, 2019.

KULKAMP, Camila. As filósofas da antiguidade e o apagamento das mulheres na filosofia. *Germina Blog*. Disponível em: https://germinablog.wordpress.com/2020/06/13/as-filosofas-da-antiguidade-e-o-apagamento-das-mulheres-na-filosofia/. Acesso em: 03 abr. 2022.

NIETZSCHE, Friedrich. *Crepúsculo dos ídolos*. São Paulo: Companhia das Letras, 2017.

ROUSSEAU, Jean-Jacques. *Emílio*. Rio de Janeiro: Bertrand Brasil, 1995.

SCHOPENHAUER, Arthur. *A arte de lidar com as mulheres*. São Paulo: Martins Fontes, 2004.

WAGNER, Thaiani. Curso Filósofas: uma introdução histórica da filosofia feita por mulheres. 2021. Notas de aula.

CAPÍTULO 1: HELENAS

ACKER, Clara Britto da Rocha. Diotima de Mantineia. *Em Construção*: arquivos de epistemologia histórica e estudos de ciência, n. 5, pp. 123-129, 2019. Disponível em: https://www.e-publicacoes.uerj.br/index.php/emconstrucao/article/download/38261/29785. Acesso em: 10 nov. 2021.

ALMEIDA, Yuri Galvão Oberlaender de. *Scala amoris*: síntese da educação filosófica no Banquete de Platão. Dissertação (mestrado) – Universidade Federal de Santa Catarina, Centro de Filosofia e Ciências Humanas, Programa de Pós-Graduação em Filosofia, Florianópolis, 2018. Disponível em: https://repositorio.ufsc.br/handle/123456789/189030. Acesso em: 17 nov. 2021.

ALVES, Shayenne Bruna. Que rosto uma filósofa tem? *Germina Blog*, mar. 2020. Disponível em: https://germinablog.wordpress.com/2020/06/13/que-rosto-uma-filosofa-tem/. Acesso em: 02 dez. 2021.

ARÉVALO, María Luisa Rodríguez & VALDÉS, Juan Nuñez. *Las mujeres en la Escuela Pitagórica,* n. 49, pp. 3-15, mai. 2011. Departamento de Geometría y Topología. Facultad de Matemáticas. Universidad de Sevilla. Sevilha, 2011. Disponível em: https://idus.us.es/bitstream/handle/11441/45123/Las%20mujeres%20en%20la%20escuela%20pitag%c3%b3rica.pdf?sequence=1&isAllowed=y. Acesso em: 20 out. 2021.

AS pitagóricas. *Germina Blog*, mar. 2020. Disponível em: https://germinablog.wordpress.com/marco-as-pitagoricas/. Acesso em: 02 dez. 2021.

ATWOOD, Margaret. *A odisseia de Penélope.* São Paulo: Companhia das Letras, 2005.

DYKEMANN, Therese Boos (ed.). *The neglected canon*: nine women philosophers. Springer-Science+Business Media, B. V., 1999.

FUNARI, Pedro Paulo. *Grécia e Roma*. São Paulo: Contexto, 2019.

HIRATA, E. F. V. Quem foi Homero? *Labeca* – MAE/USP, São Paulo, 2009. Disponível em: http://labeca.mae.usp.br/media/pdf/hirata_quem_foi_homero.pdf. Acesso em: 27 nov. 2021.

HOLIDAY, Ryan & HANSELMAN, Stephen. *A vida dos estoicos*: a arte de viver, de Zenão a Marco Aurélio. Rio de Janeiro: Intrínseca, 2021.

JABLONSKI, Enilso & BAIER, Tânia. Aspectos históricos e filosóficos das relações entre matemática e música. XANPED SUL, Florianópolis, out. 2014. Disponível em: http://xanpedsul.faed.udesc.br/arq_pdf/513-0.pdf. Acesso em: 01 dez. 2021.

LOSEKANN, Cydne Rosa Lopes. *As controvérsias entre cristianismo e paganismo a partir das crônicas da destruição do Serapeum de Alexandria (391 d.C.) nas obras de Rufino de Aquileia, Sócrates de Constantinopla, Teodoreto de Ciro e Sozomeno*. Trabalho de Conclusão de Curso – Universidade Federal do Rio Grande do Sul, Instituto de Filosofia e Ciências Humanas, Rio Grande do Sul, 2012. Disponível em: https://www.lume.ufrgs.br/handle/10183/66973. Acesso em: 23 nov. 2021.

MAGALHÃES, Luiz Otávio de & NAVIA, Luiz de. Diógenes de Sínope. *Politeia*, v. 12, n. 1, pp. 251-265, 2012. Disponível em: https://periodicos2.uesb.br/index.php/politeia/article/download/3788/3114. Acesso em: 18 nov. 2021.

MARK, Emily. Escrita chinesa. *World History Encyclopedia*, 07 abr. 2016. Disponível em: https://www.worldhistory.org/trans/pt/1-14610/escrita-chinesa/. Acesso em: 27 nov. 2021.

MEY, Eliane Serrão Alves. Bibliotheca Alexandrina. *Revista Digital de Biblioteconomia e Ciência da Informação*, v. 1, n. 2, pp. 71-91, 2004.

Disponível em: https://periodicos.sbu.unicamp.br/ojs/index.php/rdbci/article/download/2081/2211/2745. Acesso em: 23 nov. 2021.

MOSSÉ, Claude. *Dicionário da civilização grega*. Rio de Janeiro: Jorge Zahar Editor, 2004.

MOURA, Drayfine Teixeira. A ética dos estoicos antigos e o estereótipo estoico na modernidade. *Cadernos Espinosanos*, v. 26, pp. 111-128. Disponível em: https://doi.org/10.11606/issn.2447-9012.espinosa.2012.89459. Acesso em: 18 nov. 2021.

NOGUERA, Renato. A ética da serenidade: o caminho da barca e a medida da balança na filosofia de Amen-em-ope. *Ensaios filosóficos*, v. 8, pp. 139-195, dez. 2013. Disponível em: https://filosofia-africana.weebly.com/uploads/1/3/2/1/13213792/renato_noguera_-_a_%C3%A9tica_da_serenidade._o_caminho_da_barca_e_a_medida_da_balan%C3%A7a_na_filosofia_de_amen-em-ope.pdf. Acesso em: 20 out. 2021.

OLIVEIRA, Loraine. Vestígios da vida de Hipácia de Alexandria. *Perspectiva Filosófica*, v. 43, n. 1, pp. 3-30, 2016. Disponível em: https://periodicos.ufpe.br/revistas/perspectivafilosofica/article/view/230301. Acesso em: 23 nov. 2021.

PACHECO, Juliana (org.). *Filósofas*: a presença das mulheres na filosofia. Porto Alegre: Editora Fi, 2016. Disponível em: https://www.editorafi.org/filosofas. Acesso em: 03 nov. 2021.

PELLÒ, Caterina. *Women in Early Pythagoreanism*. Tese (Doutorado em Filosofia) – Faculdade de Clássicos da Universidade de Oxford. 2018.

PEREIRA, Angelo Balbino Soares. *A teoria da metempsicose pitagórica*. 2010. 120 f. Dissertação (Mestrado em Filosofia) – Universidade de Brasília, Brasília, 2010. Disponível em: https://repositorio.unb.br/handle/10482/8384. Acesso em: 20 out. 2021.

PEREIRA, Diego da Silva. *A palavra divina*: a centralidade do oráculo de Delfos na religião da Grécia Antiga. Dissertação (Mestrado em Ciência da Religião) – Instituto de Ciências Humanas da Universidade Federal de Juiz de Fora. 2019. Disponível em: https://repositorio.ufjf.br/jspui/handle/ufjf/10964. Acesso em: 20 out. 2021.

PIOVEZANI, Helenice Vieira. *As mulheres na filosofia*: a antiguidade. Belo Horizonte: Edições Nova Acrópole, 2016.

PLATÃO, *O banquete*. Belém: UFPA, 2011.

QUADROS, Elton Moreira. Eros, Fília e Ágape: o amor do mundo grego à concepção cristã. *Acta Scientiarum*: Human and Social Sciences. Maringá, v. 33, n. 2, pp. 165-171, 2011. Disponível em: https://periodicos.uem.br/ojs/index.php/ActaSciHumanSocSci/article/download/10173/pdf. Acesso em 30 nov. 2021.

REALE, Giovanni & ANTISERI, Dario. *História da filosofia*: filosofia pagã antiga, v. 1. São Paulo: Paulus, 2003.

REIS, Maria Dulce. Democracia grega: a antiga Atenas. *Sapere aude*, Belo Horizonte, v. 9, n. 17, pp. 45-66, 2018. Disponível em: http://periodicos.pucminas.br/index.php/SapereAude/article/view/17648/13398. Acesso em: 06 nov. 2021.

SATTLER, Janyne & RAVAZI, Guilherme Pinto. Ban Zhao. *Germina Blog*, 2021. Disponível em: https://germinablog.wordpress.com/ban-zhao-2/. Acesso em: 27 nov. 2021.

SATTLER, Janyne. Conheça as Lições para Mulheres da filósofa chinesa Ban Zhao. *Germina Blog*, 2021. Disponível em: https://germinablog.wordpress.com/2021/03/24/licoes-mulheres-filosofa-chinesa-ban-zhao/. Acesso em: 27 nov. 2021.

SILVA NETA, Maria do Carmo Oliveira. "A flor e o mundo de salgueiro": as gueixas na história. *Caravana 25 anos da ANPUH Pernambuco*: diálogos entre a pesquisa e o ensino, 2015. Disponível em: http://

www.eeh2016.anpuh-rs.org.br/resources/pe/anais/caravana/01/05. SILVA%20NETA,%20Maria%20do%20Carmo%20Oliveira%20da..pdf. Acesso em: 19 jan. 2022.

VERNANT, Jean-Pierre. *As origens do pensamento grego*. Rio de Janeiro: Difel, 2002.

WAITHE, Mary Ellen (org.). *A History of Women Philosophers*: Ancient Women Philosophers, 600 B.C. - 500 A.D. Kluwer Academic Publishers, 1987.

ZAMORA-CALVO, J. M. *Viviendo en co-herencia con la filosofía cínica*: Hiparquia de Maronea. Co-Herencia, v. 15, n. 28, pp 111-131, 2018. Disponível em: https://doi.org/10.17230/co-herencia.15.28.5. Acesso em 23 nov. 2021.

CAPÍTULO 2: EVAS E MARIAS

ADAMSON, Peter. *Islamic World Philosophy*. New York: Oxford University Press, 2016.

ADAMSON, Peter & GANERI, Jonardon. *Classical Indian Philosophy*. New York: Oxford University Press, 2020.

BARCELOS, Matheus Melo. *Caminhantes na senda reta*: os santos mestres sufis da Andaluzia segundo os relatos de Ibn ʿArabi de Múrcia (séc. XII e XIII E.C.). Mestrado em História – Universidade Estadual Paulista, 2019. Disponível em: https://repositorio.unesp.br/bitstream/handle/11449/183527/barcelos_mm_me_assis.pdf. Acesso em: 10 jan. 2022.

BARTOLOMÉ, Pilar. El alma de la biblioteca de Medina Azahara. *El Día de Córdoba*. 12 fev. 2017. Disponível em: https://www.eldiadecordoba.es/cordoba/alma-biblioteca-Medina-Azahara_0_1108389246.html. Acesso em: 12 jan. 2022.

BENTO PP. XVI. Santa Hildegarda de Bingen, Monja Professa da Ordem de São Bento, é proclamada Doutora da Igreja universal. *Carta apostólica*, 07 out. 2012. Disponível em: https://www.vatican.va/content/benedict-xvi/pt/apost_letters/documents/hf_ben-xvi_apl_20121007_ildegarda-bingen.html. Acesso em: 15 dez. 2021.

BUXTON, Rebecca & WHITING, Lisa (editoras). *The philosopher queens*: the lives and legacies of philosophy's unsung women. Londres: Unbound, 2020.

CHRISTINE de Pizan. *Germina Blog*, jun. 2020. Disponível em: https://germinablog.wordpress.com/junho-christine-de-pizan-2/. Acesso em: 29 dez. 2021.

COSSIO, Maurício Rasia. Música e filosofia em Hildegarda de Bingen: do ritual ao pedagógico. *Germina Blog*, mai. 2020. Disponível em: https://germinablog.wordpress.com/2020/06/16/a-lingua-ignota/. Acesso em: 27 dez. 2021.

COSTA, Marcos Roberto Nunes & COSTA, Rafael Ferreira. *Mulheres intelectuais na Idade Média*: entre a medicina, a história, a poesia, a dramaturgia, a teologia e a mística. Porto Alegre: Editora Fi, 2019. Acesso em: 02 dez. 2021.

DA SILVA, André Candido. História das mulheres na Idade Média: abordagens e representações na literatura hagiográfica (século XIII). IV *Congresso Internacional de História*: Cultura, sociedade e poder. Jataí: Universidade Federal de Goiás. IV Congresso Internacional de História, 2014. Disponível em: http://www.congressohistoriajatai.org/anais2014/Link%20(14).pdf. Acesso em: 13 dez. 2021.

FERREIRA, Letícia Schneider. *Entre Eva e Maria*: a construção do feminino e as representações do pecado da luxúria no Livro das confissões de Martin Perez. Doutorado em História – Universidade

Federal do Rio Grande do Sul, 2012. Disponível em: https://www.lume.ufrgs.br/handle/10183/56574. Acesso em: 13 dez. 2021.

FERRY, Luc. *Aprender a viver*: filosofia para os novos tempos. Rio de Janeiro: Objetiva, 2010.

FRUGONI, Chiara. *Invenções da Idade Média*: óculos, livros, bancos, botões e outras inovações geniais. Rio de Janeiro: Jorge Zahar ed., 2007.

HILDEGARDA de Bingen. *Germina Blog*, mai. 2020. Disponível em: https://germinablog.wordpress.com/maio-hildegarda-de-bingen/. Acesso em: 02 dez. 2021.

HOURANI, Albert. *Uma história dos povos árabes*. São Paulo: Companhia de Bolso, 2016.

KULCAMP, Camila. Das ideias contrárias a uma cidade das damas: alguns apontamentos sobre o apagamento das obras de Pizan. *Germina Blog*, jun. 2020. Disponível em: https://germinablog.files.wordpress.com/2020/07/das-ideias-contrc3a1rias-a-uma-cidade--das-damas-alguns-apontamentos-sobre-o-apagamento-das--obras-de-pizan.pdf. Acesso em: 29 dez. 2021.

LE GOFF, Jacques. *A história deve ser dividida em pedaços?* São Paulo: Editora Unesp, 2015.

LE GOFF, Jacques & SCHMITT, Jean-Claude (orgs.). Masculino/feminino. In: *Dicionário analítico do Ocidente medieval*, v. 2, pp. 157-172. São Paulo: Editora Unesp, 2017.

LE GOFF, Jacques. *Heróis e maravilhas da Idade Média*. Petrópolis, RJ: Vozes, 2020.

LIMA, Vitor. *Do helenismo à filosofia cristã*: Filosofia Medieval – História da Filosofia. 2020. Disponível em: https://www.youtube.com/watch?v=xK4X1C7vpNw. Acesso em: 29 nov. 2021.

LIMA, Vitor. *Introdução à Filosofia Medieval* – História da Filosofia. 2020. Disponível em: https://www.youtube.com/watch?v=u8RvFNwnyUE. Acesso em: 29 nov. 2021.

MARTINS, Maria Cristina da Silva. Hildegarda de Bingen: Physica e Causae et curae. *Cadernos de tradução*, Porto Alegre, 2019, pp. 164-177. Disponível em: https://www.lume.ufrgs.br/handle/10183/204475. Acesso em: 28 dez. 2021.

MARUJO, Antonio. A inventora da lavanda é doutora da Igreja. *Público*, out. 2012. Disponível em: https://www.publico.pt/2012/10/07/jornal/a-inventora-da-lavanda-e-doutora-da-igreja-25331568. Acesso em: 27 dez. 2021.

MEURER, Ingrid. Hildegarda de Bingen, uma breve introdução. *Germina Blog*, mai. 2020. Disponível em: https://germinablog.wordpress.com/2020/06/14/hildegarda-de-bingen-uma-breve-introducao. Acesso em: 02 dez. 2021.

O ÁRABE que mudou o Ocidente. *Pesquisa FAPESP*, ed. 79, set. 2002. Disponível em: https://revistapesquisa.fapesp.br/o-arabe-que-mudou-o-ocidente/. Acesso em: 04 jan. 2022.

PACHECO, Juliana (org.). *Filósofas*: a presença das mulheres na filosofia. Porto Alegre: Editora Fi, 2016. Disponível em: https://www.editorafi.org/filosofas. Acesso em: 03 nov. 2021.

PEREIRA, Nilton Mullet & GIACOMONI, Marcello Paniz. A Idade Média imaginada: usos do passado medieval no tempo presente. *Café História*, 2019. Disponível em: https://www.cafehistoria.com.br/usos-do-passado-medieval-idade-media/. Acesso em: 28 nov. 2021.

PIOVEZANI, Helenice Vieira. *As mulheres na filosofia*: Idade Média e Renascença. Belo Horizonte: Edições Nova Acrópole, 2016.

PIZAN, Christine de. *The Book of the City of Ladies*. Penguin Books, 1999.

RENIMA, Ahmed & TILIOUINE, Habib & ESTES, Richard J. *The Islamic Golden Age*: A Story of the Tryumph of the Islamic

Civilization. Disponível em: https://www.researchgate.net/publication/300077166_The_Islamic_Golden_Age_A_Story_of_the_Triumph_of_the_Islamic_Civilization. Acesso em: 09 jan. 2022.

SCHMIDT, Ana Rieger. Christine de Pizan. *Blogs de Ciência da Universidade Estadual de Campinas:* Mulheres na Filosofia, v. 6, n. 3, pp. 1-15, 2020. Disponível em: https://www.blogs.unicamp.br/mulheresnafilosofia/wp-content/uploads/sites/178/2020/03/PDF-Christine-de-Pizan.pdf. Acesso em: 02 jan. 2022.

SILVA, Marcelo Cândido da. *História Medieval*. São Paulo: Contexto, 2019.

SORABELLA, Jean. Monasticism in Western Medieval Europe. *The Met Museum*, out. 2001. Disponível em: https://www.metmuseum.org/toah/hd/mona/hd_mona.htm. Acesso em 13 dez. 2021.

WAITHE, Mary Ellen (org.). *A History of Women Philosophers*: Medieval, Renaissance and Enlightenment Women Philosophers, A.D. 500-1600. Kluwer Academic Publishers, 1987.

YOGA. *Encyclopedia Britannica*, 17 mai. 2021. Disponível em: https://www.britannica.com/topic/Yoga-philosophy. Acesso em: 14 jan. 2022.

ZIRBEL, Ilze. A Língua Ignota. *Germina Blog*, mai. 2020. Disponível em: https://germinablog.files.wordpress.com/2020/06/a-lc3adngua--ignota.pdf. Acesso em: 27 dez. 2021.

CAPÍTULO 3 : SIBYLLAS E DANDARAS

ANGELIN, Rosângela. A "Caça às bruxas": uma interpretação feminista. *Portal Catarinas*. Disponível em: https://catarinas.info/a-caca-as--bruxas-uma-interpretacao-feminista/. Acesso em: 13 fev. 2022.

ALVIM, Flávia. Mary Astell, a primeira inglesa feminista. *Tecendo os fios da existência*, nov. 2017. Disponível em: https://www.

tecendosfiosdaexistencia.com/2017/11/mary-astell-primeira-inglesa-feminista.html. Acesso em: 06 mar. 2022.

BOCQUET, José-Luois; CATEL, Muller. *Olympe de Gouges*. Rio de Janeiro: Editora Record, 2014.

BROAD, Jacqueline. Mary Astell. *Internet Encyclopedia of Philosophy*. Disponível em: https://iep.utm.edu/gournay/. Acesso em: 04 mar. 2022.

BUXTON, Rebecca; WHITING, Lisa (ed.). *The philosopher queens*: the lives and legacies of philosophy's unsung women. Londres: Unbound, 2020.

COLLINS, David. Beyond Halloween: Witches, devils, trials and executions. *National Catholic Reporter*. Disponível em: https://www.ncronline.org/news/opinion/beyond-halloween-witches-devils-trials-and-executions. Acesso em: 14 fev. 2022.

CONLEY, John J. Linguagem e literatura em Marie Le Jars de Gournay. *Encyclopedia of concise concepts by women philosophers*. Disponível em: https://historyofwomenphilosophers.org/ecc/#hwps. Acesso em: 04 mar. 2022.

CONLEY, John J. Marie Le Jars de Gournay (1565-1645). *Internet Encyclopedia of Philosophy*. Disponível em: https://iep.utm.edu/gournay/. Acesso em: 04 mar. 2022.

CORDEIRO, Tiago. Bruxas: quem eram elas e por que iam parar na fogueira. *Superinteressante*, 04 mai. 2020. Disponível em https://super.abril.com.br/historia/bruxas-quem-eram-elas-e-por-que-iam-parar-na-fogueira/. Acesso em: 13 fev. 2022.

CORVISIER, André. *História Moderna*. São Paulo e Rio de Janeiro: Difel, 1976.

D'ANGELO, Helô. Mary Wollstonecraft, autora de um dos primeiros textos feministas. *Cult*, 5 set. 2017. Disponível em: https://revistacult.

uol.com.br/home/mary-wollstonecraft-220-anos-de-morte/. Acesso em: 12 mar. 2022.

DECLARAÇÃO dos Direitos do Homem e do Cidadão de 1789. *Observatório de Direitos Humanos da* UFSM. Disponível em: https://www.ufsm.br/app/uploads/sites/414/2018/10/1789.pdf. Acesso em: 23 fev. 2022.

DENÖEL, Charlotte. Théroigne de Méricourt. *L´Histoire par l´image*, dez. 2008. Disponível em: https://histoire-image.org/fr/etudes/theroigne-mericourt. Acesso em: 28 fev. 2022.

DYKEMANN, Therese Boos (ed.). *The neglected canon*: nine women philosophers. Springer-Science+Business Media, B. V., 1999.

FEDERICI, Silvia. *Calibã e a bruxa*: mulheres, corpo e acumulação primitiva. São Paulo: Elefante, 2017. Disponível em: http://coletivosycorax.org/wp-content/uploads/2016/08/CALIBA_E_A_BRUXA_WEB.pdf. Acesso em: 13 fev. 2022.

FEDERICI, Silvia. *Mulheres e caça às bruxas*: da Idade Média aos dias atuais. São Paulo: Boitempo, 2019.

FORMIGONI, Beatriz de Moraes Salles. Da Idade Média à Idade Moderna: um panorama geral da história social e da educação da criança. *Temas em Educação e Saúde*, v. 6, 2017. Disponível em: https://periodicos.fclar.unesp.br/tes/article/view/9523. Acesso em: 26 fev. 2022.

GILL, Lorena Almeida. Olympe de Gouges e seus últimos dias *Pensamento Plural*, n. 4, 2009. Disponível em: http://pensamentoplural.ufpel.edu.br/edicoes/04/09.pdf. Acesso em: 23 fev. 2022.

GOUGES, Olympe de. Declaração dos Direitos da Mulher e Cidadã. *Observatório de Direitos Humanos da* UFSM. Disponível em: https://www.ufsm.br/app/uploads/sites/414/2018/10/DeclaraDirMulherCidada1791RecDidaPESSOALJNETO.pdf. Acesso em: 23 fev. 2022.

GOUGES, Olympe de. *History of women philosophers and scientists*. Disponível em: https://historyofwomenphilosophers.org/project/directory-of-women-philosophers/de-gouges-olympe-1748-1793/. Acesso em: 28 fev. 2022.

GRESPAN, Jorge. *Revolução Francesa e Iluminismo*. São Paulo: Contexto, 2018.

MARIE de Gournay. *Germina Blog*, set. 2020. Disponível em: https://germinablog.wordpress.com/setembro-marie-de-gournay-2/. Acesso em: 26 fev. 2022.

MICELI, Paulo. *História Moderna*. São Paulo: Contexto, 2018.

MOREIRA, Vânia Daniela Martins. *Bruxaria e a "caça às bruxas"*: abordagens sobre a sua trajetória ao longo da Idade Moderna. Mestrado em História — Universidade do Minho, 2021. Disponível em: https://repositorium.sdum.uminho.pt/bitstream/1822/74242/1/Dissertacao_VaniaMoreira.pdf. Acesso em: 13 fev. 2022.

MORIN, Tania Machado. *Virtuosas e perigosas*: as mulheres na Revolução Francesa. São Paulo: Alameda, 2013.

OLIVEIRA, Halyson Rodrygo Silva de. Tribunal do Santo Ofício: primeira visita do tribunal às partes do Brasil – Bahia e Pernambuco (1591-1595). XVI *Semana de Humanidades*, 20 a 24 out. 2008. Disponível em: https://cchla.ufrn.br/humanidades/GTS.htm. Acesso em: 13 fev. 2022.

PACHECO, Juliana (org.). *Filósofas*: a presença das mulheres na filosofia. Porto Alegre: Editora Fi, 2016. Disponível em: https://www.editorafi.org/filosofas. Acesso em: 03 nov. 2021.

PAIS, Ana. Émilie du Châtelet, a matemática grávida que correu contra "sentença de morte" para terminar seu maior legado científico. *BBC News Brasil*, 23 nov. 2019. Disponível em: https://www.bbc.com/portuguese/geral-50488564. Acesso em: 14 mar. 2022.

SANTOS, Marcos Pereira dos. A pedagogia filosófica do movimento iluminista no século XVIII e suas repercussões na educação escolar contemporânea: uma abordagem histórica. *Imagens da Educação*, v. 3, n. 2, pp. 1-13, 2013. Disponível em: https://periodicos.uem.br/ojs/index.php/ImagensEduc/article/view/19881. Acesso em: 26 fev. 2022.

SCHMIDT, Joessane de Freitas. As mulheres na Revolução Francesa. *Revista Thema*, v. 9, n. 2, 2012. Disponível em: https://periodicos.ifsul.edu.br/index.php/thema/article/view/147. Acesso em: 23 fev. 2022.

SILVA, Mitieli Seixas da. Émilie du Châtelet (1706 —1749). *Blogs de Ciência da Universidade Estadual de Campinas*: Mulheres na Filosofia, v. 6, n. 3, p. 76-88, 2020. Disponível em: https://www.blogs.unicamp.br/mulheresnafilosofia/emilie-du-chatelet/. Acesso em: 14 mar. 2022.

SOUZA, Laura de Mello e. Idade Média e Época Moderna: fronteiras e problemas. *Signum*: Revista da Abrem, São Paulo, n. 7, pp. 223-248, 2005.

STANCKI, Rodolfo. Gutenberg inventou a imprensa? Uma desconstrução do determinismo tecnológico da impressora de tipos móveis. *Revista Cadernos da Escola de Comunicação* — v. 1, n. 13, pp. 63-70, jan./dez. 2015. Disponível em: https://portaldeperiodicos.unibrasil.com.br/index.php/cadernoscomunicacao/article/view/2037. Acesso em: 15 mar. 2022.

STRAUSZ, Estevam. Juana Inés de la Cruz. *Rede Brasileira de Mulheres Filósofas*. Disponível em: https://www.filosofas.org/quantas--juana-in%C3%A9s. Acesso em: 13 fev. 2022.

WAITHE, Mary Ellen (ed.). *A History of Women Philosophers*: Medieval, Renaissance and Enlightenment Women Philosophers, A.D. 500--1600. Kluwer Academic Publishers, 1987.

WAITHE, Mary Ellen (ed.). *A History of Women Philosophers*: Modern Women Philosophers, 1600-1900. Kluwer Academic Publishers, 1991.

WARREN, Karen (ed.). *An Unconventional History of Western Philosophy*: conversations between men and women philosophers. Rowman & Littlefield Publishers, 2009.

WOOLF, Virginia. *Um teto todo seu*. São Paulo: Tordesilhas, 2014.

ZIRBEL, Ilze. As obras de Marie de Gournay. *Germina Blog*, set. 2020. Disponível em: https://germinablog.wordpress.com/setembro--marie-de-gournay-2/. Acesso em: 23 jan. 2022.

CAPÍTULO 4: BERTHAS E FRIDAS

ANTISERI, DARIO; REALE, GIOVANNI. *História da filosofia:* De Nietzsche à Escola de Frankfurt. São Paulo: Editora Paulus, 2016.

ARENDT, HANNAH. *Eichmann em Jerusalém um relato sobre a banalidade do mal*. São Paulo: Companhia das Letras, 2019.

BOWDON-BUTLER, TOM. *50 Clássicos da filosofia:* As principais ideias das mais importantes obras filosóficas, da Antiguidade à era moderna. São Paulo: Editora Benvirá, 2013.

DA TRINDADE, Gabriel Garmendia. Resenha de: CATHCART, Thomas. The Trolley Problem, Or Would You Throw the Fat Guy Off the Bridge? A Philosophical Conundrum. New York: Workman, 2013.

DÍAZ, Antonio. Graciela Hierro, pionera del feminismo en México. El Universal, Ciudad de México, 09 mar. 2020. Disponível em https://www.eluniversal.com.mx/cultura/patrimonio/graciela-hierro-la--mujer-que-sento-las-bases-del-feminismo-academico-en-mexico Acesso em 20 jan. 2022.

DYKEMAN, Therese Boos et al. *An Unconventional History of Western Philosophy*: Conversations Between Men and Women Philosophers. Rowman & Littlefield Publishers, 2009.

LEAL, Bruno. Este jornalista brasileiro cobriu o julgamento do nazista Adolf Eichmann. *Café História*, 20 jul. 2020. Disponível em: https://www.cafehistoria.com.br/o-reporter-brasileiro-que-cobriu-o-julgamento-de-eichmann/. Acesso: 19 dez. de 2021.

HACKER-WRIGHT, John. Philippa Foot. *The Stanford Encyclopedia of Philosophy*. Disponível em: https://plato.stanford.edu/entries/philippa-foot/#Bib. Acesso: 06 jan. 2022.

HEBERLEN, Ann. *Arendt — Entre o amor e o mal*: uma biografia. São Paulo: Companhia das Letras, 2020.

JAPIASSÚ, Hilton & MARCONDES, Danilo. *Dicionário básico de filosofia*. Rio de Janeiro: Zahar, 1990.

MILL, Stuart. *Sobre a liberdade e A sujeição das mulheres*. São Paulo: Companhia das Letras, 2017.

MILLER, Dale E. Harriet Taylor Mill. *The Stanford Encyclopedia of Philosophy*. Disponível em: https://plato.stanford.edu/archives/spr2019/entries/harriet-mill/. Acesso em: 23 jan. 2022.

O NAZISMO segundo Heidegger: "Hitler desperta o povo". *Instituto Humanitas Unisinos*, 18 out. 2016. Disponível em: https://www.ihu.unisinos.br/78-noticias/561279-o-nazismo-segundo-heidegger-hitler-desperta-nosso-povo. Acesso: em 31 jan. 2022.

PACHECO, Juliana (Org.). *Filósofas*: a presença das mulheres na filosofia. Porto Alegre: Editora Fi, 2016.

REINA, Elena et. al. América Latina é a região mais letal para as mulheres. *El País*, 27 nov. 2018. Disponível em https://brasil.elpais.com/brasil/2018/11/24/actualidad/1543075049_751281.html. Acesso em 19 de Janeiro de 2022.

SANTANA, Luciana Wolff Apolloni & SENKO, Elaine Cristina. Perspectivas da Era Vitoriana: sociedade, vestuário, literatura e arte entre os séculos XIX e XX. *Revista Diálogos Mediterrânicos*, n. 10, jun. 2016. Disponível em: https://www.dialogosmediterranicos.com.br/index.php/RevistaDM/article/view/209/216. Acesso em: 06 fev. 2022.

SZYMBORSKA, Wisława. *Poemas*. São Paulo: Companhia das Letras, 2011.

WAITHE, Mary Ellen (editora). *A History of Women Philosophers, 1600--1900*. Springer Science & Business Media, 1991.

WELLE, Deutsche. A guerra contra as mulheres no México. *G1 Mundo*, 20 ago. 2019. Disponível em: https://g1.globo.com/mundo/noticia/2019/08/20/a-guerra-contra-as-mulheres-no-mexico.ghtml. Acesso em: 19 de jan. 2022.

WHITING, LISA & BUXTON, REBECCA. *The Philosopher Queens*: The lives and legacies of philosophy's unsung women. Londres: Editora Unbound, 2020.

CAPÍTULO 5: CAROLINAS E EMMAS

'A PESTE', de Albert Camus, vira best-seller em meio à pandemia de coronavírus. *BBC News Brasil*, 12 mar. 2020. Disponível em: https://www.bbc.com/portuguese/curiosidades-51843967. Acesso em: 30 mai. 2022.

AKOTIRENE, Carla. *Interseccionalidade*. São Paulo: Pólen Produção Editorial, 2019.

ARMIN, Strohmeyer. *Dez mulheres filósofas e como suas ideias marcaram o mundo*. Rio de Janeiro: Record, 2022.

BARTHOLOMEU, Juliana S. Lélia Gonzalez. *Enciclopédia de Antropologia*. São Paulo: Universidade de São Paulo, Departamento de

Antropologia, 2019. Disponível em: https://ea.fflch.usp.br/autor/lelia-gonzalez. Acesso em: 30 mai. 2022.

BOWDON-BUTLER, TOM. *50 Clássicos da filosofia*: As principais ideias das mais importantes obras filosóficas, da Antiguidade à era moderna. São Paulo: Editora Benvirá, 2013.

BREEN, Martha & JORDHAL, Jenny. *Mulheres na Luta*: 150 anos em busca de liberdade, igualdade e sororidade. São Paulo: Seguinte, 2019

CARDOSO, Claudia Pons. Amefricanizando o feminismo: o pensamento de Lélia Gonzalez. *Revista Estudos Feministas*, v. 22, pp. 965-986, 2014.

CIVILISTICA REVISTA ELETRÔNICA. Chimamanda Ngozi Adichie: Nós deveríamos ser todos feministas. Disponível em: https://www.youtube.com/watch?v=ms05EgN1m11&ab_channel=Civilistica-RevistaEletr%C3%B4nica. Acesso em: 30 mai. 2022.

DAVIS, Angela. *Mulheres, raça e classe*. São Paulo: Boitempo Editorial, 2016.

DE BEAUVOIR, Simone. *O segundo sexo*. São Paulo: Nova Fronteira, 2019.

DE OLIVEIRA FERNANDES, Alexandre & SOARES, Emanoel Luis Roque & DE NOVAIS REIS, Mauricio. Ensinar e aprender filosofias negras: entrevista a Renato Noguera. *Odeere*, v. 3, n. 6, pp. 7-18, 2018. Disponível em: https://periodicos2.uesb.br/index.php/odeere/article/view/4334. Acesso em> 25 mar. 2022.

EDITORIAL Board. Sophie Bosede Oluwole (1935-2018). *The Guardian*, 26 abr. 2019. Disponível em: https://guardian.ng/opinion/sophie--bosede-oluwole-1935-2018/. Acesso em: 25 mar. 2022.

GONZALEZ, Lélia. *Por um feminismo afro-latino-americano*. São Paulo: Companhia das Letras, 2020.

GORDON, Charlotte. *Mulheres extraordinárias*: as criadoras e a criatura. Rio de Janeiro: Darkside Books, 2020.

HOOKS, bell. *Ensinando a transgredir*: a educação como prática da liberdade. São Paulo: WMF Martins Fontes, 2013.

JAPIASSÚ, Hilton & MARCONDES, Danilo. *Dicionário básico de filosofia*. Rio de Janeiro: Zahar, 1990.

KIRKPATRICK, Kate. *Simone de Beauvoir*: uma vida. São Paulo: Planeta Estratégia, 2020.

LÉLIA Gonzalez. *Literafro, o portal da literatura afro-brasileira*, 15 mar. 2021. Disponível em: http://www.letras.ufmg.br/literafro/ensaistas/1204-lelia-gonzalez. Acesso em: 30 mai. 2022.

MANDELLI, Mariana. Fracasso escolar é mais recorrente entre alunos negros. *Portal Geledés*, 8 mar. 2013. Disponível em: https://www.geledes.org.br/fracasso-escolar-e-mais-recorrente-entre-alunos-negros/. Acesso em: 02 abr. 2022.

MERCIER, Daniela. Lélia Gonzalez, onipresente. *El País*, 25 out. 2020. Disponível em: https://brasil.elpais.com/cultura/2020-10-25/lelia-gonzalez-onipresente.html. Acesso em: 30 mai. 2022.

MIGLIAVACCA, Adriano Moraes. O Ifá: uma tradição oral. *Estado da Arte*, 14 out. 2017. Disponível em: https://estadodaarte.estadao.com.br/o-ifa-uma-tradicao-oral/. Acesso em: 30 mai. 2022.

MORAIS, Maira Luana. Lélia Gonzalez, a intérprete do Brasil. Resenha do livro "Por um Feminismo afro-latino-americano". *Opiniães*, n. 18, pp. 577-584, São Paulo, 2021. Disponível em: http://www.revistas.usp.br/opiniaes/article/view/189018. Acesso em: 30 mai. 2022.

NOGUERA, Renato. A questão do autoconhecimento na filosofia de orunmilá. *Odeere*, v. 3, n. 6, pp. 29-42, 2018.

VÁRIOS AUTORES. O LIVRO do feminismo. Rio de Janeiro: Globo Livros, 2019.

PACHECO, Juliana (Org.). *Filósofas*: A Presença das Mulheres na Filosofia. Porto Alegre: Editora Fi, 2016.

RIOS, Flavia. Lélia Gonzalez. *Blog Mulheres na Filosofia*. Disponível em: https://www.blogs.unicamp.br/mulheresnafilosofia/lelia-gonzalez/. Acesso em: 30 mai. 2022.

SIMAS, Luiz Antônio & RUFINO, Luiz & HADDOCK-LOBO, Rafael. *Arruaças*: uma filosofia popular brasileira. Bazar do Tempo Produções e Empreendimentos Culturais LTDA, 2020.

CAPÍTULO 6: MALALAS E NINAS

ARAÚJO, Carolina. *Mulheres na Pós-Graduação em Filosofia no Brasil – 2015*. São Paulo: ANPOF, 2016. Disponível em: http://anpof.org/portal/images/Documentos/ARAUJOcarolina_Artigo_2016.pdf. Acesso em: 10 abr. 2022.

AS PENSADORAS, Escola + Comunidade + Editora. Disponível em: https://www.aspensadoras.com.br/. Acesso em: 31 mai. 2022.

CHAUI, Marilena de Souza. Currículo do sistema de Currículos Lattes. Disponível em: https://filosofia.fflch.usp.br/professores/marilena-de-souza-chaui. Acesso em 31 mai. 2022.

FEDERICI, Silvia. *Mulheres e caça às bruxas*. São Paulo: Boitempo Editorial, 2019.

HOOKS, bell. *Ensinando a transgredir*: a educação como prática da liberdade. São Paulo: WMF Martins Fontes, 2013.

HOOKS, bell. *O Feminismo é para todo mundo*: políticas arrebatadoras. Rio de Janeiro: Rosa dos Tempos, 2018.

VÁRIOS AUTORES. *O Livro da Filosofia*. São Paulo: Globo, 2011.

REDE BRASILEIRA de mulheres filósofas. Disponível em: https://www.filosofas.org/. Acesso em: 31 mai. 2022.

RIBEIRO, Katiúscia. Currículo do sistema de Ajeum Filosófico. Disponível em: https://ajeumfilosofico.com.br/professores/katiuscia-ribeiro/. Acesso em: 10 abr. 2022.

SATTLER, Janyne. Uma filósofa por mês. *Germina Blog*. Disponível em: https://germinablog.wordpress.com/grupo-de-pesquisa-ensino-e-extensao-uma-filosofa-por-mes/. Acesso em: 31 mai. 2022.

SENKEVICS, Adriano. O conceito de gênero por Judith Butler: a questão da performatividade. *Portal Geledés*, 2013. Disponível em: https://www.geledes.org.br/o-conceito-de-genero-por-judith-butler-a-questao-da-performatividade/. Acesso em: 09 abr. 2022.

SHIVA, Vandana. Ecofeminismo. *Instituto Humanitas Unisinos*, 2020. Disponível em: https://www.ihu.unisinos.br/78-noticias/602416-ecofeminismo-artigo-de-vandana-shiva. Acesso em: 10 abr. 2022.

SRINIVASAN, Amia. *Direito ao Sexo*: Feminismo no século vinte e um. São Paulo: Todavia, 2021.

**PARA SABER MAIS
ACESSE O QR CODE**

PARA SABER MAIS
ACERCA DE CLEO

Anotações